NEUES LEBEN FÜR ALTE GÄRTEN

Mit detaillierten Anleitungen für den Rückschnitt von Bäumen und Sträuchern

NEUES LEBEN FÜR ALTE GÄRTEN

Stephen Anderton

Christian Verlag

Für Judith, Eleanor, Rosamund und Olivia

Aus dem Englischen übersetzt von Dr. Anette Pause
Redaktion: Dr. Jens-Uwe Voss
Korrektur: Annette Baldszuhn
Umschlaggestaltung: Caroline Georgiadis
Herstellung: Dieter Lidl
Satz: DTP Josef Fink, Gräfelfing

Die Originalausgabe mit dem Titel *Rejuvenating a Garden* wurde erstmals 1998 im Verlag Kyle Cathie Limited, London, veröffentlicht.

Design: Robert Updegraff

Lithographie: Colourscan Overseas Co. Pte. Ltd.
Druck und Bindung: Tien Wah Press Pte. Ltd.
Printed in Singapore

ISBN 3-88472-411-8

HINWEIS

Alle Informationen und Hinweise, die in diesem Buch enthalten sind, wurden vom Autor nach bestem Wissen erarbeitet und von ihm und dem Verlag mit größtmöglicher Sorgfalt überprüft. Unter Berücksichtigung des Produkthaftungsrechts müssen wir allerdings darauf hinweisen, dass inhaltliche Fehler oder Auslassungen nicht völlig auszuschließen sind. Für etwaige fehlerhafte Angaben können Autor, Verlag und Verlagsmitarbeiter keinerlei Verpflichtung und Haftung übernehmen.

Korrekturhinweise sind jederzeit willkommen und werden gerne berücksichtigt.

INHALT

Einführung

Haben Sie schon einmal als stolzer neuer Besitzer einen Garten betreten und sich gefragt: »Wo um alles in der Welt soll ich hier nur anfangen?« Dann ist dieses Buch genau das richtige für Sie. Beim Anblick eines verwilderten Gartens oder Gartenstücks ist man oft zuerst einmal ratlos. Zum Glück erweist sich das Durcheinander meist als weniger schlimm, als anfangs befürchtet, und wenn man planvoll vorgeht und seine Möglichkeiten kennt, entsteht allmählich Ordnung aus dem Chaos.

Doch auch sorgsam gepflegte Gärten brauchen alle 20 bis 30 Jahre eine Verjüngungskur, weil sie mit zunehmendem Alter unansehnlich werden. Hier sind Säge, Astschere und Entschlossenheit vonnöten. Wenn man einem Garten neues Leben einhauchen will, liegt das Erfolgsgeheimnis in dem Wissen, wann und wo man schneiden muss und welche Gehölze einen starken Schnitt vertragen. Sie sollten wissen, wann Sie hart sein müssen, um Gutes zu tun, und wann Sie das Gute durch Sanftmut erreichen können. Oft ist es schwerer, seinem Herzen einen Ruck zu geben, als die Axt zu schärfen. Dies ist aber nur am Anfang so!

Es ist sehr spannend, einen alten, verwilderten Garten oder ein zugewuchertes Gebüsch auszulichten und zu sehen, wie die verbliebenen Pflanzen auf das vermehrte Angebot an Licht und Platz reagieren. Binnen kurzer Zeit scheinen sie zu neuem Leben zu erwachen. Gesundes Wachstum und duftende Blütenfülle kehren zurück, und auch Licht und Schatten können wieder in den Zweigen spielen.

Die verschiedenen Pflanzen und auch die unbelebten Bestandteile eines Gartens sind von unterschiedlicher Lebensdauer. Bäume können 70 bis über 300 Jahre alt werden, die meisten Sträucher 5 bis 100 Jahre. Mauern und Bodenbeläge brauchen oft schon nach 10 bis 20 Jahren eine Überholung. Stauden und einjährige Pflanzen schließlich muss man alle paar Jahre oder sogar schon nach wenigen Monaten austauschen.

Wegen dieser unterschiedlichen Lebensspannen verändert sich der Garten ständig. Überlässt man ihn sich selbst, so verwandelt er sich in wenigen Jahren in einen dichten Dschungel, in dem nur die konkurrenzstärksten Pflanzen überleben. Als Gärtner greifen wir in diesen Prozess ständig ein und beeinflussen ihn nach unseren Vorstellungen so, dass wir uns im Garten wohl fühlen und dort die Pflanzen gedeihen, die uns gefallen – und nicht nur Giersch und Löwenzahn.

Mit etwas Glück, sorgsamer Planung und guter Pflege können wir die Geschwindigkeit der Veränderungen optimal auf unseren Garten abstimmen – wir lassen alte Pflanzen stehen, wenn sie uns gefallen und ihre Aufgabe erfüllen, zögern aber auch nicht, sie bei Bedarf zu entfernen. Es sollte nämlich nicht vorkommen, dass sehr viele Pflanzen gleichzeitig überaltert sind und ersetzt werden müssen.

In lange vernachlässigten Gärten gibt es besonders viel zu tun. Sie erfordern sehr viel Zeit, Mühe und oft auch Geld. Hier ist es wichtig, Prioritäten zu setzen und nicht alles auf einmal

erledigen zu wollen. An erster Stelle steht, was der Gesundheit und der Schönheit des Gartens dient und was Ihnen als Besitzer am wichtigsten ist.

Haben Sie große Pläne, nach denen Sie den Garten so verändern wollen, dass er Ihren Bedürfnissen entspricht? Möchten Sie ihn völlig neu anlegen, weil Sie Freude daran haben, oder wollen Sie einen dicht bepflanzten, arbeitsintensiven Garten so umgestalten, dass er in Zukunft auch mit einer Stunde Gartenarbeit pro Woche immer gepflegt aussieht? Nur wenige Hobbygärtner haben nämlich tatsächlich so viel Zeit für ihren Garten, wie sie gerne hätten. Vielleicht suchen Sie aber auch in einem noch unbepflanzten Garten geeignete Standorte für viele verschiedene Pflanzen und die eine oder andere Sammlung, etwa sonnige Lagen für ihre Blumenrohrsammlung und schattige für die Christrosen. Vielleicht möchten Sie aber auch nur einige Kübel auf die Terrasse stellen, ein paar Bäume pflanzen und eine Rasenfläche anlegen, auf der Ihre Kinder spielen können.

Unabhängig davon, wie Sie Ihren Garten gestalten wollen, können Sie auf zwei verschiedene Weisen vorgehen. Sie können alle vorhandenen Pflanzen entfernen und den ganzen Garten völlig neu anlegen. Dies ist teuer und verändert den Garten von Grund auf. Sie können aber auch die schönsten Elemente des alten Gartens behalten und in Ihren neuen Garten integrieren. Dies ist meist der bessere Weg – wenn Sie nicht gerade einen neuen Designergarten anlegen wollen, der keine Kompromisse duldet. Wenn schöne Blickfänge und ausgewachsene Pflanzen dem Garten erhalten bleiben, strahlt dieser eine Ehrwürdigkeit und Reife aus, die nur mit viel Zeit und selten durch Gekauftes zu erreichen ist. Gleichzeitig können Sie auch Ihre Vorstellungen hinsichtlich Schatten, Wind- und Sichtschutz verwirklichen.

Das Umgestalten eines Gartens ist mit der Renovierung eines Hauses vergleichbar. Sobald die gröbsten Arbeiten erledigt sind und eine Struktur vorhanden ist, haben Sie Zeit, Farben zusammenzustellen und sich um Einrichtung und Dekoration zu kümmern. Nun können Sie es genießen, sich im Garten aufzuhalten und schöne, wertvolle oder seltene Pflanzen zu ziehen. Jemand hat die Pflege (im Unterschied zum Anlegen) eines Gartens einmal als »Bühnenstück mit immer etwas anderer Kulisse« bezeichnet. Dieses Buch soll Ihnen dabei helfen, eine schöne und passende Kulisse zu finden, damit Sie anschließend Zeit haben, die klassische Rolle des Gärtners zu genießen: sich an der Schönheit des Gartens ebenso wie am Duft der Rosen zu erfreuen.

TEIL I: Am Anfang steht das Kennenlernen

Sollte man diesen Weg auf trockenem, steinigem und durchwurzeltem Boden rustikal mit Steinen pflastern? Gras würde die Perspektive betonen, aber ob es hier gedeiht?

Boden und Klima

Wenn Sie einen Garten neu gestalten, sind Ihre wichtigsten Werkzeuge Ihre Phantasie, Ihre Muskelkraft und – der Gartenboden. Am besten nehmen Sie sich daher eine Stunde Zeit, um die vorhandenen Pflanzen zu betrachten und den Boden zu untersuchen. Wenn Sie die Eigenschaften des Bodens kennen, schmieden Sie später keine unrealistischen Pläne.

Die meisten Hobbygärtner haben keine Zeit oder keine Möglichkeit, die Eigenschaften des Gartenbodens im Voraus kennen zu lernen, und stellen erst nach dem Einzug fest, in welchem Boden ihr Garten angelegt wurde. Immobilienhändler mögen vielleicht verwundert sein, wenn ein Kaufinteressent mit einem Spaten unter dem Arm zu einer Hausbesichtigung erscheint, doch ist schon ein erster rascher Blick in den Boden sehr informativ.

Die Bodenfruchtbarkeit einschätzen

Auch ohne im Boden zu graben, können Sie einiges über ihn erfahren, indem Sie die vorhandenen Pflanzen genau betrachten. Allerdings ist es nicht ganz einfach, die Bodenfruchtbarkeit einzuschätzen. Zierpflanzen müssen meist häufiger ersetzt und gedüngt werden als einheimische Wildarten; kümmernde, viel zu kleine Stauden lassen daher nicht unbedingt auf einen nährstoffarmen Boden schließen, vielleicht wurde der Garten nur lange Zeit nicht gepflegt.

Wie gedeihen Bäume und Rasen?

Gute Hinweise auf die Eigenschaften des Bodens können Bäume und Rasen liefern. Sind die Bäume kräftig entwickelt oder für die Jahreszeit zu spärlich belaubt? Ein monatelang nicht gemähter Rasen ist auf nährstoffreichem Boden üppig und hoch, oft knicken die Pflanzen unter ihrem eigenen Gewicht sogar um. Eine lückige Grasnarbe mit kurzen, steif aufrechten Pflanzen spricht für einen nährstoffarmen oder steinigen Boden.

Ist der Boden sauer oder basisch?

Wachsen Rhododendren, sommerblühende Heide und andere Kalk meidende Pflanzen direkt im Gartenboden, ist der Boden sauer oder neutral. Finden sich gar keine Kalk meidenden Pflanzen, ist er vermutlich basisch. Am besten untersuchen Sie den Boden an verschiedenen Stellen mit einem Bodentest-Set und

Links: *Sonnenbrand an einem goldblättrigen Pfeifenstrauch*
Rechts: *Erfrorene Rhododendronblüten*

werfen außerdem einen Blick in den Garten der Nachbarn, um zu sehen, ob dort Kalk meidende Pflanzen wachsen.

Wie feucht ist der Boden?

Achten Sie darauf, ob der Boden in tiefer gelegenen Teilen des Gartens selbst im Sommer staunass ist oder ob dort tote Bäume stehen, die der Staunässe zum Opfer gefallen sein könnten. Ließe sich diese Stelle für Nässe liebende Pflanzen nutzen?

Erkundigen Sie sich beim örtlichen Gartenbauverein oder dem Wetterdienst nach der Höhe der jährlichen Niederschläge. Weist Ihr Garten einen trockenen, flachgründigen Boden auf, ist die jährliche Niederschlagsmenge gering, und tritt zeitweise Trockenheit auf, so müssen Sie dies bei der Auswahl Ihrer künftigen Bepflanzung berücksichtigen.

Ist der Garten besonders frostgefährdet?

Achten Sie auf Frostschäden an den Trieben der Gehölze. Ist der Haupttrieb wiederholt erfroren, sodass ein Seitentrieb das Wachstum übernahm? Sind die Sträucher besonders dicht, weil die jungen Triebe durch Spätfrost erfroren sind und die Pflanzen später im Jahr schwächere Ersatztriebe bildeten?

Liegt Ihr Garten in einer frostgefährdeten Senke, müssen Sie frostharte, spät treibende Pflanzen setzen. Dagegen kann man in einem Garten in Hanglage die Gehölze zurückschneiden und auslichten, sodass die Kaltluft nach unten abfließen kann.

Wie windexponiert ist der Garten?

Sind schützende Bäume vom Wind geformt, tragen sie also kürzere Zweige auf der windzugewandten und längere Zweige auf der windabgewandten Seite? Streicht der Wind die Mauern hinunter, sodass daran wachsende Pflanzen weggedrückt werden? Zeigen immergrüne Gehölze Windbruchschäden? Oder erscheint der Garten nur deshalb windstill, weil das Kronendach viel zu dicht ist?

BODENBESCHAFFENHEIT

Graben Sie an einigen Stellen mehrere Löcher von mindestens 60 – 90 cm Tiefe. Stoßen Sie beim Graben auf Kies, Ton, Sand oder Kalkstein, finden Sie zahlreiche kleine oder große Steine oder gar Bauschutt im Boden? Was Sie in einem Loch finden, muss nicht unbedingt auch im nächsten sein – bleiben Sie also gelassen, wenn Sie gleich im ersten Loch auf Bauschutt oder Kalkstein treffen. Heben Sie die Löcher an verschiedenen Stellen im Garten aus, um einen Gesamteindruck zu bekommen. Um Arbeit zu sparen, können Sie bei dieser Gelegenheit abgestorbene Sträucher ausgraben und den Boden in den dabei entstehenden Löchern begutachten.

Graben Sie ein Loch in den Boden, um zu sehen, wie es unter der Oberfläche aussieht.

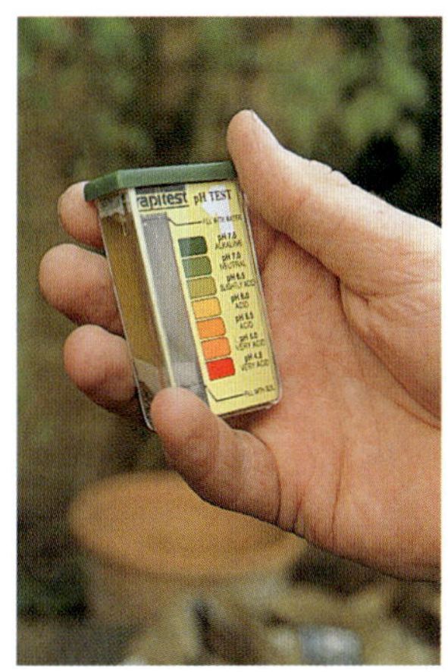

Mit solchen Testsets lässt sich der Säuregrad des Bodens schnell, einfach und kostengünstig ermitteln. Eine Bestimmung an mehreren Stellen im Garten gibt einen guten Gesamteindruck.

Zustand der Bepflanzung

Wenn ein Garten von Anfang an sorgsam gepflegt wird, sieht er nach einigen Jahren wunderschön aus – der Traum jedes Hobbygärtners! In einem vernachlässigten, ohne Voraussicht gestalteten Garten stehen die Pflanzen dagegen oft zu dicht und kränkeln. Bevor Sie Ihre eigenen Pläne umsetzen, sollten Sie notieren, welche Pflanzen gedeihen und welche kümmern. Solche Beobachtungen weisen oft auf die dringendsten Probleme des Gartens hin.

Welche Pflanzen kümmern?

Lässt man Bäume ungehindert wachsen, kümmern die darunter wachsenden Sträucher und Stauden, weil sie nicht genug Licht erhalten. Wenn Sie nicht gerade einen Waldgarten bevorzugen, müssen meist einige Bäume und Sträucher entfernt werden, damit lichte Stellen entstehen. Diese eignen sich gut zum Bepflanzen, denn hier ist die Konkurrenz der flach durch den Boden streichenden Wurzeln weniger stark. Durch den besseren Lichteinfall wird das Dickenwachstum der meisten Immergrünen und Nadelbäume gefördert, die zurückgeschnittenen Sträucher sehen nach kurzer Zeit wieder gut aus, und die Stauden tragen erneut zahlreiche Blüten. In lichteren Gärten können zu viele Sträucher und sich ausbreitende Unkräuter zum Problem werden.

Wenn Sie langlebige Sträucher schneiden und zugewachsene kurzlebige entfernen oder ersetzen, können die anderen Pflanzen sich erholen. Werden Unkräuter über längere Zeit regelmäßig bekämpft, bereiten sie schließlich in den allermeisten Fällen kaum noch Probleme.

Welche Pflanzen wachsen zu stark?

Manchmal finden sich im Garten wüchsige, scheinbar gepflanzte Sträucher wie etwa Sommerflieder *(Buddleja)*, Ginster und Berberitzen. Diese bilden zahlreiche Samen oder Ausläufer, aus denen in kurzer Zeit stattliche Pflanzen werden, die dazu neigen, wertvollere Pflanzen zu überwachsen. Zögern Sie nicht, solche Störenfriede herauszureißen!

Ein zu hoch gewordener Rasen stellt dagegen kein Problem dar. Mähen Sie ihn einfach ab – falls nötig mit einem geliehenen Aufsitzmäher – und halten ihn anschließend kurz. Ampfer, Disteln und andere hartnäckige Unkräuter können später bekämpft werden, wenn andere, dringendere Aufgaben erledigt worden sind.

Wenn ungemähtes Gras selbst bei nassem Wetter niedrig bleibt, ist der Boden vermutlich nährstoffarm und gut für eine Blumenwiese geeignet.

Dieser Eibenbogen könnte 50, 150 oder sogar 200 Jahre alt sein.

Wie alt sind die Pflanzen?

Sind die mehrjährigen Pflanzen in Ihrem Garten – Bäume, Sträucher und Stauden – noch vital und wüchsig, oder haben sie ihre besten Jahre schon hinter sich? Häufig entpuppt sich, was auf den ersten Blick von einem Gärtner angelegt scheint, bei näherem Hinsehen als das Werk von zwei oder drei Besitzern, die im Abstand von mehreren Jahrzehnten aktiv waren und deren Pflanzen sich anschließend stark vermehrten.

Wie steht es um die Bäume?

Wächst in Ihrem neuen, recht kleinen Garten ein junger, aber schon 8 m hoher Baum? Wenn Sie den Garten ohnehin nicht länger als fünf Jahre behalten wollen, wird der Baum erst Ihren Nachfolger stören. Wollen Sie den Garten aber für den Rest Ihres Lebens bewirtschaften, sollten Sie überlegen, den Baum jetzt zu entfernen (beachten Sie aber die örtliche Baumschutzsatzung, siehe Seite 54) und durch zwei oder drei kleinere zu ersetzen. Bäume können zwar sehr alt werden, müssen das in Ihrem Garten aber nicht! Wenn Sie immer junge Bäume unterschiedlicher Größe im Garten haben, sind Ihre Gestaltungsmöglichkeiten größer.

In größeren, vor allem aber in nicht gepflegten Gärten siedeln sich oft viele Bäume an. Als neuer Besitzer eines solchen »Waldgartens« sollten Sie auf das Alter der Bäume achten. Überalterte Bäume werden am besten entfernt, wenn Sie den Garten umgestalten. So vermeiden Sie, dass die neue Bepflanzung später durch einen umstürzenden Baum Schaden nimmt. Vielleicht gefällt Ihnen aber die Ehrwürdigkeit der Veteranen, und Sie lassen sie stehen, bis sie von selbst absterben. Auch in einem Teil des Gartens, in dem in nächster Zeit keine größeren Umgestaltungen erfolgen sollen, können durchaus ein oder zwei Bäume stehen bleiben. Besonders schön sehen solche Bäume aus, wenn sie mit wüchsigen, hübsch blühenden Kletterpflanzen wie etwa einer Rose 'Rambling Rector' begrünt werden.

Wenn Ihre Bäume in ausreichendem Abstand voneinander wachsen, aber alle gleich alt sind, können Sie einen oder zwei entfernen, um Abwechslung in den Garten zu bringen. Starken Stürmen fallen meist sehr alte und sehr junge Bäume zum Opfer. Sie sollten daher dafür sorgen, dass unterschiedlich alte Bäume im Garten wachsen. Dies bietet noch weitere Vorteile: Sie können Erfahrungen mit neuen Baumarten sammeln und sich an den jungen ebenso wie an den alten Bäumen erfreuen.

Wie steht es um die Sträucher?

Die meisten Sträucher werden etwa 10 bis 60 Jahre alt, doch lässt sich ihr Alter nicht immer an ihrer Größe erkennen! Hortensien, Pfeifensträucher oder Weigelien, bis zum Boden eingekürzt und dann regelmäßig geschnitten, erreichen nur 2 statt 3 m Höhe, und man kann so einen schönen Ausblick mit der Astschere statt mit dem Spaten freihalten.

Bevor Sie die inneren Bereiche Ihres Gartens neu gestalten, sollten Sie einen Blick darauf werfen, ob die Randbepflanzung noch Sicht- und Windschutz gibt oder die Sträucher dort überaltert sind und umzufallen drohen. Handelt es sich um Sträucher, die nach einem starken Schnitt gut wieder austreiben, wie etwa Lorbeerkirschen und Liguster? Oder sind es Sträucher wie etwa Ginster, die keinen starken Rückschnitt vertragen?

Ein farbenfroher Anblick, aber nach einigen Jahren werden die Sträucher einander zu sehr bedrängen, und einige werden vielleicht absterben. Würde Sie das stören?

Wachsen an einem Baum konsolenartige Fruchtkörper von Pilzen, wird er vermutlich nicht mehr lange leben. Ziehen Sie einen Baumpfleger zurate!

Gehölze, die sich von selbst angesiedelt haben, wachsen oft erstaunlich schnell. Auch in gepflegten Gärten wachsen immer wieder kleine Sträucher und Bäume aus Samen heran – Holunder, Eschen, Bergahorne oder Birken, die benachbarten, wertvolleren Pflanzen schon nach wenigen Jahren Licht und Bodenfeuchtigkeit nehmen können. Manchmal kommt aber ein selbst gesäter, reich blühender Sommerflieder oder Holunder ganz gelegen, weil der kostbare Seidelbast oder die panaschierte Stechpalme ohnehin nicht mehr zu retten ist, ein unschöner Ausblick verdeckt wird oder im Schutz eines solchen Strauchs später eine andere Pflanze heranwächst.

Krankheiten erkennen

Achten Sie bei abgestorbenen Gehölzen auf sichtbare Krankheitszeichen. Vielleicht sind die Pflanzen aufgrund ihres hohen Alters abgestorben. Verdächtig ist es aber, wenn verdorrte Blätter an ihnen hängen, einzelne Äste abgestorben sind, Pflanzen mitten im Wachstum plötzlich eingehen oder mehrere tote Pflanzen nebeneinander stehen. Dies können Hinweise auf einen Befall durch Hallimasch *(Armillaria spec.)* sein.

Dieser Pilz tritt in verschiedenen Lebensformen auf: Eine lebt auf totem Holz und im Boden, wo sie kaum Schaden anrichtet. Ist ein Gehölz aber durch Schädlingsbefall, Staunässe oder Trockenheit geschwächt, kann der Pilz leicht durch Wunden oder die Rinde eindringen und es in wenigen Jahren absterben lassen. Eine weitere, weniger aggressive Form lebt im Holz der Wurzeln und des Stammfußes und kann einen Baum langsam von innen heraus aushöhlen (»Stockfäule«), bis er umstürzt. Bei Anzeichen eines Befalls mit Hallimasch sollten Sie vor allem auf fachgerechte Pflege und Sauberkeit achten, um den Pilz nicht mit infizierten Gartengeräten oder Erde zu verschleppen!

Achten Sie auch auf Baumpilze mit konsolenförmigen Fruchtkörpern, wie sie vor allem an der Stammbasis oder neben größeren alten Wunden erscheinen. Besonders häufige derartige Baumpilze sind bei Nadelhölzern *Heterobasidion annosum* (Erreger der Rotfäule), bei Laubhölzern verschiedene Porlinge *(Fomes, Ganoderma, Inonotus, Laetiporus, Polyporus)*. Ziehen Sie einen Experten zurate und lassen Sie solche Gehölze lieber rechtzeitig schneiden oder fällen, bevor sie umstürzen!

Manche Pilze, etwa der Gattung *Phytophthora*, können Gehölze auch plötzlich abtöten. Sie befallen bevorzugt Nadelholzhecken auf verdichteten Böden. Typische Symptome sind dunkle Verfärbungen an Wurzeln und Stamm. Befallene Pflanzen müssen ausgerissen oder -gegraben und der verseuchte Boden wenn möglich abgetragen und durch neuen ersetzt werden. Obstbäume mit ausgeprägtem Krebsbefall und Gehölze, die stark unter Bleiglanzkrankheit leiden, sollten am besten entfernt werden, wenn der Garten neu gestaltet wird. Dagegen brauchen Sie sich um Mehltau, Rost und andere weniger bedrohliche Krankheiten erst später zu kümmern, nachdem Sie die Gehölze so ausgelichtet haben, dass wieder Licht und Luft die Pflanzen umspielen können.

HALLIMASCH

Hallimaschbefall ist an verschiedenen Merkmalen zu erkennen, die jedoch nicht immer alle zu sehen sind. Hierzu gehören a) ein weißer, nach Pilzen riechender, schimmelartiger Belag unter der Rinde der Stammbasis, b) schwarze, abgeflachte, recht elastische, schnürsenkelartige Gebilde (»Rhizomorphen«) unter der Rinde des Stammes oder an der Oberfläche dicker Wurzeln und c) im Spätsommer oder Herbst Büschel honiggelber Fruchtkörper mit typischem cremefarbenem Ring am Stiel. Die wichtigste Bekämpfungsmaßnahme ist sorgfältige Hygiene. Entfernen Sie tote Bäume samt deren Stumpf, um dem Pilz diese Nahrungsquelle zu entziehen. Pflanzen Sie an diesen Stellen erst nach mehreren Jahren neue Gehölze. Dieser Pilz taucht nämlich oft plötzlich wieder auf, wenn man glaubt, ihn bereits besiegt zu haben.

Die honiggelben Fruchtkörper des Hallimasch sind sehr charakteristisch und kaum mit denen anderer Pilze zu verwechseln. Dieser Pilz befällt vor allem Gehölze, die durch andere Einflüsse bereits geschwächt oder im Wurzelbereich geschädigt worden sind.

Folgende Gartengehölze haben sich auf den Britischen Inseln gegenüber Hallimasch als recht widerstandsfähig erwiesen:

Bambusarten
Buxus (Buchsbaum)
Catalpa (Trompetenbaum)
Cercis (Judasbaum)
Chaenomeles (Scheinquitte)
Choisya (Orangenblume)
Cotinus (Perückenstrauch)
Elaeagnus (Ölweide)
Hebe (Strauchveronika)
Ilex (Stechpalme)
Kerria (Kerrie)
Photinia (Glanzmispel)
Pieris (Lavendelheide)
Quercus (Eiche)
Rhus (Essigbaum)
Sambucus (Holunder)
Tamarix (Tamariske)
Taxus (Eibe)

Struktur gebende Elemente

Bevor Sie einen Garten Ihren Vorstellungen entsprechend umgestalten oder wiederherstellen, sollten Sie seine Struktur gebenden Bestandteile sorgsam in Augenschein nehmen – Wege, Treppen, Stufen, Mauern und gepflasterte Flächen. Achten Sie darauf, in welchem Stil diese Strukturen gehalten sind, aus welcher Zeit sie vermutlich stammen und welchen Zweck sie ursprünglich wohl erfüllen sollten. Machen Sie sich ein Bild von der früheren Gestaltungsweise durch Ihre Vorgänger, um deren Stärken kennen zu lernen und vielleicht in Ihren Garten zu integrieren. Natürlich müssen Sie nichts übernehmen, aber Sie sollten wissen, worauf Sie verzichten.

Wie war der Garten früher gestaltet?

In vielen Gärten wird der heutige Anblick durch die ursprüngliche Gestaltung bestimmt, wie sie kurz nach der Errichtung des Hauses bestand. Zu einem viktorianischen Stadthaus gehörte ursprünglich ein architektonischer Vorgarten, den immergrüne Sträucher gegen die Straße abschirmten. Asphaltierte oder gekieste Wege waren mit Ziegelreihen eingefasst, und einjährige Blumen schmückten die exakt geformten Rabatten. In der Mitte des Platzes, an dem die Fahrzeuge wendeten, lag oft ein inselartiges Beet, und häufig führte ein zentraler Weg zur Haustür.

In alten Gärten finden sich vielfach auch die Spuren des zweiten und dritten Besitzers – farbenfrohe Rabatten, den Garten unterteilende Hecken oder blühende Sträucher. Dekorationen wurden entfernt oder ausgetauscht, die Gemüsebeete

Bald wird dieser moosbewachsene Gott hinter Blättern verschwinden.

Alte Mauern, die mit und ohne Pflanzen ein hübsches Bild ergeben, sollten erst dann ausgebessert werden, wenn es wirklich nötig ist.

zwecks Arbeitsersparnis mit Rasen eingesät. Mancher Garten wurde recht gedankenlos und ohne vorausschauende Planung angelegt und beherbergt nur einige alte Apfelbäume oder ausschließlich Rasen. Vielleicht wurde er viele Jahre vernachlässigt, die größeren Pflanzen nahmen den kleineren das Licht, und bei den Gehölzen wurden wenig fachgerecht alle hervorstehenden Triebe einfach abgeschnitten.

Wenn Sie das frühere Gestaltungsprinzip erkennen, können Sie davon übernehmen, was Ihnen gefällt, und den Standortverhältnissen besser Rechnung tragen. Erstaunlich oft trifft man Hobbygärtner, die einen bunten Naturgarten lieben und sich bei der Gartengestaltung dennoch für einen stärker architektonischen Stil entscheiden, damit der Garten zu ihrem Haus passt. Würden sie in einem alten Landhaus wohnen, hätten sie wohl einen bunten, nicht so ordentlichen Bauerngarten.

Der Zustand von Mauern, Zäunen und Hecken

Bröckeln Mauern und Stufen bereits und müssen neu verfugt werden? Dann denken Sie daran, dass alte Mauern und Stufen ihren Charakter durch unpassendes Ausfugen verlieren können. Daher sollten Sie den Maurer bitten, wenn möglich lieber Kalkmörtel statt Zement zu verwenden.

Alte Stützmauern erfordern besondere Aufmerksamkeit, denn der Boden und die Wurzeln hinter ihnen üben beträchtlichen Druck auf sie aus. Beim Ausbessern oder Erneuern

In terrassierten Gärten müssen die Mauern rechtzeitig instand gesetzt werden, damit sie dem Gewicht des Bodens standhalten.

können die über und unter ihnen wachsenden Pflanzen Schäden erleiden. Wenn dicke Baumwurzeln eine Stützmauer schädigen, müssen Sie entscheiden, ob Sie die Mauer oder den Baum behalten wollen – hier gibt es keine allgemein gültige Lösung. Wollen Sie sich noch 20 Jahre an dem Baum erfreuen, wird die Mauer stärker beschädigt und ihre Instandsetzung entsprechend teurer. Entscheiden Sie sich für die Mauer, so verlieren Sie den Baum, der Ihren Garten vielleicht noch 20 Jahre geschmückt hätte.

Klären Sie, ob Zäune, Mauern und Tore an der Grenze zu Ihrem Grundstück oder bereits zum Grundstück des Nachbarn gehören, ob sie gestrichen oder mit Holzschutzmittel behandelt, angefaulte Zaunpfähle demnächst erneuert und die Tore neu eingehängt werden müssen.

Gepflegte Hecken sorgen für Wind- und Sichtschutz und verleihen den Räumen, die sie umschließen, eine heimelige Atmosphäre. Sind die Hecken in Ihrem Garten schon viel zu hoch oder zu breit geworden? Müssen sie mit einer scharfen Säge ausgelichtet werden, damit sie wieder schön aussehen, oder werden sie sowieso in nächster Zeit absterben? Ist es sinnvoll, sie zu ersetzen, wenn Sie den Garten ohnehin umgestalten? Wachsen für Ihren Geschmack viel zu viele Hecken im Garten? Dann können Sie einige entfernen und haben später weniger Arbeit mit dem Rückschnitt.

Wegbeläge

Sind die Gehwege gefährlich uneben, sollten ihre Platten neu verlegt oder ausgetauscht werden. Kieswege sollten einen soliden Unterbau aufweisen und nicht einfach auf der Erde angelegt sein, da sie dann leicht von Wildkräutern überwachsen werden. Ob der über den Rasen führende Grasweg ebenfalls einen Unterbau aufweist, können Sie mit dem Spaten leicht prüfen. Klären Sie solche Fragen auf jeden Fall frühzeitig, denn es ist aufwendig und teuer und erfordert eine gute Planung, diese Dinge in Ordnung zu bringen.

Viele unebene Wege können noch jahrelang benutzt werden. Perfektion wirkt dagegen oft störend.

Diese goldnadeligen Eiben sind zwar gesund, aber viel zu groß. Wollen Sie den Eingang so schmal lassen oder lieber die Bäume stark zurückschneiden?

Verbirgt sich etwas im Boden?

Bei Trockenheit können Sie manches sehen, das für die Umgestaltung Ihres Gartens von Bedeutung ist, so etwa, wo alte Wege im Rasen verliefen oder Bauschutt unter der Erdoberfläche liegt. Vielleicht wurde das alte Betonbett eines Teichs an Ort und Stelle zertrümmert und einfach mit Rasen eingesät. Man kann es jetzt nur noch daran erkennen, dass der darüber liegende Rasen an dieser Stelle gelb wird, nachdem es längere Zeit nicht mehr geregnet hat.

Ebenso werden bei Trockenheit Fundamente alter Schuppen und anderer Gartengebäude sichtbar. Mit dem Ausgraben solcher Überreste kann man sich ruhig Zeit lassen, bis dringendere Angelegenheiten als ein unebenmäßiger Rasen erledigt sind. Rasen wächst schnell wieder zu, und solche Arbeiten können bei der Umgestaltung eines Gartens an letzter Stelle stehen.

Wollen Sie solche Stellen aber bepflanzen, sollten Sie die Überreste alter Bauten ausgraben oder zumindest wissen, wie groß sie sind und woraus sie bestehen. Schwere Fundamente aus Beton oder Ziegelsteinen lassen sich nur mit viel Mühe beseitigen. Graben Sie zur Probe an mehreren Stellen, um herauszufinden, wie weit sie reichen! Vielleicht können Sie den Beton ja später zerkleinern und als Unterbau eines Weges oder einer Treppe verwenden. Auch Ziegelsteine und Bauschutt eignen sich für solche Zwecke. Es ist besser, solche Materialien wieder zu verwenden, als für die Beseitigung zu zahlen – auch wenn Sie mit Spaten und Spitzhacke hart arbeiten müssen.

Was wäre dieser Garten ohne den alten Apfelbaum, auch wenn er kaum noch trägt?

Unannehmlichkeiten und Einschränkungen

Gärten lassen sich nicht immer so gestalten, wie wir es uns erträumen. Es gibt immer Hindernisse, die sich in den Weg stellen. Ich denke hier nicht an unfruchtbare Böden, raues Klima und ungünstige Landschaftsformen (die in der Gartengestaltung natürlich eine große Rolle spielen), sondern vielmehr an unerwünschte Tiere, rechtliche Bestimmungen, Leitungen und Rohre, denn auch mit solchen Unannehmlichkeiten müssen wir leben.

Unerwünschte Gartenbewohner

Mit seinem dichten Bewuchs ist ein vernachlässigter Garten ein hervorragender Lebensraum für so manche tierische Plagegeister. Nach einigen Jahren haben sie sich so stark vermehrt, dass man den Garten mit einem Schutzgebiet für sie verwechseln könnte. Doch plötzlich kommt ein Eindringling – der Gartenbesitzer – und stört ihr Leben, wie es schon Generationen ihrer Vorfahren führten.

Bevor Sie versuchen, diese Tiere zu bekämpfen, sollten Sie realistisch einschätzen, wer den Kampf um den Garten gewinnen wird. Es ist unmöglich, Schnecken aus einem kühlen, feuchten Garten mit steinigem Boden zu vertreiben, und in einem in freier Landschaft gelegenen Garten muss man sich mit Kaninchen und Rehen eben abfinden. Letztere dringen aber auch in Kleinstädten und Dörfern in Gärten ein, weil sie sich gern in benachbarten Waldstücken und Wiesen aufhalten.

Kaninchen und Wühlmäuse

Kaninchen gelangen auf ober- oder unterirdischen Wegen in den Garten. Sie können durch Hecken schlüpfen oder sich unter dem Zaun durchgraben.

Ein massiver Sichtschutz sollte am besten als Blickfang gestaltet werden – erst sieht man ihn an, dann schweift der Blick durch den Garten.

KANINCHENSICHERE PFLANZEN

Folgende Stauden werden, einmal angewachsen, von Kaninchen meist verschmäht:

Acanthus (Akanthus)
Aconitum (Eisenhut)
Ajuga (Günsel)
Alchemilla (Frauenmantel)
Allium (Zierlauch)
Alstroemeria (Inkalilie)

Anemone japonica (Japanische Anemone)
Aquilegia (Akelei)
Colchicum (Zeitlose)
Convallaria (Maiglöckchen)
Cortaderia (Pampasgras)
Digitalis (Fingerhut)
Doronicum (Gemswurz)
Erythronium (Hundszahn)
Galanthus (Schneeglöckchen)
Hemerocallis (Taglilie)
Iris (Schwertlilie)
Kniphofia (Fackellilie)
Lupinus (Lupine)
Myosotis (Vergissmeinnicht)
Narcissus (Narzisse)
Paeonia (Päonie, Pfingstrose)
Persicaria (Knöterich)
Phytolacca (Kermesbeere)
Polygonatum (Salomonssiegel)
Pulmonaria (Lungenkraut)
Trollius (Trollblume)
Verbascum (Königskerze)

Kaninchen können Sie in Ihrem Garten im Sommer in der Abendsonne auf dem Rasen sitzen sehen. In vernachlässigten Gärten haben sie ihre Lieblingspflanzen schon längst abgefressen und richten nun nicht mehr so offensichtliche Schäden an. Doch sobald Sie neue Pflanzen setzen, können Sie etwas erleben. Kaninchen interessieren sich für alles frisch Gepflanzte und lieben es, frisch gesetzte Pflanzen aus dem Boden zu wühlen, als wollten sie schauen, was Sie dort vergraben haben. Soll Ihr Garten Pflanzen beherbergen, die gern von Kaninchen gefressen werden, müssen Sie etwas unternehmen. Eine Möglichkeit besteht darin, sich mehrere Katzen anzuschaffen. Man kann die Kaninchen auch durch mindestens 75 cm hohe Maschendrahtzäune fern halten, die 30 cm tief im Boden vergraben und dort zur Außenseite hin umgebogen sein sollten. Auch Ihre Gartentore müssen mit Maschendraht geschützt und stets geschlossen werden. Kaninchen, die trotzdem in den Garten gelangen, können Sie mit Lebendfallen fangen.

Je früher Sie beginnen, die Kaninchen zu verbannen, desto besser. Ist der Garten für eine neue Generation der Tiere erst einmal ein unbekanntes Gebiet geworden, haben Sie weniger Schwierigkeiten, die Tiere auch zukünftig fern zu halten.

Wenn die Kaninchen Sie nicht besonders stören und Sie die Tiere nicht vertreiben wollen, müssen Sie mit einem eingeschränkten Sortiment an Zierpflanzen vorlieb nehmen. Am besten schaffen Sie sich aber auch in diesem Fall Katzen an, denn Kaninchen vermehren sich ungemein schnell.

Dieser Zaun hält Kaninchen wirksam fern. Der Maschendraht wurde außen umgeschlagen und etwas in den Boden eingegraben.

Spiralen und Röhren aus Kunststoff verhindern, dass die jungen Bäume vom Wild verbissen werden.

Meist kann man aber recht gut mit Kaninchen im Garten leben. Die Tiere gewöhnen sich an die vorhandenen Pflanzen, ihre Neugier und ihr Appetit konzentrieren sich wieder auf das Gras und ihre Lieblingspflanzen. In der Übergangszeit müssen Sie jeden neuen Strauch mit einem Ring aus Maschendraht schützen, den Sie mit Bambusrohren im Boden befestigen. Größere Strauchgruppen müssen Sie einzäunen, bis die Pflanzen alt genug sind, um den Befraß zu überleben. Kleine Bäume werden durch Spiralen aus Kunststoff geschützt, zum Schutz sehr junger Bäume sind Kunststoffröhren zu empfehlen.

Zu einer wahren Plage können in manchen Gegenden Wühlmäuse werden. Sie legen Wege durch Beete mit kostbaren Pflanzen an und fressen Blumenzwiebeln ebenso wie Wurzeln und Rinde von Bäumen und Sträuchern. Auch hier empfiehlt es sich, Katzen anzuschaffen. Man kann auch im ganzen Garten oder an gefährdeten Stellen Pflanzen wie Kaiserkronen *(Fritillaria imperialis)* und Schwarze Johannisbeeren setzen, die einen Geruch verströmen, den Wühlmäuse nicht mögen. Bei starkem Wühlmausaufkommen wird man unter Umständen zu Fallen oder speziellen Giftködern greifen. Am besten geht man zusammen mit den Nachbarn gegen die Tiere vor, damit nicht aus deren Gärten später Tiere neu einwandern.

Rehe, Hirsche und Eichhörnchen

Rehe, Hirsche und Eichhörnchen können hohe Barrieren überwinden, die menschliche Eindringlinge fern halten. Vor allem Rehe richten oft größere Schäden an. Sie fressen die jungen Triebe vieler Gehölze ab, die Böcke fegen ihr Gehörn an jungen Gehölzen und zerstören dabei deren Rinde.

Ein Zaun, der Rehe und Hirsche fern halten soll, muss 3 m hoch und sehr stabil sein. So ein Zaun ist sehr teuer, und falls er wirklich notwendig ist, sollte er durch einen Gehölzbestand laufen, sodass er nicht so stark ins Auge fällt und für die Tiere besonders schwer zu überwinden ist. Die Pflanzen an seiner Außenseite sind dann aber nicht geschützt!

Bereiten Rehe und Hirsche nur gelegentlich Probleme, reicht es meist, den Garten mit dichten, undurchdringlichen Hecken zu umpflanzen und Ein- und Ausgänge so schmal zu halten, dass man sie mit hohen Toren über Nacht schließen kann. Ist den Tieren ihr gewohnter Weg in den Garten versperrt, wählen sie meist einen anderen, der nicht durch Ihren Garten führt.

Gelegentlich richten auch Eichhörnchen Schäden an. Wo sie in großer Zahl auftreten, ziehen sie manchmal die Rinde junger Bäume in langen Streifen ab, sodass diese einen traurigen Anblick bieten. Meist nutzen die possierlichen Tiere aber andere Nahrungsquellen und sind von Kindern willkommen geheißene Gäste im Garten, an denen sie viel Freude haben.

Nützliche Tiere

In alten Gärten leben zahlreiche, harmlose und nützliche Tiere – Molche und Insekten im Teich, Schmetterlinge auf der Wiese, Fledermäuse in Astlöchern und Baumhöhlen. Viele dieser Tiere lernen Sie erst kennen, wenn Sie den Garten schon einige Zeit besitzen. Gehen Sie davon aus, dass viel mehr Tiere dort leben, als Sie sehen, und nehmen Sie größere Änderungen behutsam vor! Wenn Bäume oder Hecken entfernt werden sollen,

Eichhörnchenschaden an einer Baumwurzel

Dieser Flechtzaun wird für Abgeschlossenheit sorgen und verhindern, dass man vom Fußweg aus in den Garten blicken kann.

müssen diese Arbeiten früh im Jahr erledigt werden, bevor die Vögel mit dem Nestbau begonnen haben. Beim Schnitt großer Sträucher und Bäume sollten Sie etwas Schnittgut liegen lassen, denn in totem Holz leben zahllose nützliche Insekten.

Bietet Ihr neuer Garten besonders wertvollen Lebensraum für bestimmte Tiere und Pflanzen, etwa, weil sich darin ein großer Teich, eine artenreiche Blumenwiese oder ein alter, von Flechten bewachsener Baum befindet, können Sie sich von einem Naturschutzverein Tipps geben lassen, wie sich dieser Lebensraum gut in den neu gestalteten Garten integrieren lässt.

Rohre und Leitungen

Bei der Gartenplanung müssen Sie auch die Lage von Wasserrohren, Strom- und Telefonleitungen bedenken. Bei einem Neubau existiert sicher ein Plan, in dem diese eingezeichnet sind. Bei alten Häusern muss man oft gut überlegen und etwas suchen, doch die Mühe lohnt sich. Schließlich sollte man nicht Bäume über ein Abwasserrohr oder eine Sickergrube pflanzen, denn ihre Wurzeln werden dort langsam, aber sicher hineinwachsen. Ihr Gemüsebeet sollte nicht über einem Erdkabel liegen, und Bäume müssen so gepflanzt werden, dass ihre Zweige oberirdische Leitungen auch Jahre später nicht berühren.

Natur- und Denkmalschutz

Örtliche Bestimmungen schreiben oft erstaunlich genau vor, wie Sie Ihren Garten gestalten dürfen und wie nicht. Bevor Sie also Ihren Jägerzaun durch eine Mauer oder eine Hecke ersetzen, sollten Sie daher nachfragen, ob Sie das auch dürfen! Auch für die Bepflanzung im Garten gibt es übrigens häufig Bestimmungen! So ist mancherorts vorgeschrieben, den Vorgarten mit Rasen einzusäen und diesen regelmäßig zu mähen, und nicht erlaubt, die Fläche anders zu gestalten, etwa einzuzäunen oder gar sich selbst zu überlassen, damit eine kleine Wildblumenwiese heranwachsen kann.

Die maximal zulässige Höhe von Hecken und Bäumen in Grenznähe ist (in den einzelnen Bundesländern unterschiedlich) gesetzlich geregelt. Bäume sind ab einem bestimmten Stammdurchmesser durch örtliche Baumschutzsatzungen geschützt (siehe Seite 54). Wollen Sie solche Bäume fällen, müssen Sie zuvor eine amtliche Genehmigung dafür einholen.

Wegerechte

Wenn ein Fußweg durch Ihren Garten führt oder ein Nachbar dort ein Wegerecht besitzt, wissen Sie das sicher schon. Manchmal kauft aber ein Gartenfreund einen ländlichen Garten, an dem ein Fußweg vorbeiführt, und ärgert sich über die vielen Wanderer und Radfahrer, die ihm das Gefühl der Abgeschiedenheit nehmen. Sie können Ihren Garten natürlich so planen, dass die Ausflügler ihn nicht einsehen können. Vielleicht sind Sie aber auch stolz auf Ihren Blumengarten und freuen sich, wenn Passanten ihn bewundern? Wer sich für die Abgeschlossenheit entscheidet, sollte von Anfang an seinen Baum- und Strauchbestand sehr umsichtig auslichten, um später nicht erneut planen und den Garten umgestalten zu müssen.

Vor allem in warmen Gegenden sind Bäume nahe am Haus etwas Wunderbares. Man muss aber darauf achten, dass sie das Haus nicht beschädigen.

Eigene Ansprüche

Welche Funktionen soll Ihr Garten erfüllen? Sollen Ihre Kinder dort Fahrrad fahren können, möchten Sie einen Skulpturenpark, einen Essplatz im Freien, einen Ort zum Entspannen oder für ausgelassene Feiern am Teich? Denken Sie bei diesen Fragen einmal nicht an die Pflanzen und lassen Sie sich von den Antworten überraschen!

Eines ist sicher: Kein Garten wurde zufällig so angelegt, wie man ihn vorfindet. Auch ein Garten, der nur aus einer Rasenfläche besteht, wurde so gestaltet, damit er den Bedürfnissen seiner Besitzer Rechnung trägt und diese mit der Pflege nicht überfordert sind. Zum Gärtnern gehören stets Überlegung und Zeit für die Pflege. Sorgen Sie dafür, dass Raumaufteilung und Aussehen Ihres Gartens Ihren Vorstellungen entsprechen und er zugleich allen praktischen Funktionen gerecht wird, die er für Sie erfüllen soll.

Am besten erstellen Sie eine nach Ihren Prioritäten geordnete Liste dieser Funktionen. Dabei werden Sie möglicherweise feststellen, dass ausgefallene Pflanzen und auch die Gartenarbeit auf dieser Liste viel weiter unten stehen als ein Platz im Garten, der gut und bequem zu nutzen ist. Funktionalität geht vor! Außerdem ist es für Sie sicher eine schöne Abwechslung, eine solche Liste anzufertigen, denn auch wenn Ihr Garten sehr zugewachsen ist, können Sie die Pflanzen nun einmal etwas in den Hintergrund treten lassen – sie sind später an der Reihe!

Was soll Ihr Garten Ihnen bieten?

- Abgeschiedenheit
- Schatten
- Essplatz im Freien
- Platz für spielende Kinder
- Platz für Haustiere

Bevor Sie an die Bepflanzung denken, sollten Sie wissen, welche Funktionen der Garten für Sie erfüllen soll. Planen Sie den Garten erst, nachdem Sie eine nach Prioritäten geordnete Liste dieser Funktionen erstellt haben!

Wunsch und Wirklichkeit

Wer einem alten Garten neues Leben geben will, steht mit der Liste seiner Wünsche nicht vor einer freien Fläche, sondern vor dem Ergebnis früherer Pflanzungen. Meist ist dies eine üppige Vegetation, von der ein Teil entfernt werden muss, damit wir unsere Vorstellungen verwirklichen können.

Die erste Aufgabe besteht oft darin, Platz um das Haus herum zu schaffen und dafür zu sorgen, dass mehr Licht ins Haus gelangen kann. Wurde der Garten lange Zeit vernachlässigt, ist oft auch das Haus völlig zugewachsen. Wenn es neu verputzt werden oder ein neues Dach bekommen soll, muss der Bewuchs ohnehin entfernt werden. Was aber, wenn solche Arbeiten nicht notwendig sind und das Haus völlig zugewachsen ist?

Begrünte Häuser

Ein völlig zugewachsenes Haus ist nichts Romantisches, sondern etwas Unangenehmes. Wer das nicht glaubt, sollte in Virginia Woolfs Roman »Orlando« nachlesen, in dem sie die von Feuchtigkeit und Kletterpflanzen bestimmte muffige Atmosphäre in den Häusern des frühen 19. Jahrhunderts beschreibt.

Dieser schön begrünte Eingang vermittelt Ruhe – keine Spur von all den geschäftigen Menschen.

Efeu und andere selbstklimmende Kletterpflanzen hinterlassen an Mauern oft Spuren, die erst nach Jahren wieder verschwunden sind.

Danach werden Sie sofort zur Gartenschere greifen! Soll sich das Haus harmonisch in den Garten einfügen, genügt es völlig, ein Drittel seiner Mauerfläche zu begrünen. Niedrige, reetgedeckte Landhäuser sehen dadurch viel schöner aus, größere Jugendstilvillen in der Stadt kommen dagegen besser zur Geltung, wenn man ihre baulichen Details erkennen kann. Zu den geraden Linien moderner Häuser passen Sträucher und Bambus mit ihren klaren Konturen meist besser als Kletterpflanzen.

Wer sein Haus mit Glyzinen, Jungfernreben oder Efeu großflächig begrünt hat, sollte die Pflanzen an den Mauern emporklettern lassen und nicht als dünnen Bewuchs an ihrem Fuß halten. Schön ist es, wenn im begrünten Bereich einige Fenster liegen. Man muss sie zwar regelmäßig freischneiden, damit genug Licht ins Haus dringt, doch die behagliche Wirkung ist diese Mühe wert. Auch die Eingangstür wirkt ruhig und romantisch, wenn der neben ihr wachsende Strauch überhängt oder etwas in den Eingang hineinwächst. Sobald er zu groß wird, können Sie ihn zurückschneiden.

Bäume in Hausnähe

Nahe am Haus wachsende Bäume bereiten Hausbesitzern häufig Sorgen. Ob ein nahe am Haus wachsender Baum das Gebäude beschädigen kann, hängt im Einzelfall von dem Bodentyp, der Baumart, dem Klima und dem Material ab, aus dem die Fundamente bestehen. Man kann daher nicht generell sagen, dass ein nahe am Haus wachsender Baum entfernt werden sollte. Sicher ist nur, dass Streben nach absoluter Sicherheit kein guter Leitfaden für die Gartengestaltung ist. Mit gewissen Risiken muss man nun einmal leben.

Im Zweifelsfall sollten Sie einen professionellen Baumpfleger zurate ziehen, der auch die Eigenschaften des Baums berücksichtigen wird. Handelt es sich um eine mächtige Linde, die nach einigen Jahren größer als das Haus sein wird, oder um eine weniger wüchsige Art? Versperrt der Baum eine schöne Aussicht wie etwa den Blick aus dem Küchenfenster, aus dem Sie oft und gern schauen? Liegt Ihre einzige gepflasterte Sitzecke in seinem Schatten? Finden Sie es dort zu kalt oder essen Sie dort im Sommer gern Mittag und können ein spätes Abendessen mit Kerzen und Laternen in den Zweigen so richtig genießen? Überwiegen für Sie die Vorteile des Baums, oder stört es Sie sehr, dass er im Sommer die Räume im Haus verdunkelt? Ein alter, ausladender Apfel-, Maulbeer- oder Kirschbaum sieht neben der Haustür oft wunderschön aus, selbst wenn er seine besten Jahre bereits hinter sich hat. Überlegen Sie gut und handeln Sie nicht übereilt!

Platz für spielende Kinder

Oft hört man, ein Rasen sei nicht umweltfreundlich genug und eine grüne, unbelebte Wüste. Es gibt aber durchaus Flächen,

Aus dem Gemüsebeet wurde eine Spielfläche für Kinder.

Hier sind Tür und Sitzecke vor den Blicken der Nachbarn geschützt.

besonders in Küstennähe, an denen von Natur aus Gras wächst und Bäume nicht gedeihen. Kies und gepflasterte Flächen sehen nicht so warm aus und benötigen zudem mehr Pflege als Gras. Solange der Rasen keine zu große Fläche des Gartnes einnimmt, ist er hübsch anzusehen und bestens zum Spielen geeignet. Rasen ist praktisch und auch ein Ort der Geselligkeit. Hier können Kinder spielen und toben. Außerdem gibt es Möglichkeiten, den Garten auch mit Rasen modern zu gestalten, etwa durch die Art und Weise der Bepflanzung neben dem Rasen. Kinder brauchen eben Platz. Vielleicht spielen sie gern in allen Teilen des Gartens, zwischen den Bäumen, in den Beeten und auch auf dem Rasen.

Wenn Sie Bäume fällen oder Beete umgraben müssen, um Rasen anzulegen, so sollten Sie dies tun. Der Rasen bildet einen schönen, ruhigen Kontrast zu bunten, lebhaften Blumenbeeten und ist außerdem viel pflegeleichter als diese. Die gleichen Überlegungen gelten, wenn Sie ein Schwimmbecken in Ihrem Garten anlegen möchten. Auch dieses sollte ein architektonischer Bestandteil des Gartens sein, der Ruhe ausstrahlt – vielleicht umpflanzt, aber doch ein Kontrast zu den bewachsenen Teilen des Gartens. In jedem Fall sollte ein Schwimmbecken ansprechend aussehen und sich harmonisch in das Gesamtkonzept Ihres Gartens einfügen!

Abgeschiedenheit

Wenn Sie auf dem Land wohnen, genießen Sie vielleicht einen Ausblick in weite Ferne, ohne dass neugierige Passanten in Ihren Garten schauen. In dichter besiedelten Gebieten wird Ihr Garten zumeist durch einen Zaun von dem des Nachbarn getrennt sein. Oft stehen die Häuser nahe beieinander, oder Sie leben in einem Reihen- oder Mehrfamilienhaus. Wer hier Abgeschiedenheit wünscht, muss selbst dafür sorgen.

Mögen Sie Ihre Nachbarn? Sehen Sie sie gern bei jedem Gang in den Garten oder wollen Sie lieber ungestört sein? Soll der Zaun oder die immergrüne Hecke mindestens Augenhöhe haben und für ganzjährigen Sichtschutz sorgen, oder möchten Sie Ihren Garten lieber mit Laubbäumen umpflanzen? Solche Entscheidungen lassen sich nicht leicht treffen, und der Preis der Abgeschiedenheit besteht in weniger Sonnenlicht und nicht so weiten Ausblicken. Hat der Nachbar infolge Ihrer Gartengestaltung einen weniger schönen Ausblick, oder ist der Garten des Nachbarn ein wunderschöner Hintergrund für Ihren eigenen? Was aber, wenn der Nachbar sein Haus verkauft und der neue Besitzer eine hässliche Garage hinter der schönen Pergola baut, an der Sie den ganzen Winter über gezimmert haben? Wer sehr ehrgeizige Pläne für seinen Garten hat, sollte ihn so umsichtig und vorausschauend gestalten, wie er kann.

Ruhe

Ein ruhig gelegener Garten ist etwas Wunderbares. Völlig still ist es fast nie, denn Gärten sind von ihren eigenen Geräuschen erfüllt – vom Vogelgesang, dem Rauschen des Windes in den Bäumen und vielleicht auch dem Plätschern von Wasser. Manche Geräusche möchten Sie aber sicher möglichst fern halten – besonders lästig ist Verkehrslärm. Je dichter Ihr Garten umpflanzt ist, desto weniger Lärm dringt hinein. Wenn nötig, verlegen Sie den Schwerpunkt und die Sitzecken an das der Geräuschquelle entgegengesetzte Ende des Gartens und schirmen ihn zur Straße hin durch noch mehr Pflanzen ab.

Ein gemütliches Plätzchen, um in Ruhe ein gutes Buch zu lesen und einen Drink zu sich zu nehmen.

So ein Liegestuhl ist schnell aufgestellt, und Sie können sich darin nach Belieben in der Sonne oder im Schatten entspannen.

Sitzecken

Sitzplätze, an denen man innehalten und sich am Garten erfreuen kann, sind für manche enorm wichtig, für andere dagegen völlig nebensächlich. Ich kenne einen sehr großen Privatgarten, in dem es nicht eine Sitzgelegenheit gibt, weil er einem fanatischen Gartenfreund gehört und jeder Fleck für Pflanzen und gärtnerische Tätigkeiten genutzt wird. Das andere Extrem sind meist öffentlich zugängliche Anlagen, in denen jeder Weg von Bänken gesäumt ist, die oft dem Gedenken an Verstorbene gewidmet sind. Die Bänke stehen in regelmäßigen Abständen, und von jeder Bank ist schon die nächste sichtbar, als wäre es eine überaus mühsame, lästige Pflicht, sich im Garten zu bewegen, und als markierten die Bänke Gefahrenstellen, an denen ihre einstigen Stifter stürzten.

Natürlich ist eine Sitzecke meist ein wichtiger Bestandteil eines Gartens. Welche Möglichkeiten bieten sich in Ihrem: Mögen Sie fest eingebaute Sitzgelegenheiten, von denen Sie einen schönen Blick auf die Beete haben? Oder folgen Sie lieber im Liegestuhl dem Schatten eines Baumes und entspannen sich dabei mit einem guten Buch und einem Drink? In jedem Fall sollten Sie die Besonderheiten des Gartens bei Ihrer Entscheidung berücksichtigen. Wo ist es lange sonnig, wo besonders windig? Wo scheint abends noch die Sonne, wollen Sie dort im Sommer vor dem Essen ein Glas trinken? Lohnt sich eine Terrasse an der Ostseite des Hauses, obwohl dort niemals die Sonne scheint, wenn Sie abends von der Arbeit heimkehren? Zieht es bei windigem Wetter immer genau an dieser Ecke des Hauses? In jedem Fall sind Sitzgelegenheiten niemals nur funktionell, sondern immer auch Blickpunkte, die in kleinen Gärten besonders stark ins Auge fallen. Planen Sie sie also gut und lassen Ihrer Phantasie dabei freien Lauf. Schöne, hochwertige Gartenmöbel oder sogar ein Designerstück haben zwar ihren Preis, halten aber lang, und Sie können sie bei jedem Umzug wieder mitnehmen.

Beleuchtung

In den letzten Jahren sind die Möglichkeiten der Gartenbeleuchtung technisch ausgereifter und sicherer geworden, und immer mehr Gartenfreunde nutzen sie. Nachts ist die Stimmung im Garten ganz anders als tagsüber. Schatten sorgen für neue Perspektiven, und viele Düfte sind nach Einbruch der Dunkelheit am intensivsten. Es macht viel Freude, abends durch den Garten zu schlendern und den an Vanille und Kaffee erinnernden Duft der Levkojen einzuatmen, seine Nase in die riesigen, nach zarter Seife duftenden, trompetenförmigen Blüten des Stechapfels *Datura metel* zu stecken oder den geradezu paradiesischen Duft von Heckenkirschen und Königslilien zu genießen. Würden Sie gern spätabends und nachts im Garten sitzen? Sie können ihn mit wenig Aufwand an Zeit und Geld beleuchten. Die Beleuchtung sollte jedoch im Rahmen der Gartengestaltung so rechtzeitig geplant werden, dass man nach Möglichkeit die Stromkabel unterirdisch verlegen kann.

Eine geschickt eingesetzte Beleuchtung verleiht dem Garten eine wunderbare Atmosphäre. Denken Sie über den üblichen

Diese Bänke fügen sich gut ein, stehen aber zu weit auseinander. Man kann sich nur laut unterhalten und sitzt sich steif gegenüber.

Planen Sie Ihre Terrasse großzügig! Welcher Bodenbelag passt am besten zum Haus?

Halogenstrahler an der Rückseite des Hauses hinaus! Sein Lichtkegel ist gerade und hart, zudem kommt er von hoch oben. Allzu häufig reicht er bis in den Garten des Nachbarn hinein, was diesen natürlich sehr stören und nachhaltig verärgern kann. Wie schön ist dagegen ein beleuchtetes Sommerhaus, neben dem Laternen den Garten erhellen! Als Ergänzung bieten sich ein oder zwei nach oben gerichtete Lichtquellen in einer Strauchgruppe an, die zum Beispiel das ornamentale Laub einer Japanischen Aralie *(Aralia elata)* oder einer frostharten Palme zur Geltung bringen. Weiß oder sehr blasses Gelb wirkt im Freien am zartesten. Dagegen passen farbig beleuchtete Wasserbecken nicht in den Garten. Farbiges Licht sollte man nur nach reiflicher Überlegung und Beratung ganz sparsam und geschickt oder überhaupt nicht verwenden.

Alles an seinem Platz

Die Liste Ihrer Wünsche ist sicher noch nicht vollständig. Möchten Sie sich einen Schuppen zimmern, in dem Sie Ihre Gartengeräte und -möbel aufbewahren und Ihre Fahrräder unterstellen können? Möchten Sie auch ein Gewächshaus bauen? Begeisterte Hobbygärtner wollen meist unbedingt einen Komposthaufen anlegen. Wer gern mit Freunden im Garten sitzt, wird auch einen Gartengrill zu schätzen wissen.

Wenn Sie Wäsche im Garten trocknen wollen, denken Sie daran, dass das nicht an einem schattigen, windstillen Ort unter Bäumen geht und Wäsche meist auch tagsüber hängen bleibt. Überlegen Sie sich, ob und wo man eine Wäscheleine spannen oder eine Wäschespinne aufstellen kann, ohne den Garten zu verunstalten oder allzu viele Blickwinkel zu verstellen.

Haben Sie Freude an Schatten liebenden Pflanzen oder möchten Sie schattige Stellen im Garten lieber verstecken oder pflastern?

Zukünftige Gestaltung

Die Neugestaltung eines alten Gartens ist eine hervorragende Gelegenheit, den Garten nach Ihren ganz persönlichen Vorstellungen zu verändern. Versuchen Sie, den Garten einmal mit anderen Augen zu sehen. Gefällt er Ihnen so, wie er ist? Was fehlt ihm, das Ihnen gefallen würde?

Der zukünftige Stil

Aus einem zugewucherten Garten lässt sich am einfachsten ein frei gestalteter schaffen, doch kann auch ein architektonischer Garten daraus werden – allerdings müssen dann mehr Pflanzen entfernt werden. Vielleicht können Sie verschiedene Bestandteile des alten Gartens in der neuen Umgebung anders zur Geltung bringen – etwa einen schönen Ausblick mit größeren Pflanzen umrahmen oder die Pflanzen als Hintergrund für eine Sitzgelegenheit oder Skulptur verwenden. Immergrüne Gehölze wie Stechpalme, Buchsbaum, Eibe und Lorbeerkirsche sind sehr schnittverträglich und daher gut für den Formschnitt geeignet.

Architektonische Gärten lassen sich rascher restaurieren als frei gestaltete. Das liegt vermutlich daran, dass dort freie Flächen und klare Formen die wichtigste Rolle spielen, und wenn man diese wiederherstellt, hat man sein Ziel bereits erreicht. Farben lassen sich leicht einbringen, indem man einjährige Blumen in die Beete pflanzt oder Kübelpflanzen aufstellt.

In frei gestalteten Gärten spielt die Zeit eine viel größere Rolle. Hier erwarten wir stattliche Bäume, die nicht so aussehen, als wären sie kürzlich geschnitten worden, und lockere Beete voll bunter Blumen. Nach größeren Eingriffen müssen solche Gärten sich erst einmal erholen, bevor sich ihre Schönheit wieder voll entfaltet. Man kann eben eine entspannte Atmosphäre nicht kaufen oder wiederherstellen, so wie man große Formschnittgehölze für den architektonischen Garten erwerben kann.

Licht im Garten

Wer Wild- oder Biogärten liebt, lässt gern seinen neu erworbenen Garten zu einem Wäldchen werden, wo nur in neu eröffneten Lichtungen etwas gegärtnert wird. In kleineren Gärten schränken aber tiefer Schatten und die Konkurrenz der Baumwurzeln die Auswahl geeigneter Pflanzen stark ein, und wenn nahe am Haus nicht gepflastert ist, sieht es dort meist nicht sehr schön aus. Zwischen den Baumwurzeln gedeihen hübsche Frühlingsblüher wie Schneeglöckchen, Blausterne, Hasenglöckchen, Winterlinge und Buschwindröschen, in ihrer filigranen Schlichtheit wirken auch Moose und Farne sehr schön. In neun von zehn Fällen müssen aber einige Bäume fallen, damit ein zugewachsener Garten seinem neuen Besitzer Freude bereitet.

Farbe im Garten

Sobald wieder ausreichend Licht in den Garten fällt, haben Sie mehr Möglichkeiten, mit verschiedenen Farbtönen zu gestalten. Viele Sträucher beginnen nun wieder zu blühen. Wenn Bäume und Sträucher nicht mehr so nahe beisammen stehen, ist die Konkurrenz der Wurzeln weniger stark, und im lichten Schatten können Sie größere, Schatten liebende Stauden kultivieren.

Welche Farben bestimmen den Garten? Im Frühlingsgarten dominieren Krokusse und andere Zwiebel- und Knollenpflanzen sowie früh blühende Sträucher. Lässt die Blütenpracht nach dem Frühsommer nach, sodass bis zum nächsten Frühjahr das Grün überwiegt? War der Garten im Hoch- und Spätsommer nur voller bunter Blumen, wenn er regelmäßig frisch bepflanzt wurde? Wenn das der Fall ist – bepflanzen Sie ihn gern häufig neu oder ziehen Sie eine dauerhafte Bepflanzung vor?

Welche Stauden wachsen noch im Garten? Manche vertragen selbst jahrzehntelange Vernachlässigung und scheinen geduldig darauf zu warten, von wuchernden Unkräutern befreit und gedüngt zu werden, um daraufhin wieder zu blühen. Liliengewächse, Päonien, Goldruten und Japanische Anemonen sind besonders große Überlebenskünstler.

Möchten Sie sich auch im Spätsommer und Herbst an blühenden Stauden erfreuen? Wie wollen Sie die Farben im Garten verteilen? Bei einem traditionell gestalteten Beet mit Rosen, Glockenblumen und Rittersporn, dessen Blütenpracht sich im Hochsommer entfaltet, ist es am einfachsten, wenn sich die spätere Farbenfülle an einer anderen Stelle konzentriert. Selbst im Winter müssen Sie nicht auf schöne Farben verzichten, wenn Sie Platz für den Winterjasmin, eine Zaubernuss oder eine Schneekirsche *Prunus subhirtella* 'Autumnalis' haben.

Duft im Garten

Ich habe einmal einen Garten ohne duftende Pflanzen gekauft. Obwohl ich sogleich begann, ihn vielseitiger zu gestalten, war das erste Jahr schrecklich – immer wenn ich eine Fleischbeere *(Sarcococca)*, einen Pfeifenstrauch *(Philadelphus)* oder Königslilien *(Lilium regale)* in einem anderen Garten fand, vermisste ich sie in meinem eigenen und wünschte mir sehnlichst, mich zu Hause nach Lust und Laune an ihnen erfreuen zu können.

Duft ist nämlich ein wichtiger, wenn nicht gar elementarer Bestandteil des Gartens. Sorgen Sie also für zahlreiche Düfte und planen Sie diese im Garten ein. Man kann gar nicht zu intensive oder zu viele Düfte im Garten haben, und Sie können sie so verschwenderisch einsetzen, wie es Ihre Vorstellungen von der Gartengestaltung erlauben.

Wann braucht der Garten mehr Farbe? Im Spätsommer erfreuen uns Blumenrohr, Dahlien und viele andere farbenfroh blühende Stauden.

Vielfalt im Garten

Begeisterte Hobbygärtner und Pflanzensammler können gar nicht genug Pflanzen besitzen. Sie freuen sich immer, wenn sie eine neue Art oder Sorte im Garten kultivieren und kennen lernen können, egal wie reich der Garten schon an Pflanzen ist. Wenn Sie Ihren neuen Garten in seinem derzeitigen Zustand langweilig finden, müssen Sie Platz für neue Pflanzen schaffen. Einer Sammlung von Lieblingspflanzen, die dringend untergebracht oder erweitert werden muss, sollten Sie an geeigneten Standorten genug Platz einräumen. Sie können Ihre Sammlung als sich wiederholendes Motiv im ganzen Garten verteilen oder als architektonischen Schwerpunkt in einem eigenen Beet kultivieren, wo Sie die unterschiedlichen Formen und Farben Ihrer Pflanzen gut miteinander vergleichen können. Sich wiederholende Themen sind eine gute Möglichkeit, den Garten als Einheit wirken zu lassen, wenn man zugleich darauf achtet, dass nicht alle Teile des Gartens gleich aussehen. Vergessen Sie auch nicht, dass Sie den Garten nach Ihren Ansprüchen gestalten und nicht nach denen Ihrer geliebten Pflanzensammlung!

Windschutz im Garten

Ohne den richtigen Windschutz hängt es immer von den Windverhältnissen ab, wie es im Garten aussieht. Beobachten Sie den Garten im ersten Jahr, fragen Sie die Nachbarn und achten Sie darauf, von woher der stärkste und der kälteste Wind wehen. So erfahren Sie, welchen Windschutz Sie benötigen.

Viele schöne Gärten liegen an exponierten Standorten in Gebieten mit sieben Monaten Winter. Hier muss man bei der Gartengestaltung unbedingt berücksichtigen, die kalten, austrocknenden Winde im Winter fern zu halten, selbst wenn dadurch alle sommerlichen Anblicke auf das Garteninnere beschränkt werden. Nach dem herbstlichen Laubfall können Sie jedoch viele Monate lang die schöne Aussicht zwischen den Bäumen genießen. Hinter der Windschutzpflanzung können Sie sich im Sommer entspannen und an den empfindlicheren Pflanzen erfreuen, die hier wachsen. Pflanzen Sie jedoch möglichst keinen Schutz aus immergrünen Gehölzen, denn diese nehmen Ihnen auch im Winter die Aussicht. Solche Windschutzgürtel sind nur ein letztes Mittel in schwierigen Fällen.

Schutz und Ausblick lassen sich hier vereinen: Goldgelbe Leylandzypressen verdecken vom Garten aus gesehen den weit entfernten Steinbruch.

Selbst schmächtige Bäume, die am Rand des Gartens wachsen, vermitteln im Sommer ein Gefühl der Abgeschiedenheit.

In wärmeren Gebieten verursacht der Wind eher im Sommer Probleme – er zerreißt zarte junge Blätter und lässt den empfindlichen Neuaustrieb verdorren. In Meeresnähe leiden die Blätter vieler Pflanzen häufig unter dem salzhaltigen Wind.

Besonders behutsam muss man vorgehen, wenn der Garten zu gut gegen Wind geschützt oder voller Bäume ist, aber exponiert liegt. Lichten Sie über mehrere Jahre verteilt aus und geben Sie den verbleibenden Bäumen Zeit, sich ohne schützende benachbarte Pflanzen an die volle Kraft des Windes zu gewöhnen. Ihre Windschutzpflanzung sollte aus unterschiedlich alten Gehölzen bestehen, damit stets junge Pflanzen die Lücken füllen, die abgestorbene Veteranen hinterlassen. Lassen Sie es nie so weit kommen, dass alle schützenden Bäume gleichzeitig überaltert sind. Windschutzbäume haben keine ausgewogene, symmetrische Form, ihre Gestalt wird vielmehr vom Wind bestimmt. Sie sind quasi das Opfer, das man bringt, damit wichtigere Pflanzen im Garten geschützt wachsen können.

Nachdem man Bäume entfernt hat, kann Wind aus anderen Richtungen eine größere Gefahr werden, als dies bisher der Fall war. Ein Baum, der ganzjährig wehenden Westwinden 40 Jahre lang standhielt, kann beim ersten Nordoststurm umstürzen, der ihn plötzlich trifft. Windexponierte Gärten müssen also behutsam und über längere Zeiträume umgestaltet werden, damit der Wind in Schach gehalten wird.

In der Stadt können an Hochhäusern bei Sturm starke Luftwirbel entstehen. Durch den Wind, der ständig von deren Wänden abprallt, werden die Pflanzen am Fuß der Mauern häufig nach vorn gedrückt.

Die goldenen Regeln für die Windschutzpflanzung lauten: Lichten Sie sie sehr behutsam aus, wenn dies nötig ist, und pflanzen Sie sie so frühzeitig wie möglich, wenn Sie sie benötigen.

Wasser als Blickfang

Es ist nicht einfach, mit Wasser im Garten zu gestalten. Alte Teiche müssen oft mit viel Mühe gereinigt werden – und sind anschließend womöglich undicht. Einen neuen Gartenteich sollten Sie frühzeitig planen, denn Wasser passt nicht überall hin. Ein »Naturteich« wirkt in einer Senke immer am natürlichsten. Fließendes Wasser sieht am besten aus, wenn es einen natürlichen Hang hinabfließt und nicht von einem künstlichen Hügel fällt. Bedenken Sie, dass beim Reinigen eines alten Teichs viel Schlamm zu entfernen ist, den man im Garten ausbringen oder entsorgen muss. Die Wasserzufuhr zum Teich sollte in gutem Zustand sein, und die Wassertiefe ist maßgeblich dafür, welche Pflanzen man im Teich kultivieren kann.

Architektonische Gärten, ob eben oder terrassiert, ermöglichen einen besonders phantasievollen Einsatz des Wassers bis hin zu einem Punkt, an dem Wasser zu einer statischen oder fließenden Skulptur wird, die man für optische Täuschungen einsetzen kann. Solche Blickfänge können den Garten verzaubern, treiben die Kosten einer Neugestaltung aber in die Höhe.

Ein »Naturteich« sieht am schönsten aus, wenn er in einer Senke im Garten angelegt wurde.

Wollen Sie diesen alten Schuppen mit Kletterpflanzen begrünen – oder wollen Sie ihn lieber abreißen und an anderer Stelle einen neuen bauen?

Gebäude im Garten

Ein Schuppen für Gartengeräte und Werkzeuge ist in jedem Garten nützlich. Leider steht so ein Schuppen oft nicht da, wo man ihn gern hätte. Eventuell lässt er sich aber dorthin versetzen, wo er kaum ins Auge fällt, oder so verschönern, dass man ihn dort stehen lassen kann, wo er ist. Dann bietet es sich an, ihn etwa weiß zu streichen und von einer reich blühenden Berg-Waldrebe *(Clematis montana)* umranken zu lassen.

Manche Gärtner legen großen Wert auf ein Gewächshaus und haben viel Freude daran, aus Samen und Stecklingen selbst Pflanzen anzuziehen. Auch hier ist es wichtig, frühzeitig zu überlegen: Soll es versteckt und in einiger Entfernung von den besonders schönen Teilen des Gartens errichtet werden, vom Haus aus gut und auf kurzem Weg erreichbar sein, soll es beheizbar sein, Licht und einen Stromanschluss haben?

Am besten wählt man den Standort so, dass die Sonne nicht den ganzen Tag auf das Gewächshaus scheint. Sonst müssen Sie Ihre Pflanzen im Sommer sehr häufig gießen und für eine gute Belüftung sorgen. Wenn Sie das Gewächshaus nur zur Vermehrung von Pflanzen benötigen, können Sie es gut in offener Ost- oder sogar Nordlage aufstellen. Dort erwärmt die Sonne es zwar nicht so stark, aber die Temperaturen in seinem Inneren schwanken weniger. Außerdem können Sie es so an eine abgelegene Stelle des Gartens stellen und die sonnigeren Lagen für Ihre Freilandpflanzen nutzen. Im Sommer können Sie dann auch einige Tage wegfahren, ohne jemanden bitten zu müssen, Ihre Pflanzen zu gießen.

Ein Sommerhäuschen oder ein Teehaus mit schönem Ausblick sollte an einer besonders warmen Stelle des Gartens stehen. Solche Bauten verschönern den Garten und laden zum Verweilen ein, wenn man bei kühlem Wetter nicht mehr direkt im Freien sitzen kann. So kann man sich längere Zeit im Jahr mit Gästen im Garten aufhalten. Wenn Sie so viel Zeit wie nur möglich im Garten verbringen möchten (und die möglicherweise notwendige Genehmigung erhalten), kommt für Sie vielleicht auch ein auf allen Seiten umbautes Sommerhäuschen infrage.

Obst und Gemüse

Für Obst und Gemüse benötigen Sie ein Stück guten Gartenboden in heller, offener Lage. Schlechter Boden lässt sich mit etwas Zeit und Mühe verbessern. Selbst gezogenes Gemüse schmeckt natürlich besser als gekauftes, aber haben Sie auch wirklich genug Zeit, ein großes Gemüsebeet zu pflegen? Wäre es besser, sich auf Frischgemüse wie Salat und Tomaten zu beschränken, oder wollen Sie auch Einkellerungskartoffeln anbauen und die damit verbundene Arbeit auf sich nehmen? Halten Sie die Arbeit im Gemüsegarten im Grunde genommen für eine Plackerei, die nur etwas für Jüngere ist, und für einen ständigen Kampf gegen Schädlinge? Seien Sie ehrlich zu sich selbst! Reichen Ihnen einige kleine Apfelbäume, nur um selbst ein wenig Obst ernten zu können, oder muss es ein ganzer Obstgarten sein? Wollen Sie die Bäume schneiden, damit sie wieder reich tragen, oder der Natur ihren Lauf lassen und sich mit dem begnügen, was so heranreift?

Bequeme Nutzung, kurze Wege

Pflegeleichtigkeit als oberstes Ziel lässt leicht einen furchtbar langweiligen Garten entstehen. Es macht aber durchaus Sinn, bei der Planung auch darauf zu achten, dass der Garten nicht zu viel Arbeit macht und bequem zu nutzen ist.

Verwandeln Sie steile Hänge in Treppen oder Terrassen, wenn Sie den Garten dadurch besser nutzen können und ihn schöner finden. Schubkarre und Rasenmäher sollte man aber ohne große Mühe von einer Ebene zur nächsten schieben können. Kompostbehälter sollten möglichst da stehen, wo das meiste Material anfällt, ohne sogleich aufzufallen. Praktisch ist auch ein Wasseranschluss im hinteren Teil des Gartens.

In Hanglagen wirken Graswege zwanglos, zudem kann man sie mit der Schubkarre gut befahren.

War Ihr Vorgänger sehr auf Arbeitsersparnis bedacht, hat er womöglich eine zu große Fläche gepflastert. Das ist zwar pflegeleichter als kiesen, andererseits gewinnt der Garten vielleicht gerade durch das weichere Aussehen von Kies.

Ist Ihnen die Rasenfläche zu groß, die Sie jede Woche mähen müssen? Dann könnten Sie einen Teil davon oder den ganzen Rasen zu einer Blumenwiese umgestalten, in der Zwiebel- und Knollenpflanzen blühen. Eine andere Möglichkeit besteht darin, das Gras höher werden zu lassen und weniger oft mit einem größeren und stärkeren Rasenmäher zu mähen, der aber entsprechende Stellfläche benötigt. Manche machen sich auch die Mühe zu lernen, wie man mit einer Sense umgeht.

Links: *Wer Hochbeete und Kübelpflanzen liebt, kann den Garten vom Stuhl aus am besten genießen.*

Arbeitssparend gestalten

Wenn Sie einen großen Garten übernehmen, aber nicht viel Zeit und Erfahrung haben, sollten Sie bei seiner Gestaltung auf Pflegeleichtigkeit achten. Die arbeitsintensiven, dekorativen Flächen sollten vor allem in den äußeren Bereichen des Gartens möglichst klein sein. So können Sie sich ganz darauf konzentrieren, die Struktur des Gartens in Ordnung zu bringen.

Oben: *Unter Obstbäumen blühender Lavendel sieht wunderschön aus, lässt sich aber kaum unkrautfrei halten. Wie wäre es, das Gras in ihn hineinwachsen zu lassen?*

Unten: *Statt der freien Baumscheiben würde auch Rasen oder hohes Gras gut aussehen.*

Oben: *Wenn der Rasen fast unmerklich in die Rabatte mit Rosen und Mutterkraut hineinwächst, entsteht ein sehr romantisches Bild, doch wie verhindern Sie, dass das Gras die Zierpflanzen zu sehr bedrängt? Könnte man nicht den Rasen aus dem Beet heraushalten und vor dem Beet einen Rand lassen, der regelmäßig gehackt wird? Denken Sie immer daran, dass es sehr schwierig ist, Wildgärten so zu gestalten, dass sie das ganze Jahr über schön aussehen.*

Unten: *Am besten konzentrieren Sie sich zunächst auf die besonders ins Auge fallenden Beete mit ein- und mehrjährigen Pflanzen rund um das Haus. In den Teilen des Gartens, die nicht so ordentlich sein müssen, kann man die Pflanzen vernachlässigen, bis man Zeit für sie hat.*

Winterharte Rhododendren sind überaus robust. Bei alten Exemplaren bewurzeln sich die unteren Zweige und wachsen nach und nach zu neuen Pflanzen heran, die ihre Mutterpflanzen überleben.

Alte Rhododendren, die zu groß geworden sind oder umzustürzen drohen, können im Winter stark zurückgeschnitten werden und treiben anschließend wieder aus. Auf Rhododendron ponticum *veredelte Exemplare bilden aus der Unterlage unzählige, eher langweilig aussehende Triebe, wurzelechte, also nicht veredelte Pflanzen bleiben dagegen sortenrein.*

Am besten schneidet man immer nur eine Hälfte eines Rhododendrons zurück, sodass ein Teil der Pflanze austreiben und sich vom Schnitt erholen kann, bevor der andere Teil geschnitten wird.

TEIL II:
Die praktische Durchführung

Gleich anfangen oder noch warten: Pro und Kontra

Nun wohnen Sie seit einer Woche in Ihrem neuen Haus, und draußen bricht ein sonniger Sommertag an. Sie stehen vor dem zugewachsenen Garten und freuen sich, endlich mit den Arbeiten beginnen zu können. Zwar wissen Sie noch nicht so genau, wo Sie anfangen wollen, doch das schreckt Sie nicht ab.

Auch wenn es schwer fällt – warten Sie noch ein wenig! Sie wollen doch Ihren Garten so gut kennen lernen, dass Sie nichts tun, was Sie später bereuen! Manche raten, ein ganzes Jahr zu warten – eine harte Geduldsprobe, schließlich soll Ihre Begeisterung nicht verfliegen, bevor Sie angefangen haben. Betrachten wir gemeinsam Vor- und Nachteile eines sofortigen Starts.

Was spricht dafür, gleich anzufangen?

Stehen in Ihrem Schuppen viele kostbare Pflanzen aus Ihrem alten Garten, die dringend ausgepflanzt werden müssen? Wachsen in den Beeten schöne Zierpflanzen, aber auch viele hartnäckige Unkräuter, und ist der Rasen schon hüfthoch? Dann sollten Sie den Rasen mit der Sense oder einem Balkenmäher

Wenn man weiß, was sich unter der Erdoberfläche verbirgt, kann man den Garten besser planen. Hätten Sie diesen Garten im Herbst übernommen, würden Sie im Frühjahr von diesem Blütenmeer überrascht werden.

Wenn Sie das Gras erst mit dem Balkenmäher mähen und dann mit dem Rasenmäher kurz halten, haben Sie es schon bald im Griff. Das eigentliche Problem besteht darin, dass die Gelbe Leylandzypresse die Blaufichte zu stark bedrängt. Welchen Baum wollen Sie behalten?

und anschließend mit dem Rasenmäher mähen. Daraufhin legen Sie ein Beet an, indem Sie ein Stück Grasnarbe abtragen, den darunter liegenden Boden umgraben und von Unkräutern säubern. Hier finden Ihre Pflanzen eine vorläufige Bleibe.

Schnittverträgliche Pflanzen wie starkwüchsige Waldreben oder Forsythien können Sie, wenn nötig, zurückschneiden. Im Zweifelsfall sollten Sie sich erst informieren, ob die Pflanzen sich nach einem Schnitt regenerieren.

Haben Sie genaue Vorstellungen davon, was Sie im neuen Garten tun wollen – Pflanzen setzen, die nach einiger Zeit einen Dschungel exotischer Blätter bilden, einen Heidegarten oder einen Wildgarten mit einheimischen Stauden anlegen? In jedem Fall sollten Sie jedoch bis zum Beginn der nächsten Vegetationsperiode warten – am besten ein Jahr, wenn Sie so viel Geduld haben –, um die Vor- und Nachteile des Standorts ausfindig zu machen. Gärten lernt man nur kennen, indem man sie lange genug beobachtet!

Die Geheimnisse des Gartens entdecken

Wenn Sie einen sorgsam gepflegten Garten übernehmen, ist es besonders sinnvoll, mit seiner Umgestaltung noch zu warten. Wenn Sie im Winter einziehen, sind Sie später womöglich überrascht, wie viele Pflanzen im Boden schlummern. Im Frühjahr und im Herbst schmücken sich viele Gärten mit blühenden Zwiebel- und Knollenpflanzen, und an der Stelle, an der Sie eigentlich den Heidegarten anlegen wollten, erscheinen vielleicht auf einmal Scharbockskraut oder zahlreiche Blausterne, die zwar an anderer Stelle im Garten gern gesehen, im Heidegarten aber hartnäckige Unkräuter wären.

So reizvoll sie auch sein mag, eine bröckelnde Mauer muss instand gesetzt werden, damit sie nicht zusammenbricht. Solche aufwendigen Arbeiten sollten frühzeitig erledigt werden, damit die frisch gesetzten Pflanzen anschließend ungestört heranwachsen können.

Fällen Sie Bäume erst, wenn es nicht anders geht. Mancher Baum, der im Frühjahr noch dürr und kahl erscheint, sorgt später im Sommer für willkommenen Sichtschutz.

Die Vorteile des Wartens

Wenn Sie mit den Arbeiten nicht sofort beginnen, können Sie feststellen, ob die vorhandenen Pflanzen gesund sind. Treibt der Kirschbaum erst spät aus, oder ist er bereits abgestorben? Leiden die Rosen unter starkem Rost- und Mehltaubefall? Schauen Sie auch, bevor Sie mit dem Umgestalten beginnen, darauf, ob der Garten so bepflanzt wurde, dass die Farben gut miteinander harmonieren.

Wenn Sie warten, können Sie auch herausfinden, ob der Boden fruchtbar ist und viele Regenwürmer in ihm leben, oder ob er ausgelaugt und nährstoffarm ist. Sie merken, ob Ihr Garten in einem Frostloch liegt oder Trockenheit Probleme bereitet. Sie sehen, wo die Sonne im Winter und wo sie im Sommer untergeht und wo Sie Ihre Terrasse wegen des ungünstigen Lichteinfalls besser nicht anlegen. Schließlich werden Sie bemerken, ob in Ihrem Garten viele Kaninchen oder Schnecken leben.

Größere Bestände von Funkien oder Ligularien sollten Sie nur pflanzen, wenn der Garten nicht von zahllosen Schnecken bevölkert wird. Es ist nämlich besser, andere Pflanzen zu wählen, als einen aussichtslosen Kampf gegen Schädlinge aufzunehmen.

Eine gute Grundlage für die Gartengestaltung

Auch wenn Sie mit der Umgestaltung noch warten wollen, können Sie im ersten Jahr schon einige Arbeiten erledigen, etwa Zäune reparieren und für Haustiere unpassierbar machen, den Rasen regelmäßig mähen, sodass Ihre Kinder auf ihm spielen können, und den Kampf gegen Brombeeren, Zaunwinden, Giersch und andere hartnäckige Unkräuter aufnehmen. Dabei lernen Sie zugleich Stärken und Schwächen Ihres neuen Gartens gut kennen.

Durch Warten erfahren Sie also, welche Möglichkeiten Ihnen Ihr Garten bietet. Sie können Ihre Pläne auf die Eigenarten des Gartens abstimmen und besser beurteilen, was möglich ist und was nicht. Manchmal ist die erste Idee hervorragend – manchmal hat man später aber eine noch viel bessere!

In Ruhe planen

In der Wartezeit reifen Ihre Pläne, und Sie können überlegen, wie Sie alles am besten durchführen. Schauen Sie sich im Garten genau um, lassen Sie Ihrer Phantasie freien Lauf, sammeln Sie verschiedene Ideen und setzen Sie diese in Gedanken um! Nichts, was Sie im Garten tun, lässt sich nicht später noch verändern; Sie können sich immer wieder neu entscheiden. Die besten Ideen sind oft die, die während der praktischen Arbeit entstehen und verfeinert werden; die Gestaltung des einen Gartenteils legt die des anderen nahe. Doch je mehr Sie im Voraus planen, umso mehr Zeit und Arbeit sparen Sie später.

Sie müssen keine zeichnerische Ausbildung haben und auch keine Kunstwerke zu Papier bringen, um einen Gartenplan zu skizzieren. Wichtig ist zu überlegen, an welchem Punkt man gerade steht und was man erreichen will. Denken Sie nicht nur an den Teil des Gartens, der gerade neu gestaltet wird; das Erfolgsgeheimnis liegt darin, an das Gesamtbild und nicht nur an die Einzelheiten zu denken.

Manche Tiere befressen Stauden, zum Beispiel diese Funkien, und verzehren die Triebe junger Bäume und Rosen. Beobachten Sie das Jahr über, welche Tiere Schäden im Garten anrichten, und überlegen Sie, welche auf jeden Fall fern gehalten werden sollten.

Ein leerer Garten lässt sich viel einfacher neu gestalten als ein zugewachsener, auch wenn keine Pflanzen in ihm wachsen, die Schwerpunkte der neuen Gestaltung bilden könnten. Gräser und mehrjährige Unkräuter können mit Glyphosat bekämpft werden, bevor man mit dem Umgraben beginnt. Allerdings muss man zuvor klären, ob im Garten überhaupt Herbizide verwendet werden dürfen.

Wenn Sie Rasensoden selbst verlegen oder verlegen lassen, sollten Sie das im Herbst oder Frühjahr tun. Im Sommer verlegte Soden müssen nämlich regelmäßig gewässert werden. Auf einer völlig leeren Fläche ist es in den meisten Fällen am bequemsten und einfachsten, zu Beginn der Gartengestaltung erst einmal Rasensoden zu verlegen. Alles andere kann später folgen.

Planung der Arbeiten

Während Sie überlegen, was Sie von Ihrem Garten wollen, entsteht in Ihren Gedanken sicher bereits eine Liste Ihrer Vorhaben und der dabei anfallenden Arbeiten. Dieser Teil des Buches soll Ihnen helfen, dabei Prioritäten zu setzen. Bevor Sie beginnen, die Arbeiten zu planen, sollten Sie sich zunächst Gedanken über ihren zeitlichen Ablauf machen, ebenso über Ihre kurz- und langfristigen Wünsche an den Garten.

Möchten Sie die unmittelbare Umgebung des Hauses in einem halben Jahr neu gestalten, sodass diese Sie mit bunten Farben erfreut? Auf diese Weise bereichert der Garten Ihr Familienleben schon sehr früh. Keiner wohnt gern länger als nötig inmitten einer Baustelle, und wenn Sie an zu vielen Stellen gleichzeitig beginnen, ist der ganze Garten möglicherweise lange Zeit nicht zu benutzen. So ist es sinnvoll, zuerst die Umgebung des Hauses in einen guten Zustand zu bringen.

Wie wollen Sie den Garten langfristig gestalten? Sind die Bäume überaltert, werden Sie sie fällen müssen und neue pflanzen. Wenn Sie nicht alle auf einmal fällen wollen, wie wollen Sie vorgehen – eine Hälfte jetzt fällen, die andere Hälfte in fünf Jahren? Zuerst die Bäume fällen, die ans Haus oder an freie Flächen grenzen, und dann jedes Jahr einen weiteren? Oder lieber alle Bäume noch zehn Jahre stehen lassen, sodass sie womöglich Ihr Nachfolger fällen muss? Es gibt hier keine allgemein gültigen Regeln. Bedenken Sie aber, dass Baumfällarbeiten immer aufs Neue mit Unannehmlichkeiten verbunden sind.

Wie soll der Garten aussehen?

Versuchen Sie, realistisch einzuschätzen, wie viel Zeit und Geld Sie heute und in zehn Jahren in den Garten investieren wollen. In einem modernen, pflegeleichten Garten können Sie sich in Ihrer Freizeit erholen und müssen nicht befürchten, dass der Garten nach einer Urlaubsreise völlig zugewachsen ist. Wenn Sie sich lieber einen Garten voll bunter Blumen und ausgefallener Pflanzen wünschen, der mehr Arbeit macht, sollten Sie

Was ist Ihnen wichtiger? Möchten Sie sofort mehr Pflanzen entfernen, um eine bessere Aussicht genießen zu können, oder wollen Sie lieber abwarten und darauf achten, welche Bäume den Wind fern halten?

sich diesen Wunsch natürlich erfüllen. Damit Ihnen die Arbeit später nicht über den Kopf wächst, sollten Sie aber nicht zu viele Stauden unter die Sträucher setzen. So können Sie später einige Rabatten mit Rasen einsäen, wenn Ihnen die Arbeit zu viel wird. Viele ältere Hobbygärtner sind sehr traurig, wenn unter ihren, vor langer Zeit gepflanzten Gehölzen nur Unkräuter wachsen, weil sie mit der Pflege der ursprünglich gesetzten Stauden überfordert sind.

Mancher liebt ein romantisches Durcheinander und stört sich nicht daran, wenn die Außenbereiche des Gartens chaotisch aussehen. Wem dies nicht gefällt, sollte seinen Garten einfacher gestalten, damit er mehr Freude daran hat.

Viele Hobbygärtner haben Spaß daran, ihren Garten sehr langfristig zu planen. Es ist eine schöne Aufgabe, in einem geerbten Garten, der schon lange im Besitz der Familie war und viele Jahre vernachlässigt wurde, den Grundstein für die Zukunft zu legen, auch wenn man weiß, dass man die Früchte seiner Arbeit nicht mehr sehen wird (viele haben an so langfristigen Planungen einfach deshalb Vergnügen, weil sie wissen, dass der Garten zu etwas heranwachsen wird, das größer ist als die Summe seiner jetzigen Bestandteile). Benötigt Ihr Garten auch eine Zukunftsinvestition – eine Baumreihe zur Straße hin oder eine Obstwiese, auf der Ihre Enkel einmal spielen werden?

Ein realistischer Zeitrahmen

Gärten sind natürlich nie ganz fertig, es gibt immer etwas zu tun und Neues auszuprobieren. Doch wie schnell möchten Sie die wichtigsten Gestaltungsarbeiten vollenden? Es lohnt sich, einen Zeitrahmen festzulegen, denn dann sieht man die Neugestaltung nicht so schnell als einen riesigen Berg von Arbeit, der sich scheinbar endlos über die nächsten Jahre hinzieht. Der zeitliche Rahmen ist quasi der Silberstreif am Horizont. Ein Beispiel: Binnen drei Jahren sollen die Terrasse erneuert und unterhalb von ihr einige Rabatten angelegt werden, außerdem vier große Bäume gefällt, Sträucher als Sicht- und Windschutz gepflanzt und der Gemüsegarten fertig gestellt werden. Dann verteilen Sie die Arbeiten auf die drei Jahre. Meistens wird man so vorgehen: Erst werden die Bäume gefällt, dann die Wind- und Sichtschutzsträucher gepflanzt, anschließend wird die Terrasse erneuert. Dann werden die Rabatten vorbereitet, und zum Schluss werden Sträucher und Blumen gesetzt.

Raschwüchsige Kletterpflanzen, etwa Clematis montana *und dekorative Topfpflanzen, bilden bereits nach kurzer Zeit einen hübschen Sichtschutz und verstecken die Teile des Gartens, in denen die Arbeiten noch in vollem Gang sind.*

Wenn Sie Wege und Terrassen planen, sollten Sie die spätere Bepflanzung der angrenzenden Beete berücksichtigen. Auf die Platten wachsende Pflanzen machen die anderweitig nutzbare Fläche nämlich viel kleiner. Kalkulieren Sie auch Topfpflanzen, Tische und Stühle ein!

Links: *Bauarbeiten sind aufwendig und teuer. Wenn Sie Ihren Garten so radikal umgestal-ten wollen wie auf diesem Bild, müssen Sie zuerst die Bauarbeiten durchführen. Nachdem Sie den Garten bepflanzt haben, möchten Sie doch sicher nicht noch einmal so ein Chaos haben.*

Oben: *Die Baumaterialien sollten zum Haus passen und sich harmonisch in die Umgebung einfügen. Verwenden Sie möglichst wenige unterschiedliche Materialien und wählen Sie die beste Qualität, die Sie sich leisten können. Sie werden das nicht bereuen!*

Finanzielle Aspekte

Die Gestaltung eines schönen Gartens kann enorme Summen verschlingen, aber auch sehr preiswert sein. Die Höhe der Kosten hängt davon ab, wie Sie die Arbeiten durchführen. Mit viel Zeit und Energie können Sie auch mit wenig Geld Erstaunliches erreichen. Haben Sie es aber eilig, heuern Fachkräfte an und kaufen große Pflanzen, steigen die Kosten so weit, wie Sie es zulassen. Am teuersten sind meistens die Bauarbeiten an Wegen, Stufen, mit Wasser gestalteten Blickfängen, Zäunen und Mauern, ebenso die Baumpflege. Im Vergleich dazu sind die Kosten für neue Pflanzen oder Ersatzpflanzen oft gering.

Die Kosten der Bauarbeiten

Es lohnt sich, eher auf gute Qualität zu achten und die Bauarbeiten gegebenenfalls etwas aufzuschieben, als mit billigeren Materialien gleich alles fertig zu stellen und das dabei eingesparte Geld in größere Pflanzen zu investieren. Spätestens wenn die Stufen bröckeln und der Bodenbelag sich senkt, werden Sie das nämlich bereuen. Geben Sie so viel Geld für hochwertiges Material und fachgerechte Arbeiten aus wie möglich. Wege, Stufen, Mauern und Zäune sind das Grundgerüst des Gartens – je besser deren Qualität, desto schöner ist der fertige Garten!

Die Materialauswahl

Richten Sie sich bei der Wahl der Materialien am besten nach dem Stil des Hauses. Zu einem alten, im traditionellen Stil gehaltenen Haus passt ein im gleichen Stil gestalteter Garten besonders gut. Ist das Haus verputzt, können es auch die Gartenmauern sein. Zu einem verklinkerten Haus passen Ziegel und Naturstein. Mit modernen Häusern harmonieren ganz verschiedene Materialien, traditionelle ebenso wie moderne. Zu alten Häusern passt natürlich auch Modernes, und vielleicht möchten Sie Alt und Neu nach Ihrem Geschmack miteinander kombinieren. In erster Linie bestimmen jedoch Menge und Qualität der Baumaterialien, ob sie im Garten gut aussehen.

Von Ihrer Materialauswahl hängt auch die Höhe der anfallenden Kosten ab. Natur- oder Ziegelsteine als Wegbelag kosten das Vielfache von Kies oder Beton. Oft müssen Sie zwischen einem kostengünstigen synthetischen Material und einem teureren natürlichen wählen. Haben Ihre Ideen Gestalt angenommen, sollten Sie ein örtliches Garten- und Landschaftsbauunternehmen zurate ziehen und mindestens ein weiteres um einen Kostenvoranschlag für die Ausführung der Arbeiten bitten. Achten Sie darauf, beiden genau den gleichen Umfang der Arbeiten und die gleichen Materialqualitäten zu nennen!

Die Kosten der Bepflanzung

Mit einer vorläufigen Liste der Pflanzen für die Neugestaltung können Sie die Kosten auf Basis der Preise Ihres Gartencenters schätzen. Halten Sie diese Schätzung einfach: Für einen Garten mittlerer Größe genügen meist etwa 12 Hochstämme, 40 Sträucher und 70 Stauden. Die Kosten steigen, wenn Sie von bestimmten Gehölzen große Containerpflanzen kaufen möchten, die das Bild von Anfang an bestimmen sollen. Fordern Sie Angebote von Spezialfirmen an, die Pflanzen versenden. Wenn Sie Pflanzen- und Baukosten schätzen, bekommen Sie eine Vorstellung, wie viel Geld Sie für den Garten ausgeben müssen.

Stufenweises Vorgehen

Sie können Ihren Etat schonen, indem Sie kleinere Pflanzen kaufen und die Bauarbeiten teilweise oder ganz selbst ausführen. Sie können die in einem Jahr anfallenden Kosten aber auch dadurch in Grenzen halten, dass Sie stufenweise vorgehen und die Arbeiten auf mehrere Jahre verteilen. Für den Garten ist es oft sogar am besten, wenn er nach und nach verändert wird. Schließlich hat nicht er es eilig, sondern Sie! Auf diese Weise können Sie die Details entwickeln, während die Arbeiten fortschreiten. Vielleicht möchten Sie sich in einem Jahr ein schönes, handgeschmiedetes Eisentor leisten, das die beiden Hälften Ihres Gartens miteinander verbindet, und den neuen Grenzzaun erst später bauen? Es kann auch passieren, dass der Baum, den Sie sorgfältig freigestellt und als Mittelpunkt Ihrer Gestaltung gewählt hatten, umstürzt, weil er dem Wind, der ihn nun stärker trifft, nicht standhalten kann. Vielleicht fällt Ihr Nachbar Bäume, die Ihren Garten gegen den Wind abgeschirmt haben. Vieles kann Ihren Garten verändern, und Sie sollten nicht davon ausgehen, dass dies nur durch Ihre Aktivitäten geschieht. Für den Garten, die Pflanzen und auch für Sie selbst ist es daher von Vorteil, wenn sich der Umgestaltungsprozess über mehrere Jahre erstreckt. Machen Sie möglichst viele Arbeiten selbst, sofern Sie Zeit und Lust dazu haben. In zehn Jahren werden Sie sicher sehr zufrieden zurückblicken. Ebenso wie die Pflege eines Gartens macht auch die Neugestaltung viel Freude. Wenn es Ihnen nicht wichtig ist, den Garten in ganz kurzer Zeit fertig zu stellen, können Sie die Arbeiten ruhig langsam angehen lassen und nur das in Auftrag geben, was Sie selbst nicht tun können oder wollen, etwa Maurerarbeiten oder den Schnitt hoher Bäume. Kaufen Sie nur wenige Exemplare neuer Pflanzen und vermehren Sie diese dann selbst. Stöbern Sie auf Pflanzenbörsen und Märkten, dort werden manchmal schöne Pflanzen als Schnäppchen angeboten.

Der Baum am Ende des Weges wurde bei der Umgestaltung des Gartens stehen gelassen und kommt nun gut zur Geltung. Die beiden Stühle lassen vermuten, dass der Garten hinten rechts noch weitergeht, und vermitteln den Eindruck von Geselligkeit.

Würden Sie diesen Baum stehen lassen? Er wächst zwar sehr nahe am Haus, spendet der Terrasse aber Schatten, der im mediterranen Küstenklima nur zu willkommen ist. Wie lange mag es dauern, bis eine andere Pflanze so nahe am Meer ebenso groß würde?

Rücksichtnahme und Genehmigungen

Sind Ihre Pläne konkret geworden, sollten Sie Ihre Nachbarn über die bevorstehenden Arbeiten informieren und gegebenenfalls auch behördliche Genehmigungen einholen. Denken Sie daran, dass es längere Zeit dauern kann, bis die Behörde ihre Entscheidung getroffen hat!

Rücksicht auf die Nachbarn

Informieren Sie Ihre Nachbarn rechtzeitig über die anstehenden Arbeiten! Vor allem Stadtbewohner reagieren oft beim Knattern einer Kettensäge schockiert und verdächtigen Sie allzu rasch, rücksichtslos alle Bäume abzuholzen, die in Reichweite Ihrer Säge geraten. Die Nachbarn stehen am Fenster oder kommen nach draußen, um das Geschehen zu beobachten. Sagen Sie ihnen besser vorher, was Sie tun, dass Sie überlegt handeln und Ihre Arbeiten dem Garten langfristig nutzen. Nachbarn reagieren mit Recht verärgert, wenn die Kettensägen oder Baumaschinen den ganzen Tag laufen, ohne dass sie zuvor darüber informiert wurden, oder wenn die frisch gewaschene Wäsche, die zum Trocknen auf der Leine im Garten hängt, vom Rauch des Feuers, in dem Sie Holzabfälle verbrennen, in Mitleidenschaft gezogen wird (vorausgesetzt, Sie dürfen überhaupt Gartenabfälle verbrennen). Generell sollten Sie Arbeiten, die mit Belästigungen für die Nachbarn verbunden sind, nicht gerade dann ausführen, wenn diese ein Gartenfest feiern.

Im Gespräch mit Ihrem Nachbarn erfahren Sie vielleicht, dass einer Ihrer Bäume oder Sträucher eine wichtige Funktion für ihn hat, etwa, dass er einen hässlichen Laternenmast verdeckt oder sein Gewächshaus vor der heißen Mittagssonne schützt. In diesem Fall sollten Sie Ihren Plan wenn möglich etwas ändern, um Ihrem Nachbarn einen Gefallen zu tun.

Ein gutes Verhältnis zu den Nachbarn ist Gold wert! Vielleicht dürfen Sie mit der Schubkarre über deren Grundstück fahren, um Sachen aus Ihrem Garten bequemer abtransportieren zu können, oder einen Minibagger in den hinteren Teil Ihres Gartens fahren. Vielleicht müssen Sie auch vom Nachbargrundstück aus einen Zaun reparieren oder Äste von einem Baum schneiden, der gefällt werden soll. Wer sich seine Nachbarn zu Feinden macht, weil er nicht bereit ist, ihnen einen kleinen Gefallen zu tun, macht sich das Leben unnötig schwer. Wenn Sie sich dagegen mit ihnen anfreunden, haben Sie immer jemanden, den Sie bei Bedarf um einen Gefallen bitten können.

Baumschutz

Für manche Arbeiten müssen Sie zuvor eine Genehmigung einholen. Das ist besonders wichtig, wenn im Zuge der Umgestaltung Ihres Gartens Bäume beseitigt werden sollen. Bereits nicht allzu dicke Bäume sind fast immer durch die Baumschutzsatzung geschützt und dürfen nur gefällt werden, wenn ihr Eigentümer zuvor die Genehmigung des örtlichen Gartenamts eingeholt hat. Auch Bäume, die zum öffentlichen Grün gehören, dürfen natürlich nicht ohne Erlaubnis gefällt werden. Wenn die Genehmigung versagt wird, müssen Sie Ihre Pläne entsprechend ändern. Das Gartenamt hat sicher nicht die Absicht, Ihnen die Freude an Ihrem Garten zu nehmen, doch größere Bäume sind für die Umwelt sehr wichtig – nicht nur für die Gärten, in denen sie stehen. Wenn Sie triftige Gründe vorbringen und Ersatzpflanzungen vornehmen, erhalten Sie möglicherweise eher eine Genehmigung, Bäume fällen zu dürfen.

Bestimmte Bäume sind nicht nur durch die Baumschutzsatzung geschützt, sondern gelten auch als Naturdenkmale. Dabei handelt es sich um besonders alte, dicke Einzelbäume, die oft sehr interessant aussehen und wertvolle Kleinodien sind.

Unterrichten Sie das Gartenamt frühzeitig von Ihren Plänen! Sie müssen mit Verzögerungen beim Fortschreiten Ihrer Arbeiten rechnen, wenn Sie Ihren Antrag zu spät stellen.

Aufträge rechtzeitig erteilen

Sie sollten auch prüfen, ob die Firmen, die Ihnen einen Kostenvoranschlag erstellten, die Arbeiten dann durchführen können, wenn Sie es gern möchten. Wenn Sie vorhaben, die neue oder instand gesetzte Terrasse im Frühling hübsch zu umpflanzen und die beauftragte Firma die Arbeiten an der Terrasse erst im Sommer abschließt, können manche Pflanzen nicht mehr gesetzt werden, und Sie haben wertvolle Zeit verloren. Vielleicht haben Sie auch Pflanzen im Boden eingeschlagen und wollen genau diese Stellen nun bepflanzen. Je früher die eingeschlagenen Pflanzen an ihre endgültigen Standorte kommen, desto besser!

Klären Sie auch, ob die für die Arbeiten nötigen Maschinen problemlos in den Garten gefahren werden können, und ob genug Platz für den bestellten Abfallcontainer vorgesehen ist. Kann dieser in Ihrer Einfahrt stehen, oder muss er am Straßenrand aufgestellt und dafür eine Genehmigung eingeholt werden? Auch wenn Wege oder Straßen bei den Arbeiten ganz oder teilweise versperrt werden müssen, ist zuvor rechtzeitig eine Genehmigung der zuständigen Behörde oder des betroffenen Besitzers einzuholen.

Halten Sie auch früh genug nach gesuchten Pflanzen Ausschau. Kann Ihr Gartengeschäft liefern, was Sie haben wollen – auch zu der Jahreszeit, in der man die Pflanzen am besten setzt? Besonderes Augenmerk sollten Sie dabei auf Pflanzen legen, die Sie in größerer Zahl benötigen, etwa eine bestimmte Sorte eines Gehölzes, mit dem Sie eine Hecke anlegen wollen, ebenso auf sehr große Pflanzen, die den Garten von Beginn an schön aussehen lassen, und besonders beliebte Sorten. Vor allem alte Rosensorten müssen oft im Voraus bestellt werden.

Eine der sichersten Möglichkeiten, einen Baum zum Absterben zu bringen, besteht darin, an seiner Stammbasis Erde anzuschütten, wie hier bei dieser Zeder. Ein professioneller Baumpfleger kann sogar einen großen Baum fällen, ohne dass die benachbarten Pflanzen größere Schäden erleiden.

Von der Jahreszeit abhängige Aufgaben

Um die verfügbare Zeit möglichst gut nutzen zu können, sollten Sie überlegen, welche Arbeiten im Garten anstehen und ob diese am besten zu einer bestimmten Jahreszeit durchgeführt werden sollten.

Erdbewegungen

Das Abtragen und Anfüllen von Boden ist die schwerste Arbeit im Garten und verursacht das größte Durcheinander. Wenn ein Teich angelegt, eine Fläche dräniert, Land terrassiert oder ein Hang nivelliert werden soll, sollten Sie das im Sommer tun, denn dann ist es am einfachsten.

Die Gründe hierfür sind zahlreich. Nasse Tonböden verdichten sehr leicht und sollten daher im Winter möglichst wenig betreten werden. Wer mit Maschinen über einen nassen Tonboden fährt, schädigt diesen für Jahre! Auf nassem Boden sind auch die Arbeiten mit der Schubkarre viel mühsamer. Wenn Sie zehn Schubkarren voll Erde transportieren müssen, möchten Sie sicher lieber trockenen als nassen Boden bewegen. Leichte Böden können auch im Winter abgetragen und angefüllt werden. Bedenken Sie aber, dass es erst am Ende der trockenen Jahreszeit möglich ist, frisch aufgetragenen Boden mit Rasen einzusäen oder Rasensoden auf ihm zu verlegen. In der Zwischenzeit müssen Sie mit dem nackten Boden vorlieb nehmen. Von jungem Rasen müssen Sie schwere Maschinen fern halten, Sie sollten ihn möglichst auch nicht betreten.

In dicht besiedelten Gebieten wird es nicht gern gesehen, wenn Gartenbesitzer ihr Schnittgut auf ihrem Land verbrennen. Bei der Neugestaltung eines Gartens hat das Verbrennen jedoch eine lange Tradition.

Problemunkräuter wie dieser Giersch (Aegopodium podagraria) *sollten nirgends im Garten geduldet werden. Wenn sie versuchen, unter dem Zaun her einzudringen, sollten Sie sie umgehend ausgraben oder mit einem Herbizid bekämpfen.*

Bodenvorbereitung

Wenn Sie wissen, dass sich im Boden keine Zierpflanzen befinden, die Sie gern behalten würden, können Sie ihn umgraben, wann Sie möchten. Wollen Sie neue Beete im Rasen anlegen oder alte neu bepflanzen? Dann sollten Sie den Boden einige Monate zuvor umgraben und gut verrotteten Kompost oder abgelagerten Stallmist einarbeiten, um das Bodenleben anzuregen. Diese humusreichen organischen Dünger sind besser für den Boden als große Mengen Stickstoffdünger. Nun müssen Sie auch an die Unkrautbekämpfung denken, denn die Samen einjähriger und ausdauernder Unkräuter keimen in feuchtem, warmem Boden sehr rasch und machen Ihnen später womöglich das Leben schwer, wenn Sie Ihre Pflanzen setzen wollen.

Schwere Tonböden sind auch in dieser Hinsicht am schwierigsten. Im Sommer reißen sie nach dem Umgraben, wenn es trocken ist, und lassen sich nur noch schwer bearbeiten. Sind sie nass, fällt das Bearbeiten leichter, aber nun sollte man sie besser nicht mehr betreten, damit sie nicht verdichten! Man kann sie mit viel Kompost oder grobem Sand verbessern, den man vor dem Auspflanzen in den Boden einarbeitet.

Gehölze fällen und schneiden

Laubbäume werden am besten im Winter gefällt (nachdem die Genehmigung dafür vorliegt). Im Frühjahr nisten häufig Vögel in ihren Zweigen, und im Sommer müssen Sie zusätzlich das Laub entsorgen. Besser warten Sie deshalb bis nach dem herbstlichen Laubfall, außerdem können Sie dann die Blätter zu wertvollem Kompost verarbeiten. Dünne Zweige und Nadeln von Nadelbäumen können geschreddert und anschließend zum Mulchen verwendet werden. Auch die Zweige von Laubbäumen können auf diese Weise zerkleinert werden.

Ein starker Rückschnitt an Bäumen wird ebenfalls im Winter vorgenommen, wenn es nicht gerade extrem kalt ist. Auch bei plötzlichen Wärmeeinbrüchen sollte man nicht schneiden, denn Bäume, in denen der Saft früh aufsteigt, bluten dann sehr stark. Das gilt etwa für Walnuss- und Ahornbäume sowie Birken. Immergrüne werden am besten im Spätwinter geschnitten, damit sie im Winter belaubt sind – ihre Blätter liefern ihnen wichtige Energie. Zierkirschen und Zierpflaumen werden am besten im Spätsommer geschnitten, weil man dadurch der Bleiglanzkrankheit vorbeugen kann.

Unkrautbekämpfung

Viele Unkräuter können durch wiederholtes Hacken während der Vegetationsperiode bekämpft werden, wenn sie beblättert und daher gut zu erkennen sind. Hartnäckige Wurzelunkräuter beseitigt man am besten, indem man im Spätherbst umgräbt und dabei alle Unkrautwurzeln entfernt.

Ein abgestorbener Baum wird möglichst nicht direkt am Erdboden abgesägt! Der Stumpf sollte so groß und schwer sein, dass Sie ihn aus dem Boden hebeln können, wenn alle Wurzeln durchtrennt sind.

Mauer- und Pflasterarbeiten im Garten werden oft im Winterhalbjahr bei trockener Witterung ausgeführt. Im Sommer ist es jedoch leichter und angenehmer, diese Arbeiten zu erledigen.

Pflanzarbeiten

Containerpflanzen, die man im Sommer setzt, müssen anschließend reichlich angegossen werden. Setzen Sie dagegen im Herbst Pflanzen mit oder ohne Ballen, so müssen diese in der folgenden Vegetationsperiode nur bei Trockenheit gewässert werden, weil sie zuvor genug Zeit zum Anwachsen hatten. Begehrte und gesuchte Stücke kauft man am besten als Containerpflanzen, wann immer man sie bekommen kann; sie lassen sich zu jeder Jahreszeit setzen, sogar im Sommer. Am besten konzentrieren Sie sich bei Pflanzungen größeren Umfangs aber auf das Frühjahr und den Herbst. Kaufen Sie Bäume und Sträucher möglichst im Herbst, Stauden, Gräser und Pflanzen von zweifelhafter Winterhärte dagegen im Frühjahr. So mindern Sie das Risiko, dass Ihre gerade gekauften Pflanzen bereits im ersten Winter erfrieren.

Bauarbeiten

Bauarbeiten sind im Sommer am einfachsten und angenehmsten durchzuführen, lassen sich in Gegenden, wo der Winter normalerweise nicht allzu streng ist, aber auch auf den Winter verschieben, wenn im Garten kaum andere Arbeiten anfallen. Allerdings müssen Sie bedenken, dass sich bei strengem Frost die Arbeiten erheblich verzögern können und bei Frost Mörtel nicht mehr richtig aushärtet.

Eine Glyzine sieht wundervoll aus, wenn sie in einer Kiefer emporwächst. Ihre Blätter nehmen dem Baum aber das Licht, sodass einige seiner Zweige ihre Nadeln verlieren und absterben.

Erste Hilfe für Gärten

Obwohl immer wieder behauptet, sind sich selbst überlassene Gärten keineswegs »romantisch« und »zeitlos«. Die Zeit hat sie werden lassen, was sie sind, und die Zeit holt sie auch ein. In einem vernachlässigten Garten findet nämlich ein harter Konkurrenzkampf zwischen den Pflanzen statt, in dem schließlich nur einige Gewinner – häufig Bergahorn – überleben.

Gleich zu Beginn der Umgestaltung Ihres Gartens oder schon vorher sollten Sie daher einige Arbeiten durchführen, um Pflanzen zu retten, denen es sichtlich schlecht geht.

Für mehr Lichteinfall sorgen

In sich selbst überlassenen Gärten fallen viele Pflanzen zu starkem Schatten zum Opfer. Auch Pflanzen, die nicht unter direkter Konkurrenz ihrer Nachbarn leiden, wachsen im Schatten oft stark in die Länge und fallen dann leicht um.

Zu viel Schatten ist vor allem bei Immergrünen ein Problem, denn sie verkahlen, wenn sie von anderen Pflanzen überwuchert werden. Wenn sich also unter einer wilden Waldrebe oder einem Holunder eine schöne immergrüne Pflanze befindet, etwa eine Stechpalme oder eine Tanne, sollten Sie diese möglichst umgehend von ihrem Bewuchs befreien. Sind die betroffenen Zweige noch am Leben, werden sie sich mit der Zeit wieder begrünen.

Gehölze entfernen oder stehen lassen?

Wenn ein Holunder eine Stechpalme bedrängt, ist die Sache klar: Der Holunder muss weichen. Was aber wollen Sie tun, wenn es sich um eine malvenfarben blühende Glyzine handelt, die 6 m hoch in die Stechpalme hineingewachsen ist, oder um eine rosa blühende *Clematis montana* 'Rubens' oder gar um beide? Diese Pflanzen sind zusammen wunderschön, aber die Stechpalme nimmt allzu leicht Schaden. Wollen Sie dieses langlebige Gehölz in seiner ganzen Schönheit erhalten, sollten Sie es zumindest teilweise von seinem Bewuchs befreien.

Manches Gehölz fällt unter dem Gewicht anderer Pflanzen oder seiner eigenen Krone um. Besonders anfällig ist Goldregen mittleren Alters, und seine dicken Wurzeln werden dabei aus dem Boden gerissen. Wollen Sie eine umgefallene Pflanze retten, sollten Sie ihren Stamm mit einer gut gepolsterten Stütze versehen, bevor die Wurzeln brechen. Bei Lorbeerkirschen, Rhododendren und anderen besonders buschig wachsenden Pflanzen kürzt man die Zweige am besten um ein Drittel ein, damit sie weniger wiegen und die Pflanzen standfester sind.

Für Windschutz sorgen

Nach dem Auslichten leiden hohe, schmalwüchsige Pflanzen möglicherweise darunter, dass der Wind nun stärker auf sie trifft und sie sich ohne schützende Nachbarpflanzen gegen ihn behaupten müssen. Richten Sie sich danach, was bei starkem Wind passiert. Wenn nötig, können Sie eine Kunststoffmarkise oder eine hohe Matte als provisorischen Windschutz aufstellen. Auf lange Sicht sollten Sie an kritischen Standorten neue, robuste Windschutzpflanzen setzen.

Schnee rechtzeitig abschütteln

Versuchen Sie, Schneebruch vorzubeugen! Unter der Last einer Schneedecke brechen besonders von sparrigen, schwächlichen Pflanzen leicht Zweige ab. Auf Rhododendren und anderen dichten Pflanzen liegt oft so viel Schnee, dass sie umfallen, so wie ein Schiff, das Schlagseite hat. Hat es stark geschneit, sollten Sie daher bald in den Garten gehen und möglichst viel Schnee von Ihren Pflanzen schütteln – und zwar bevor der Schnee zu tauen beginnt, denn angetauter und wieder gefrorener Schnee lässt sich nicht mehr von den Zweigen entfernen. Schneit es dann erneut, können die Zweige so schwer werden, dass sie sehr leicht brechen.

Von Pflanzen, die leicht Schaden nehmen, muss man den Schnee vorsichtig abschütteln, bevor er antaut und beim nächsten Frost festfriert.

Überreste der Bauarbeiten entfernen

Verschiedene kleine Handgriffe sollten ebenfalls umgehend erledigt werden. So ist es immer sinnvoll, Reste vom Bauen möglichst schnell aus dem Garten zu entfernen. Bruchstücke von Ziegelsteinen, vergessene Maurerkellen und Schellen vom Baugerüst können Rasenmäher erheblich beschädigen, und Zementreste auf Blättern und Boden verätzen die davon betroffenen Pflanzen.

Unkräuter in Schach halten

Verhindern Sie, dass hartnäckige Unkräuter in Ihrem Garten versamen! Auch wenn Sie gerade eigentlich keine Zeit haben, sollten Sie dennoch ein paar Minuten dafür verwenden, Giersch und andere Problemunkräuter an der Samenbildung zu hindern. Auch wenn Sie die Pflanzen erst zu einem späteren Zeitpunkt ausgraben oder anderweitig beseitigen können, lässt sich bereits jetzt etwas gegen sie tun. Sie müssen die oberirdischen Pflanzenteile lediglich alle paar Wochen abreißen oder mit einem Balkenmäher immer wieder abmähen. Gelangen die Unkräuter nicht zur Blüte, können sie auch keine Samen ansetzen, und das Entfernen der Blätter verhindert, dass Reservestoffe in die Wurzeln eingelagert werden.

Außer wenn er dräniert werden muss, kann der Rasen warten, bis die übrige Umgestaltung abgeschlossen ist. Es lohnt jedoch, im Rasen wachsende Unkräuter daran zu hindern, allzu stark zu versamen.

Moos im Rasen bildet eine grüne, gleichmäßige Oberfläche, die nicht gemäht werden muss und unter dem Fuß angenehm weich, aber trittempfindlich ist.

Auslichten zur rechten Zeit

Jeder Garten erreicht irgendwann ein Stadium, in dem viele Gehölze ersetzt werden müssen: Hecken überaltern und werden unten kahl, Bäume und Sträucher werden zu groß, und mancher Strauch ragt zu weit in den Weg hinein. Zwar können Sie alle betroffenen Gehölze gleich zu Beginn des Umgestaltungsprozesses fällen oder stark zurückschneiden, meist ist es aber sinnvoll, einen Teil dieser Arbeiten erst später zu erledigen.

Hecken und Strauchreihen

Die Umgestaltung eines Gartens lässt sich gut mit der Renovierung eines Hauses vergleichen. Würden Sie gleich zu Beginn der Renovierung eine Innenwand im Haus entfernen, um aus zwei kleinen Zimmern ein großes zu machen, oder würden Sie erst die gröbsten Arbeiten in einem Zimmer abschließen, sodass nur dieses unbewohnbar ist, und dann die Wand durchbrechen? Es ist nicht gerade erfreulich, in einem Haus leben zu müssen, das von oben bis unten eine einzige Baustelle ist. Besser geht man schrittweise vor und arbeitet nicht überall gleichzeitig.

Auch wenn Ihr Garten von einer unansehnlich gewordenen alten Hecke oder einer viel zu dichten Strauchgruppe unterteilt wird, können Sie diese noch einige Jahre stehen lassen und sich am unterschiedlichen Aussehen der Gartenbereiche erfreuen, die sie voneinander trennen. Erst wenn die beiden getrennten Bereiche neu bepflanzt sind, wieder interessant aussehen und Sie sich darin wohl fühlen, sollten Sie darangehen, die Unterteilung zu ersetzen.

Eine doppelreihige Bepflanzung ist eine gute Außengrenze des Gartens. Wenn Sie die Pflanzen in einem Beet zurückschneiden oder ersetzen, ist das Innere des Gartens trotzdem weiterhin vor Wind und neugierigen Blicken geschützt.

Ein Beispiel: Sie haben einen Rasen, hinter dem eine große Rabatte und eine sparrig gewordene Strauchgruppe liegen. Hinter den Sträuchern schlängelt sich ein Weg durch einen Baumbestand. Hier schneidet man am besten erst die Bäume und gestaltet dann die Rabatte neu. Wenn hohe Stauden in der Rabatte gedeihen und die Sicht in Augenhöhe begrenzen, ist es an der Zeit, die Sträucher zurückzuschneiden. Das Schnittgut kann über den Weg abtransportiert werden, damit die Stauden keine Schäden erleiden. So bleibt der Weg die ganze Zeit verdeckt. Jede Umgestaltung verfolgt das Ziel, die typischen Merkmale des Gartens richtig zur Geltung zu bringen, und man sollte keines dieser Merkmale opfern, bevor man es muss.

Wenn man die Bepflanzung an einer Stelle öffnen will, um eine neue Aussicht genießen zu können, sollte man zunächst nur eine kleine Lücke schaffen und sie auf sich wirken lassen. Später kann man sie nach rechts oder links vergrößern oder so klein lassen.

Abgeschlossenheit erhalten

Bis in Augenhöhe gewachsene Pflanzen können in jedem Garten als wichtiges gestalterisches Element dienen. Ein solcher Sichtschutz kann schöne Gartenteile von hässlichen abgrenzen, deren Anblick man sich zunächst lieber ersparen will.

Nehmen wir an, Sie haben gerade eine direkt am Haus liegende Terrasse instand gesetzt und den Boden einer angrenzenden Rabatte hergerichtet. Der übrige Garten wird jedoch noch für ein Jahr eine Baustelle sein. Nun können Sie die Rabatte mit hohen ein- und mehrjährigen Sonnenblumen schmücken, bis die Terrasse von üppigem Blattwerk und schönen Blüten umgeben ist. Im Hochsommer sitzen Sie dann auf der Terrasse in einer eigenen, abgeschlossenen Welt und können es endlich genießen, ringsum von Pflanzen umgeben zu sein. Nun fehlen nur noch einige Kübelpflanzen, und Sie haben den Eindruck, dieser Teil des Gartens sei schon seit Jahren fertig.

Ob Gehölze entfernt oder stark geschnitten werden, sollte davon abhängen, wie leicht diese Arbeiten auch später noch durchgeführt werden können und wie sehr sie den Garten dann beeinträchtigen würden. Unter Umständen kann also die hässliche, aber nützliche Hecke, die den Garten durchzieht, stehen bleiben, bis die neue Sichtschutzpflanzung herangewachsen ist. Würde das Entfernen eines Baums oder das Zurückschneiden einer Hecke später aber Teile des Gartens in Mitleidenschaft ziehen, die bereits fertig gestellt sind, müssen Sie diese Arbeiten gleich zu Beginn der Umgestaltung erledigen.

Wenn durch Hecken getrennte Bereiche im Garten entstehen sollen, müssen jene zumindest augenhoch sein.

Durchblick auf Probe

Wenn ein Sichtschutz zwei Teile eines Gartens voneinander trennt, die später vereinigt werden sollen, können Sie die beiden Gartenteile zunächst einzeln gestalten. Daraufhin wird der Sichtschutz an einer Stelle bis in Augenhöhe geöffnet, sodass Sie den neuen Anblick kennen lernen. Vielleicht inspiriert Sie das zu neuen Ideen. Soll der Sichtschutz im Frühjahr entfernt werden, können Sie im vorausgehenden Herbst eine Lücke anlegen, damit Sie den Garten im Winter in Ruhe betrachten und Ihre Pläne gegebenenfalls etwas ändern können. Haben Sie sich entschieden, sollten Sie den Garten so gestalten, wie Sie ihn haben wollen.

Folgende Doppelseite: *Der alte, knorrige Maulbeerbaum bildet den Schwerpunkt dieses Gartens. Er muss bereits abgestützt werden und wirkt durch das Rondell besonders eindrucksvoll.*

Platz schaffen

Nun wissen Sie genau, was Sie entfernen wollen und wo Sie bei der Neugestaltung anfangen wollen. Voller Schwung und Begeisterung holen Sie Ihre Werkzeuge – Säge, Axt und Astschere – und auch Ihren Fotoapparat.

Fotos vom Garten – vorher und nachher

Auf den ersten Blick mag es Ihnen unwichtig erscheinen, aber bevor Sie mit den Arbeiten beginnen, sollten Sie viele Fotos schießen. Dies ist nämlich Ihre letzte Gelegenheit, den Zustand des Gartens vor der Umgestaltung festzuhalten. Sie werden Ihren Erfolg noch mehr genießen, wenn Sie die Fotos betrachten! Es ist allerdings nicht einfach, gute Fotos von zugewucherten Gärten zu machen, häufig erkennt man nur ein Durcheinander und keine zugrunde liegende Struktur. Fotografieren Sie vor allem die Stellen, die nach Ihren Planungen später wichtige Blickpunkte im Garten sein werden, auch wenn dort jetzt nur ein Dickicht von Sträuchern zu sehen ist. Der Unterschied wird umso größer sein! Gehen Sie zum Fotografieren auch in die erste Etage Ihres Hauses, auf die gegenüberliegende Straßenseite oder – mit Erlaubnis – in einen Nachbargarten. Wenn Sie jetzt nicht zahlreiche Fotos machen, werden Sie das später mit Sicherheit bereuen, denn in diesem Stadium kann man gar nicht zu viel fotografieren!

Platz für Wege und Freiflächen schaffen

Nun beginnen die eigentlichen Arbeiten. Entfernen Sie als Erstes die Pflanzen, die auf jeden Fall weichen müssen und Ihnen bei der Arbeit den Weg versperren. Räumen Sie auch die Flächen, auf denen später keine Gehölze wachsen sollen. So haben Sie Platz zum Arbeiten, und hier können Sie auch das Schnittgut aufschichten, bevor Sie es entsorgen. Dort, wo jetzt ein Strauchbestand wächst, später aber Rasen angelegt werden soll, müssen Sie alle Pflanzen entfernen und kommen sehr schnell voran. Es ist ein anspornendes Erfolgserlebnis, wenn man so rasch vorankommt und eine freie Fläche entstehen sieht – als würde man eine hässliche Tapete in einem alten Haus in langen Bahnen abreißen.

Wenn die offenen Flächen von ihrem Bewuchs befreit sind, ist es an der Zeit, Boden abzutragen oder anzufüllen, Dränrohre zu installieren und den neuen Gartenteich anzulegen.

Zunächst wird der Bewuchs dort entfernt, wo später Wege und Freiflächen entstehen sollen – so schafft man Platz für weitere Arbeiten.

Eine bis zum Erdboden zurückgeschnittene Lorbeerkirschhecke ist 4 bis 5 Jahre später schon wieder so groß wie die abgebildete Hecke. Wenn man sie regelmäßig schneidet, bleibt sie schön dicht.

Hecken schneiden

Oft gehört zu den anstehenden Arbeiten auch ein starker Schnitt der Hecken, wobei große Mengen Schnittgut anfallen. Meist können diese gemeinsam mit anderen Abfällen entsorgt werden, die bei der Umgestaltung ebenfalls anfallen. Mit dem Schnitt kleinerer Hecken kann man warten, bis er ohnehin ansteht (siehe Seite 74), und noch halbwegs ansehnliche Hecken werden oft erst nach einigen Jahren stark geschnitten, wenn sich der Garten von den ersten Eingriffen etwas erholt hat.

Schnittgut und Holz verbrennen

Wenn Sie in einer ländlichen Gegend wohnen, dürfen Sie diese Abfälle vielleicht auf einer Freifläche des Gartens verbrennen. So bekommen Sie rasch wieder Platz für die weiteren Arbeiten. Entweder werfen Sie das anfallende Schnittgut gleich ins Feuer oder Sie schichten es zu Haufen auf, die jeweils Material von ähnlicher Stärke enthalten. Auf diese Weise sortiertes Material lässt sich später besser verbrennen, und zuvor fallen die Haufen nicht so stark auseinander.

Holzhaufen, die bereits einige Zeit im Garten gelegen haben, sollten vor dem Verbrennen umgesetzt werden. Sie dienen nämlich Blindschleichen, Igeln und verschiedenen anderen nützlichen Tieren als Unterschlupf.

Holz verwerten

Es ist nicht nötig, sämtliches Holz im Garten zu verbrennen. Stämme und dicke Äste vieler Zierbäume lassen sich auch auf andere Weise nutzen, denn sie bestehen aus hochwertigem, außergewöhnlichem Holz. Wenn in Ihrem Garten so große Mengen anfallen, dass sich die Kosten des Abtransports lohnen, kauft Ihnen vielleicht ein Holzhändler das Holz ab. In den meisten Gärten reichen die Holzmengen dafür nicht aus – vielleicht interessiert sich aber ein Schreiner für Ihr Holz? Gefragt ist vor allem Holz von Walnuss, Kirsche, Buchsbaum und Eibe. Manche Schreiner experimentieren gern mit Holz, das sie noch nicht aus der Praxis kennen, zum Beispiel dem hellen, leichten Holz eines Judasbaums. Erkundigen Sie sich, ob jemand in der Nachbarschaft an dem Holz interessiert ist. Vermutlich bekommen

Ein sehr romantisches Bild, aber wenn der alte Schuppen entfernt werden soll, ist es damit vorbei. Wenn Sie noch nicht wissen, was mit den Rosen geschehen soll, schneiden Sie sie am besten erst einmal zurück.

Sie kein Geld dafür, weil es noch nicht abgelagert und daher nicht gleich zu gebrauchen ist, aber so findet es eine gute Verwendung. Hüten Sie sich aber vor Interessenten, die Ihnen das Holz »vielleicht« abnehmen wollen und dann doch nicht kommen. Dann bleiben Sie nämlich auf dem Holz sitzen – es verrottet auf Ihrem Land und liegt Ihnen im Weg. Lassen Sie sich auch nicht auf Leute ein, die das Holz nicht sofort abholen wollen, denn auch das werden Sie später bereuen.

Manche Holzarten haben nur einen geringen oder gar keinen Wert, etwa Fichtenstämme, die wegen ihres hohen Harzgehalts auch nicht als Kaminholz geeignet sind. Dieses Holz können Sie im Garten verbrennen, sofern Sie später keine Verwendung dafür haben und zum Beispiel Pfähle zum Anbinden anderer Pflanzen daraus machen können. Unbehandeltes Weichholz ist nicht sehr dauerhaft, und so sparen Sie auf lange Sicht nichts, wenn Sie es im Garten mit verbauen. Als Einfassung eines Wegs, der durch einen Gehölzbestand führt, eignet es sich dagegen gut: Es sieht hübsch aus und kostet kein Geld. Einfassungen aus Birkenstämmen sind besonders schön, denn die helle Rinde bleibt lange Zeit erhalten. Bei Bergahorn und anderen Hölzern ist die Rinde dagegen bereits nach wenigen Monaten verschwunden, und nur das nackte Holz bleibt zurück.

Dünnere Äste eignen sich gut zum Anbinden von Duftwicken und anderen einjährigen Kletterpflanzen, die wegen ihrer Raschwüchsigkeit gern als Sichtschutz verwendet werden, aber auch als Rankhilfe für Erbsen im Gemüsebeet.

Die Zweige dieser Scheinzypresse werden geschreddert und als Mulchmaterial verwendet, der Stamm leistet als Pfahl gute Dienste.

Holz schreddern und häckseln

Auch dünnere Äste und Zweige können im Garten Verwendung finden. Wenn genug zusammen gekommen ist, können Sie das Holz mit einem großen, gemieteten Schredder zerkleinern. Holzschnitzel sind ein guter Belag für Wege, die durch Gehölzbestände führen, und können auch als Mulchmaterial um frisch gepflanzte Bäume und Sträucher herum ausgebracht werden. Mit kleinen Geräten ist es sehr mühsam, alle infrage kommenden Zweige eines alten Baums zu schreddern. Größere Maschinen werden dagegen gut mit großen Holzmengen fertig und liefern Ihnen sehr viele Holzschnitzel. Diese können bei Bedarf sofort verwendet werden, aber auch zu Haufen aufgeschichtet ruhig etwas rotten, bis man Verwendung für sie hat.

Gehölzbestände auslichten

Wenn Freiflächen entstanden und Wege wieder benutzbar sind, ist es an der Zeit, die Gehölzbestände auszulichten. Diese Arbeit dauert recht lange, weil Sie nicht einfach alles abschneiden können, was im Weg ist, und darauf achten müssen, keine Pflanzen zu beschädigen, die stehen bleiben sollen.

Hier zahlt es sich aus, sehr umsichtig vorzugehen. Das Auslichten dichter, alter Pflanzenbestände erfordert reifliche Überlegung, egal wie hoch die Gehölze sind, und birgt oft so manche Überraschung: Vielleicht wollten Sie der Blauzeder mehr Platz verschaffen, die zwischen Eschen und Bergahornen hervorlugt, müssen dann aber, als Sie den Baum freigeschnitten haben, feststellen, dass es sich nicht lohnt, ihn zu erhalten.

Beginnen Sie mit den Pflanzen, die auf jeden Fall entfernt werden sollen und sich selbst im Garten angesiedelt haben, etwa Holunder, Weißdorn und Brombeeren. Sind diese beseitigt, haben Sie es bei den weiteren Arbeiten bequemer und können nun die Spreu vom Weizen trennen.

Wenn im Dickicht neben der Blauzeder andere Bäume wachsen, die es vielleicht wert sind, erhalten zu werden, sollten Sie deren Stämme auf Beschädigungen oder Anzeichen von Fäulnis hin untersuchen. Wurde etwa die goldnadelige Scheinzypresse oder die Stechpalme so stark beschattet, dass sie auch später bis in Augenhöhe unansehnlich bliebe? Ist es besser, die nicht mehr schöne Zeder zu entfernen und die junge Esche noch stehen zu lassen, weil sie gesund ist und hübsch aussieht? Die Kunst liegt darin, das Beste aus dem Gehölzbestand zu machen, auch wenn er sich in schlechtem Zustand befindet. Manche Pflanzen erholen sich gut, wenn sie wieder mehr Licht bekommen, andere dagegen nicht. Genaueres können Sie im dritten Teil dieses Buchs (Seite 97–145) nachlesen.

Baumstümpfe beseitigen

Wenn Sie einen Baum fällen, sollten Sie nach Möglichkeit auch den Stumpf entfernen. Dadurch entziehen Sie dem Hallimasch den Nährboden und können die frei werdende Stelle neu bepflanzen. Damit der Stumpf leicht zu roden ist, sollten Sie den Baum in mindestens 1 m Höhe absägen. So können Sie den Stammrest als Hebel benutzen, wenn die Hauptwurzeln durchtrennt sind. Dies gilt selbst für Bäume, die nur 10–15 cm dick sind! Ein Stumpf, der sich ohne Stammrest im Erdboden befindet, lässt sich nur mit viel Mühe entfernen.

Größere Bäume mit einem Stammdurchmesser von 30–50 cm können ebenfalls etwa 1 m über dem Erdboden abgesägt werden. Sind die Hauptwurzeln durchtrennt, kann man den Stumpf mit einem Seilzug aus dem Boden ziehen. Die Arbeit mit Seilzügen ist gefährlich und sollte Fachleuten überlassen werden, weil enorme Zugspannungen auftreten, und natürlich muss man ein Widerlager haben, etwa einen sehr gut vor Beschädigungen geschützten, fest verwurzelten Baum. Ein Seilzug ist hilfreich, um einen Stumpf zu entfernen, der zu groß ist, um ausgegraben zu werden, den Einsatz einer Stubbenfräse jedoch noch nicht lohnt.

Dicke Äste sollten in der Vegetationsruhe abgesägt werden. Kleine Bäume und Sträucher, die sich selbst im Garten angesiedelt haben, muss man vorsichtig ausgraben, damit die dicken Wurzeln benachbarter Pflanzen intakt bleiben.

Baumstümpfe mit der Stubbenfräse beseitigen

Baumstümpfe können von Fachkräften auch mit einer Stubbenfräse beseitigt werden. Moderne Stubbenfräsen sind so schmal, dass sie auch durch kleine Tore passen. Sie funktionieren ähnlich wie große Kettensägen. Ein Sägeblatt, dem fest gestellte Räder als Widerlager dienen, zerkleinert das im Boden verbliebene Holz, sodass bis in eine Tiefe von 30–60 cm nichts mehr übrig ist. Nur selten entfernt die Stubbenfräse den Stumpf vollständig, und es bleiben viele kräftige Wurzeln im Boden. Das ist meist aber besser, als einen ganzen Stumpf im Garten zu haben! Nach dem Fräsen können Sie den Boden mit Rasen einsäen oder mit Stauden bepflanzen, für einen anderen Baum eignet sich die Stelle aber nicht.

Das Fräsen eines Stubbens von 1 m Durchmesser kann ohne weiteres einen halben Tag dauern. Bei älteren Stubben, die schon vor einiger Zeit abgestorben, aber noch nicht verrottet sind, dauert es noch länger. Stubbenfräsen machen ohrenbetäubenden Lärm. Vorsicht, unzureichend gesicherte Maschinen schleudern Steine umher, die Fenster einschlagen und Autos beschädigen können! Wenn der Stubben aus Ihrem Garten verschwunden ist, werden Sie es aber nicht bereuen, diese Arbeit in Auftrag gegeben zu haben!

Bei Weiden, Pappeln, Essigbäumen, Pflaumen, Kirschen und einigen anderen Gehölze treiben die im Boden verbliebenen Wurzeln oft neu aus. Dabei können die jungen Triebe sehr zahlreich und auch in größerer Entfernung von der Stelle erscheinen, an der der alte Baum stand, und in einigen Jahren zu neuen Bäumen heranwachsen. In diesen Fällen müssen Sie ein oder zwei Jahre lang die jungen, gerade ausgetriebenen Schösslinge immer wieder mit der Gartenschere oder, wo es möglich ist, mit einem Mäher entfernen, bis den Wurzeln schließlich die Kraft ausgegangen ist.

Unkrautbekämpfung

Das Schneiden von Gehölzen macht viel Arbeit, ist aber trotzdem einfacher als die zeitaufwendige Bekämpfung hartnäckiger Unkräuter. Je früher Sie damit beginnen, desto besser; ganz gleich, ob Sie Unkräuter chemisch oder mechanisch bekämpfen.

Unkräuter tolerieren

Macht es Ihnen nichts aus, wenn die äußeren Bereiche des Gartens ein wenig verwildern? Haben Sie dort robuste Stauden und Zwiebelpflanzen gesetzt, die Gras und »Unkräutern« wie Disteln und Brennnesseln trotzen können? (Disteln und Brennnesseln sind wichtige Nahrungspflanzen für nützliche Insekten.) In Hausnähe wollen Sie aber sicher geordnetere Verhältnisse haben, und wüchsige Unkräuter würden das Bild hier stören.

Hartnäckige Unkräuter, die Sie nicht ausgraben können, lassen sich mit einem Herbizid bekämpfen.

Was ist ein Unkraut?

Für manche ist ein Unkraut einfach eine Pflanze, die am falschen Ort wächst, sei es nun Giersch oder eine spezielle, aus China eingeführte Zierpflanze. Bei der Neugestaltung eines Gartens sind diejenigen mehrjährigen Unkräuter besonders unangenehm, die mit Hilfe von Ausläufern in die Zierpflanzenbestände hineinwachsen und nur schwer zu bekämpfen sind. Einjährige Unkräuter und mehrjährige mit tief reichender Pfahlwurzel sowie Gartenpflanzen am falschen Standort sind zwar lästig, durch Hacken aber gut zu bekämpfen. Mehrjährige kletternde Unkräuter können Sträucher und Stauden überwuchern und die sorgsam gestalteten Beete in eine einheitliche grüne Masse verwandeln. Gegen sie kommt man am besten an, wenn man erst den Boden von ihnen befreit und dann neu bepflanzt.

Zaunwinde und Giersch sind hartnäckige Unkräuter, die andere Pflanzen leicht überwuchern.

Maßnahmen bei starker Verunkrautung

Was tun Sie mit einer alten Rabatte, in der fast nur Giersch wächst? Wollten Sie hier ohnehin Rasen anlegen, stellt der Giersch kein großes Problem dar. Sie können ihn jäten, beim Umgraben die meisten Unkrautwurzeln entfernen und die Fläche anschließend mit Rasen einsäen. Später wieder austreibender Giersch wird regelmäßigem Rasenmähen zum Opfer fallen.

Wenn Sie die Rabatte jedoch als solche behalten wollen, sieht die Sache anders aus. Eine noch nicht bepflanzte Rabatte lassen Sie am besten noch einige Jahre frei, bekämpfen die Unkräuter und pflanzen erst dann neu. Wachsen bereits Stauden darin, graben Sie diese aus, teilen deren Wurzelstock in mehrere Stücke, die Sie restlos von Rhizomen (wurzelnden Erdsprossen) säubern, und quartieren diese Stücke an einer anderen Stelle in unkrautfreiem Boden oder in einem Beet ein, das Sie frisch aus dem Rasen ausgehoben haben (dieser ist in der Regel unkrautfrei). Dann bekämpfen Sie die Unkräuter in Ihrer Rabatte. Wenn darin auch Sträucher wachsen, müssen Sie diese möglicherweise unten etwas freischneiden, damit Sie an die Unkräuter herankommen, ohne die Sträucher dabei zu verunstalten. Sträucher mit raschwüchsigen, aufrechten Zweigen, zum Beispiel Rosen, Pfeifensträucher und Flieder, wachsen bald wieder nach. Vorsichtig sollten Sie aber bei kleinen, langsamwüchsigen Rhododendren, Zwergkoniferen und Seidelbast sein. Sind Strauchballen und Boden unkrautfrei, können die Stauden wieder zurückgesetzt werden.

Mechanisch oder chemisch bekämpfen?

In lange aufgelassenen Gärten kommt man mit Hilfe von Unkrautvernichtungsmitteln (Herbiziden) zweifellos einfacher und schneller voran als mit mechanischer Unkrautbekämpfung. Auch wenn Sie den Garten später biologisch bewirtschaften wollen, möchten Sie bei den Umgestaltungsarbeiten anfangs vielleicht kleine Mengen dieser Mittel verwenden.

Der Einsatz von Pflanzenschutzmitteln im Garten ist generell umstritten, viele lehnen ihn ab. Mit dem Begriff »Pflanzenschutzmittel« werden verschiedene Mittel bezeichnet: selektiv und nicht selektiv wirkende Herbizide (gegen Unkräuter), Insektizide (gegen Insekten), Molluskizide (gegen Schnecken) und Fungizide (gegen Pilze). Einige neue Herbizide, in erster Linie Glyphosat, sind im Vergleich zu älteren Mitteln weniger giftig und kaum schädlich für die Umwelt. *In manchen Bundesländern (und in Wasserschutzgebieten) ist aber der Einsatz von jeglichen Herbiziden in Gärten verboten! Erkundigen Sie sich beim zuständigen Pflanzenschutzamt nach den Bestimmungen!*

Kleine Mengen reichen aus

Auch wenn der Einsatz von Herbiziden erlaubt sein sollte, wird man so wenig wie möglich davon verwenden. Schließlich arbeiten Sie überwiegend zwischen Pflanzen, die davon nicht getroffen werden dürfen! Fast immer genügt es, Unkräuter nur punktförmig zu bekämpfen und das Herbizid in kleinen Mengen gezielt auf die störenden Pflanzen zu bringen.

Systemisch wirkende Herbizide können mit einem Gummihandschuh auf die Unkräuter gestrichen werden.

Mechanische Unkrautbekämpfung

Auch ohne Herbizide können Sie hartnäckige Unkräuter mit verschiedenen Methoden wirkungsvoll bekämpfen.

Besonders wirksam ist es, die Unkräuter zu entblättern. Eines der hartnäckigsten Unkräuter, der Giersch, kann dadurch ausgezehrt werden, dass man seine Blätter mit der Hand oder mit einem Rasenmäher immer wieder entfernt. Die Entblätterung muss regelmäßig und gründlich durchgeführt werden – die Pflanzen dürfen keine Blätter entfalten, damit sie nicht neue Energie aus der Fotosynthese beziehen können. Diese Art der Unkrautbekämpfung verlangt Ausdauer und Sorgfalt, führt aber sicher zum Ziel. Da die Pflanzen nicht mehr zur Blüte kommen, bilden sie auch keine Samen mehr, und neue Pflanzen können allenfalls durch eingeschleppte Samen (oder an der Grenze durch Ausläufer aus Nachbars Garten) wieder neu einwandern.

Bei größeren Flächen ist es sinnvoll, den Unkräutern das Licht zu entziehen. Dazu muss man den Boden mit schwarzer, lichtbeständiger Polyethylenplane abdecken, die am besten mehrere Jahre liegen bleibt. Die Folie muss am Rand mit Gewichten beschwert oder etwas in den Boden eingegraben werden, damit sie nicht bei Sturm aufgeweht wird.

Umgraben

Bevor man versucht, Unkräuter durch Lichtentzug und Entblättern zu bekämpfen, sollte man ihnen zunächst mit der Grabgabel zu Leibe rücken. Eine gut entwickelte Pflanze, die mehrere Jahre ungestört wachsen konnte, lässt sich nur schwer bekämpfen. Graben Sie zunächst alle Rhizome und Wurzeln aus, die Sie erreichen können. Die dann noch austreibenden Pflanzen werden dann entblättert. In einer dicht bepflanzten Rabatte müssen Sie unter Umständen einige Zierpflanzen vorübergehend in unkrautfreien Boden ausquartieren, bis Sie die Verunkrautung unter Kontrolle haben.

Den Boden dränieren

Manche Unkräuter hält man am besten in Schach, indem man die Bodeneigenschaften verändert. Ackerschachtelhalm *(Equisetum arvense)* lässt sich nur schwer bekämpfen, weil er sehr tief reichende Rhizome besitzt. Er gedeiht aber nur an feuchten Stellen, und wenn der Boden bis in größere Tiefe trockener wird, etwa durch Verlegen von Dränrohren, hat man den Kampf gegen ihn schon fast gewonnen.

Herbizide richtig einsetzen

Herbizide sollten, wenn ihre Verwendung überhaupt erlaubt ist, erst im Anschluss an die oben beschriebenen mechanischen Verfahren eingesetzt werden. Es ist sinnlos, ein Herbizid auf eine alte, verholzte Brombeerpflanze zu spritzen, das Mittel wirkt viel besser, wenn die Pflanze bereits geschwächt ist. Graben Sie zunächst einen möglichst großen Teil ihrer Wurzeln aus und spritzen Sie dann die neu erscheinenden Jungtriebe. So benötigen Sie viel geringere Mengen des Herbizids und setzen es sehr gezielt und wirkungsvoll ein.

Der richtige Behandlungszeitpunkt

Herbizide wirken auf unterschiedliche Weise. So löst sich das früher gern verwendete Totalherbizid Natriumchlorat im Bodenwasser auf und tötet alle Pflanzen, mit denen es in Kontakt kommt – selbst Bäume. Zudem bleibt es mindestens zwei Jahre lang wirksam und kann vom Ort der Ausbringung zu den benachbarten Pflanzen vordringen und auch diese töten. Noch am wenigsten umweltschädlich unter den Herbiziden sind solche systemisch wirkenden Mittel, die vorsichtig auf die Blätter der störenden Pflanzen aufgetragen und im Boden schnell abgebaut werden. Häufig eingesetzt wird der Wirkstoff Glyphosat, der ein breites Wirkungsspektrum aufweist und sich zur Bekämpfung der meisten Pflanzen eignet.

Systemische Herbizide wirken jedoch nur bei Pflanzen, die Blätter tragen, über die die Mittel eindringen können. Besonders effektiv sind die Mittel in bestimmten Wachstumsphasen der Zielpflanzen, die es zu nutzen gilt. Glyphosat wirkt am besten bei wachsenden Pflanzen, die viele junge Blätter tragen, durch die das Herbizid aufgenommen wird. Weniger hartnäckige Unkräuter werden am besten im Spätfrühling mit Glyphosat bekämpft. Giersch, Zaunwinde und andere Problemunkräuter, die im Frühjahr besonders stark austreiben, werden besser im Spätsommer behandelt, denn dann wird das Herbizid besonders gut in Wurzeln und Rhizome verlagert.

In jedem Fall wird man die Unkräuter mehrmals behandeln müssen, und zwar, sobald sie erneut austreiben. Vor der Behandlung können Sie sie mit etwas Ammoniumsulfat düngen, damit sie mehr Blätter bilden, durch die das Herbizid aufgenommen werden kann. Auf diese Weise werden Wurzeln und Rhizome schneller ausgezehrt, denn sie verbrauchen Energie für die Bildung neuer Blätter, die dann aber keine Fotosynthese betreiben und den Wurzeln folglich auch keine Energie liefern.

So wird das Herbizid gut aufgenommen

Oft glauben Hobbygärtner, das Herbizid habe nicht gewirkt, dabei ist es gar nicht erst in die Pflanzen eingedrungen! Von glänzenden, mit Schuppen oder Wachs bedeckten Blättern, etwa bei *Acanthus* oder Schachtelhalm, perlen die meisten Tröpfchen ab, sodass die Störenfriede unbehelligt bleiben. Hier muss man die Blattoberfläche verletzen, damit das Mittel aufgenommen wird, etwa, indem man Schachtelhalm vor dem Spritzen mit einem Stock beschädigt. Breite Blätter kann man mit einem dicken Gummihandschuh behandeln, auf den konzentrierte Herbizidlösung aufgetragen wurde.

Das Verteilen auf den Blättern mit Hilfe eines Gummihandschuhs ist besonders dort von Vorteil, wo das Herbizid ganz gezielt nur auf wenige Unkrautblätter gebracht werden soll, die aus einer hübschen Zierpflanze ragen. Unter Sträuchern können Sie Herbizide mit einem Spritzgerät ausbringen, das unter sehr geringem Druck steht. So tropft die Lösung nur auf die Blätter des Unkrauts, das sie beseitigen wollen.

Wenn Zaunwinden oder andere kletternde Unkräuter in eine Staude hineingewachsen sind, können Sie sie an langen Stäben emporklettern lassen, die Sie in die Staude stecken. So können Sie die Unkrautblätter gut mit einem zuvor in konzentrierte Herbizidlösung getauchten Gummihandschuh bestreichen. Wenn Sie dabei vorsichtig vorgehen, können Sie vermeiden, dass Herbizid auf die Zierpflanze gelangt.

PROBLEMUNKRÄUTER

Die meisten Problemunkräuter besitzen glänzende, schuppenbedeckte oder wachsüberzogene Blätter, von deren Oberfläche gut wasserlösliche Herbizide abperlen. In diesen Fällen sollten Sie das Herbizid mit einem Netzmittel mischen.

Denken Sie daran: Bevor Sie Herbizide einsetzen, müssen Sie sich bei dem zuständigen Pflanzenschutzamt erkundigen, ob Sie das in Ihrem Garten überhaupt dürfen!

ZAUNWINDE
(Calystegia sepium)

Zaunwinde ist ein sehr hartnäckiges Unkraut. Ihre weißen, trichterförmigen Blüten sind zwar recht hübsch, doch sie klettert an Sträuchern und Hecken empor und zieht Stauden durch ihr Gewicht zu Boden. Sie verbreitet sich durch Samen und Ausläufer. Die weißen, sehr dicken, brüchigen Wurzeln reichen tief in den Boden hinein. Jedes Wurzelstückchen treibt bereitwillig aus, und nur selten kann man diese Pflanze durch Ausgraben erfolgreich bekämpfen.

Am besten lässt sich die Zaunwinde mit Glyphosat bekämpfen, wenn man hohe Stäbe in die Beete oder neben die Hecken steckt, in denen die Pflanze wächst, und die jungen Triebe der Zaunwinde im Frühjahr daran emporwachsen lässt. Sind die Stäbe stark bewachsen, trägt man das Herbizid mit einem Gummihandschuh auf die Blätter auf, wobei man diese zwischen Daumen und Zeigefinger reibt, damit das Mittel gut aufgenommen wird. Wenn Sie Kunststoffplane unter die Stäbe legen, kann kein Herbizid auf die darunter wachsenden Pflanzen tropfen.

An Beeträndern kann man die von der Zaunwinde bewachsenen Stäbe aus dem Boden ziehen und auf Kunststoffplane auf den angrenzenden Weg oder Rasen legen, damit die Blätter mit dem Herbizid gespritzt oder in das Mittel getaucht werden können. Auch hier sollten Sie die Blattoberfläche reiben, damit das Mittel gut aufgenommen wird.

Die Zaunwinde lässt sich am besten bekämpfen, wenn sie schon ausgetrieben, aber noch nicht zu blühen begonnen hat. So wird ein großer Teil des Herbizids in die Wurzeln verlagert, und das Mittel wirkt besonders gut. Spritzt man zu Beginn der Vegetationsperiode, ist das weniger wirksam, denn die Pflanze stirbt zwar oberirdisch ab, bildet unter der Erdoberfläche aber zahlreiche Knospen, aus denen sie dann später wieder austreibt.

JAPANISCHER KNÖTERICH

(Reynoutria japonica; syn. *Polygonum cuspidatum)*

Japanischer Knöterich sieht sehr dekorativ aus, ist am falschen Standort aber eines der hartnäckigsten Unkräuter. Seine in dichten Beständen wachsenden Triebe werden jedes Jahr bis zu 3 m hoch, und die kräftigen Rhizome (wurzelnde Erdsprosse) können sogar Asphalt durchstoßen! Dieser Knöterich ähnelt im Wuchsverhalten Ausläufer treibendem Bambus, der übrigens auf die gleiche Weise bekämpft werden kann. Beide bevorzugen feuchte Böden, halten sich aber auch auf trockeneren. Wer sie aus seinem Garten loswerden will, muss viel Zeit und Geduld aufbringen.

Zunächst sollte man im Spätherbst oder Winter einen möglichst großen Teil der Rhizome ausgraben. Mit Herbiziden bekämpft man nur die Pflanzen, die in den folgenden Sommern erscheinen. Sind die Triebe gut entwickelt, streicht man Glyphosat mit einem Gummihandschuh darauf, oder man schneidet sie oben ab und tropft etwas Herbizid in sie hinein.

Vor längerer Zeit lernte ich eine Frau kennen, in deren Garten eine panaschierte Form des Japanischen Knöterichs seit mehreren Jahren an einem Flussufer wuchs, wo sie sich kaum ausbreitete. Ihre Besitzerin erklärte, die Pflanzen trügen nur überwiegend weiße Blätter und hätten durch den Mangel an Chlorophyll nicht genug Kraft, sich im Garten auszubreiten. Der Bestand war wunderschön – hübsche, panaschierte Blätter an nur 1,5 m hohen Trieben – doch dann entdeckten wir hier einen grünen Trieb und da noch einen! Dieser Bestand hatte bisher nie grüne Triebe gebildet, aber nun war es soweit, und von nun an würde er sich im Garten ausbreiten. Bei Japanischem Knöterich ist immer Vorsicht geboten!

ACKERSCHACHTELHALM *(Equisetum arvense)*

Schachtelhalm bevorzugt feuchte Stellen, und wenn Sie Ihren Gartenboden bis in größere Tiefe durchlässiger und trockener machen können, wird er Ihnen weniger Probleme bereiten. Weil die Rhizome sehr tief in den Boden vordringen, muss dieser auch in größerer Tiefe und nicht nur an der Oberfläche trocken genug sein.

Graben Sie im Spätherbst oder Winter möglichst viele Schachtelhalmrhizome aus. Zierpflanzen in verunkrauteten Rabatten müssen eventuell ausquartiert und ihr Wurzelstock in kleine Stücke geteilt werden, die Sie auf Unkrautfreiheit kontrollieren und vorübergehend an eine andere Stelle des Gartens setzen.

Neutriebe des Schachtelhalms werden im Sommer mit Glyphosat gespritzt, wenn die Pflanzen gut entwickelt sind. Mit einem kräftigen Bambusstab beschädigt man die Triebe, ohne sie dabei abzubrechen – so kann das Herbizid besser in die Pflanzen eindringen. Weil Schachtelhalm zeitlich versetzt austreibt, sind mehrmalige Behandlungen erforderlich.

GIERSCH *(Aegopodium podagraria)*

Giersch breitet sich durch lange, unterirdische Rhizome und, wie viele andere Doldenblütler auch, durch zahlreiche Samen sehr stark aus. Wer ihn aus seinem Garten verbannen will, sollte daher die Blütenstände entfernen, sobald sich die Blüten öffnen. Das gilt auch für den panaschierten Giersch, den manche als Zierpflanze kultivieren, da sich unter dessen Sämlingen immer wieder rein grüne, wuchsfreudige Exemplare finden.

Die weißen Ausläufer des Gierschs wachsen nur wenige Zentimeter unter der Oberfläche, doch dort, wo Blätter aus dem Boden wachsen, dringen Wurzeln tiefer in den Boden ein. Als erste Bekämpfungsmaßnahme sollten Sie die Pflanzen ausgraben und dabei möglichst viele Ausläufer und Wurzeln entfernen. Alle im Boden verbliebenen Stückchen treiben nämlich binnen 6 bis 18 Monaten nach und nach wieder aus, wodurch Sie mehr Arbeit haben.

Ältere Gierschbestände werden am besten im Hochsommer mit Glyphosat gespritzt, wenn die Blätter gut entwickelt sind. Neu austreibende Pflanzen behandelt man dagegen, sobald sie genügend Blätter haben, durch die das Herbizid eindringen kann, oder aber man gräbt die Pflanzen aus.

Werden die Pflanzen regelmäßig entblättert, sterben sie nach einiger Zeit ab. Sie vertragen es auch nicht, mit dem Rasenmäher kurz gehalten zu werden, denn so haben sie keine Möglichkeit, längere Zeit Fotosynthese zu treiben und Reservestoffe in ihre Rhizome einzulagern.

Wo Giersch in Stauden hineingewachsen ist, sollte man diese in der für sie geeigneten Jahreszeit aus dem Boden nehmen und den Wurzelstock teilen, den man gut vom Giersch befreien kann. Die Stücke werden dann in unkrautfreien Boden gesetzt, bis ihr ursprünglicher Standort wieder unkrautfrei ist.

Giersch, der unter Sträuchern wächst, lässt sich nicht so leicht bekämpfen. Hier muss man, solange er austreibt, seine Blätter regelmäßig mit einem Herbizid spritzen oder das Mittel mit einem Gummihandschuh aufbringen. Vor dem Spritzen sollte der Giersch keine ausgewachsenen Blätter bilden können, sonst kann er sich im Garten weiter ausbreiten.

Wenn Sie unter einem voll belaubten Strauch wachsenden Giersch mit einem Herbizid bekämpfen wollen, sollten Sie beim Spritzgerät auf minimalen Druck achten, damit das Herbizid auf die Unkrautblätter tropft und nichts auf die Blätter Ihres Strauchs gelangt.

ADLERFARN *(Pteridium aquilinum)*

Adlerfarn, ein großer Farn mit kriechendem Wurzelstock, lässt sich im Garten gut bekämpfen. Da er sehr viel Licht benötigt, kann man ihn dadurch beseitigen, dass man ihn drei bis vier Jahre lang entblättert; Herbizide sind dazu nicht erforderlich.

Zum Entblättern schneidet man die Triebe am Erdboden ab, wenn die Wedel etwa 60 cm hoch, aber noch nicht vollständig entfaltet sind. So hat die Pflanze viel Energie für die Bildung neuer Triebe aufgewendet, erhält aus diesen aber keine Fotosyntheseprodukte mehr, und ihre Reserven sind schneller erschöpft.

Da die Triebe des Adlerfarns Kieselsäure enthalten, kann man sich leicht an ihnen verletzen. Man sollte sie daher nicht von Hand ausreißen, sondern mit einem Messer abschneiden und dabei Handschuhe tragen.

Baufälliges aus dem Garten entfernen

Haben Sie so viel Platz geschaffen, dass der Garten überall gut zugänglich ist, dann ist es an der Zeit, Baufälliges aus dem Garten zu entfernen. Dabei brauchen Sie nicht sehr vorsichtig zu sein, weil der Garten ja ohnehin noch nicht fertig ist.

Aufräumen

Wollen Sie einen baufälligen Schuppen, ein altes Gewächshaus oder eine hässliche Betongarage abreißen? Stören Sie die zerbrochenen Platten der alten Terrasse oder Treppe? Liegt in Ihrem Garten vielleicht ein Haufen Flaschen, die schon Jahrzehnte alt sind, oder hat Ihr Vorgänger Ihnen zwei schrottreife Rasenmäher und eine kaputte Walze hinterlassen?

Nachdem man grob aufgeräumt hat, ist mehr Platz im Garten, und vielleicht ergeben sich neue Gestaltungsmöglichkeiten. Wollen Sie beispielsweise den 30 cm dicken Garagenboden aus Beton beseitigen oder ihn in irgendeiner Weise nutzen, um aus der Not eine Tugend zu machen? Reißt das Entfernen der Garage eine Lücke in den Garten, die Sie rasch wieder schließen wollen, oder öffnet sich dadurch eine Aussicht, die

Bei den Arbeiten anfallender Bauschutt kann als Unterbau eines Weges verwendet werden. So müssen Sie ihn nicht teuer entsorgen.

Wenn man einen alten Schuppen abreißt, hat man anschließend meist genug Holz für den Bau von ein oder zwei Kompostbehältern.

Ihnen sehr gut gefällt? War die Terrasse in schlechtem Zustand, weil sie keinen Unterbau hatte, und müssen Sie sie daher ganz neu anlegen? Oder verfügt der eingestürzte Schuppen hinten im Garten noch über einen nützlichen Wasseranschluss?

Zäune

Grenzzäune und Tore sollten repariert oder ersetzt werden, wenn die Baumfällarbeiten und der starke Schnitt von Gehölzen abgeschlossen sind und Sie wissen, dass genug Platz für die Maschinen da ist. Auch sehr baufällige Zäune werden am besten frühzeitig ersetzt, damit man nicht in einigen Jahren ein Chaos verursacht, weil man einen Zaun erneuern muss. Ein stabiler Zaun kann unten mit Maschendraht versehen werden, um Kaninchen aus dem Garten fern zu halten.

Recycling

Werfen Sie keine Materialien weg, die Sie vielleicht später noch verwenden können! So kann altes Holz zum Abdecken des Unterbaus einer Treppe dienen, und auf einer großen Spanplatte können Sie Zement mischen. Dicke Bretter schützen den Rasen, wenn man bei nassem Wetter häufig mit der Schubkarre über ihn fahren muss, und das alte Holz reicht vielleicht, um daraus einen Kompostbehälter zu fertigen. Alles, was später nützlich sein könnte, sollten Sie dort aufbewahren, wo es Ihnen nicht im Weg ist, und erst dann wegwerfen, wenn Sie es bestimmt nicht mehr verwenden können.

Entsorgung

Deponieraum ist begrenzt, und so kostet die Entsorgung von Bauschutt viel Geld. Können Sie alte Baumaterialien wieder verwenden, sparen Sie viel Geld und haben außerdem weniger Arbeit. Bauschutt, zum Beispiel von der abgebrochenen Garage oder einem Haufen alter Ziegel, eignet sich gut als Unterbau für neue Stufen, Bodenbeläge, Mauern und Wege, und den Bodenaushub können Sie an anderer Stelle im Garten verwenden. Holz, Glas und Metall eignen sich jedoch nicht als Unterbaumaterial! Übrig bleiben nur einige Eimer Glas für den Altglascontainer, Eisen für den Schrotthändler und nicht verwertbares Material, für dessen Abtransport Sie einen Container anfordern – aber erst dann, wenn keine weiteren Abfälle mehr dazukommen. Es ist nämlich sehr ärgerlich, wenn erneut Bauschutt anfällt, nachdem der Container abgeholt wurde!

Wege

Überlegen Sie gut, bevor Sie alte Wege schon zu Beginn der Arbeiten beseitigen. Auch wenn sie in sehr schlechtem Zustand sind, sollte man sie bei den Arbeiten möglichst lange nutzen. Bei größeren Projekten eignen sie sich überdies als provisorische Arbeitsfläche. Man kann sie so oft mit einer schmutzigen Schubkarre befahren, wie man will, und hat es dabei viel bequemer, als wenn man über den nackten Boden, den Rasen oder über einen sauberen, neuen Weg fahren müsste. Alle neuen Bodenbeläge, Mauern und Zäune werden erst dann in Angriff genommen, wenn die gröbsten Arbeiten abgeschlossen sind. Auch wenn es Sie in den Fingern juckt, den alten, unansehnlichen Wegbelag jetzt schon in den Container zu laden, bestellen Sie diesen lieber erst ein wenig später und werfen alles auf einmal hinein.

Das Metall des alten Gewächshauses konnte wieder verwendet werden. Das Holz wurde entsorgt und durch eine neue Holzkonstruktion ersetzt.

Gehölze schneiden

Nachdem Sie diejenigen Bäume und Sträucher entfernt haben, die Sie nicht behalten wollen, werden die verbleibenden Gehölze beschnitten, damit sie wieder eine ansprechende Form bekommen. Manche Gehölze müssen lediglich ausgelichtet werden, andere schneidet man dicht über dem Erdboden ab und lässt sie dann neu austreiben. Im dritten Teil dieses Buchs (Seite 97–145) können Sie nachlesen, welche Pflanzen einen starken Schnitt vertragen und welche nicht.

Bäume

Überlegen Sie es sich gut, ob Sie einen Baum wirklich schneiden müssen. Viele Bäume, die zu stattlicher Größe heranwachsen, profitieren davon, wenn ihr Längenwachstum in ihrer Jugend durch die umgebende Vegetation angeregt wird. Diese ist quasi ihre Amme, der sie mit den Jahren entwachsen. Später sehen sie sehr schön aus, wenn sie viel Platz und Licht haben.

Auslichten und Kronenschnitt

Manche Bäume sollten allerdings – aus den verschiedensten Gründen – geschnitten werden. Wenn ein Garten offener gestaltet und sein Gehölzbestand ausgelichtet wurde, kann der Wind wieder stärker in ihn eindringen. Bäume, die zuvor durch benachbarte Pflanzen geschützt waren, müssen sich nun wieder selbst behaupten. Manchen gelingt das, andere ertragen den Wind jedoch nicht so gut und drohen bei schweren Stürmen umzustürzen. Immergrüne Bäume sind besonders gefährdet, weil sie auch im Winter beblättert sind, wenn es schneit und besonders oft und stark stürmt.

Droht ein Laubbaum umzustürzen, kann man einen Teil seiner Äste abschneiden oder die Krone einkürzen. Diese Maßnahmen sollte man sich jedoch für Notfälle aufsparen, denn sie verändern die Form der Baumkrone und auch sein Wuchsbild unwiderruflich. Wenn man den Haupttrieb entfernt, wird der Baum höchstwahrscheinlich in der Folge nicht wieder einen schönen, geraden Stamm ausbilden.

Platanen regenerieren sich nach einem starken Schnitt sehr gut. Hier wird die Krone vertikal eingekürzt und im oberen Bereich ausgelichtet.

Wenn Sie die Krone eines Baums mit herabhängenden Zweigen einkürzen, wird der Baum rasch unansehnlich und zudem versuchen, sein natürliches Wuchsbild wiederzuerlangen.

Nadelbäume können sich nach einem Schnitt besonders schlecht regenerieren, und die meisten Nadelbäume bleiben auf Dauer verunstaltet, wenn man ihre Spitze (den Leittrieb) entfernt. Zudem kann der Schnitt ihre Lebensdauer erheblich verkürzen, weil die Wunden Eintrittspforten für Krankheitserreger bilden. Eine Ausnahme sind Eiben, die äußerst schnittverträglich sind. Bei Stechpalmen, immergrünen Eichen und anderen immergrünen Laubbäumen kann man die Krone auslichten und einkürzen, um ihr Gewicht zu verringern.

Bäume aufasten

Wenn es unter einem Baum heller werden soll, kann man einige der unteren Äste am Stamm abschneiden (»Aufasten«). Manche Arten wie etwa Eschen und Linden vertragen dies gut. Der Boden erhält nun mehr Licht, bleibt aber stark durchwurzelt und daher trocken und nährstoffarm. Rosskastanien hingegen sind ein Beispiel für Bäume, deren Äste von Natur aus im unteren Bereich überhängen, und Sie führen einen permanenten Kampf gegen die natürliche Wuchsform des Baums, wenn Sie versuchen, dies zu ändern. Auch Trauerweiden, Hängeeschen, Parrotien und andere Bäume mit herabhängenden Zweigen sollten nicht auf diese Weise geschnitten werden. Allzu rasch ähneln ihre Kronen dann nämlich fransigen Lampenschirmen!

Kirschen und Weißdorne vertragen keinen starken Schnitt. Kirschen können von großen Wunden ausgehend sogar absterben, zudem bilden sie zahlreiche lange Wasserreiser. Alte Weißdorne erscheinen Ihnen vielleicht zu dicht und zu stark beastet, aber dies ist nun einmal ihre natürliche Wuchsform. Auslichten verschlimmert das Problem nur, weil der Schnitt den Baum zur Bildung zahlreicher Wasserreiser anregt.

Sträucher

Die meisten Sträucher sind viel schnittverträglicher, als vielfach vermutet wird. Allgemein gültige Regeln bezüglich der Schnittverträglichkeit lassen sich jedoch nicht aufstellen.

Wenn Sie einen gemeinhin robusten Strauch am liebsten bis zum Erdboden zurückschneiden möchten, so ist dies fast immer auch einen Versuch wert. Schließlich soll der Strauch, wenn es sich nicht gerade um eine seltene Kostbarkeit handelt, doch in erster Linie eine Funktion im Garten erfüllen. Wenn er das nicht mehr tut, haben Sie nichts zu verlieren. Schneiden Sie ihn in der richtigen Jahreszeit zurück, düngen und wässern Sie ihn richtig und warten Sie ab, was passiert.

So manche unansehnlich gewordene Konifere lässt sich zu einer interessanten »Skulptur« schneiden, so wie dieser alte Wacholder.

Welches dieser beiden Bilder gefällt Ihnen besser? Sie zeigen zwei ganz verschiedene Gestaltungsweisen des gleichen Standorts. Der romantische, wiesenartige Stil erfordert einen besonders starken Gehölzschnitt, denn die deutlichen Formen der einzelnen Sträucher verhindern, dass das Bild verschwommen und unordentlich wirkt. Die architektonische Version arbeitet mit einem geraden, ebenen Weg und wird durch die weicheren Formen der Sträucher aufgelockert. Der Gehölzschnitt hat auf den Stil des Gartens ebenso viel Einfluss wie auf die Gesundheit der Pflanzen.

Diese formgeschnittenen Eiben sahen früher so aus wie ihre Artgenossen im Hintergrund. Nach einem sehr starken Schnitt wuchsen sie in zehn Jahren zu ihrer heutigen Größe heran.

Mit Bedacht schneiden

Manche Sträucher vertragen keinen starken Rückschnitt. Dies gilt vor allem für Vertreter der Schmetterlingsblütler, zu denen unter anderem Ginster, Goldregen, Blasen- und Erbsenstrauch gehören. Schneidet man bei ihnen junge Triebe ab, so treiben sie wieder neu aus. Nach einem Rückschnitt bis ins alte Holz bilden sich dagegen keine neuen Triebe, vielmehr sterben dann häufig ganze Zweige oder die gesamte Pflanze ab.

Auch bei langsamwüchsigen Sträuchern ist Vorsicht geboten. Pflanzen, die mit zunehmendem Alter an der Basis kaum neue Triebe bilden – zum Beispiel Zaubernüsse und viele glattrindige Rhododendronarten – dürfen nicht stark geschnitten werden. Man kann sie jedoch vorsichtig bis zu einem lebenden Trieb einkürzen und dann über mehrere Jahre neu aufbauen.

Überaltert oder zu stark bedrängt?

Wie ein Gehölz auf einen starken Schnitt reagiert, hängt von seinem Alter und seiner Vitalität ab. Sehr alte Pflanzen lässt man am besten ungestört wachsen und entfernt sie, wenn sie zu unansehnlich geworden sind. Wenn ein Strauch am Ende seiner Tage angelangt ist, seine Zweige nur noch wenige Blätter tragen und er kaum noch wüchsige Triebe besitzt, können Sie nicht erwarten, dass er nach einem starken Schnitt wieder gut austreibt. Achten Sie also darauf, ob ein Strauch deshalb schlecht wächst, weil er zu sehr von seinen Nachbarn bedrängt wird oder weil er bereits überaltert ist.

Zum richtigen Zeitpunkt schneiden

Die meisten Gehölze werden am besten im Winter zurückgeschnitten, wenn es nicht gerade sehr stark friert. Immergrüne sollten aber erst im Spätwinter geschnitten werden, damit sie nicht den ganzen Winter über unbelaubt sind und somit auch keine Energie aus ihren Blättern erhalten. In diesem Fall treiben sie anschließend nämlich nicht gut aus.

Arten, in denen der Saft früh steigt, etwa Birken, Walnuss- und Ahornbäume, sollten nicht bei plötzlichen Wärmeeinbrüchen im Spätwinter geschnitten werden, da die Pflanzen dann stark bluten würden.

Zurückgeschnittene Pflanzen brauchen Licht

Damit sich ein Gehölz nach einem Schnitt regenerieren und kräftige Triebe bilden kann, braucht es genug Licht. Es ist daher sinnlos, einen Strauch stark zu schneiden, wenn er anschließend nicht genug Licht bekommt, um normal wachsen zu können. Wenn erst mehrere Jahre später wieder ausreichend Licht auf ihn trifft, sollten Sie mit dem Schnitt so lange warten; sonst vergeudet der Strauch seine Energiereserven, weil er neu austreibt, aber nur sehr schwache Triebe bilden kann.

Dieser Schneeball muss oben geschnitten werden, damit er unten wieder mehr Licht bekommt. Nur dann können die von unten her neu wachsenden Triebe gut gedeihen.

Neue Triebe müssen ausreifen

Nach einem starken Schnitt bilden Gehölze weiche, raschwüchsige Triebe. Wenn Wärme und Sonne fehlen, sind diese Triebe im Herbst nicht ausgereift, wenn es die ersten Fröste gibt. Dies kann die Haupttriebe selbst bei gut winterharten Sträuchern auszehren und zu übermäßig dichtem Wuchs führen. Bei sehr strengem Frost frieren die weichen Triebe empfindlicher Arten leicht bis zum Erdboden zurück, sodass ein Jahr oder mehr Zeit vergeudet ist, bevor die Pflanze sich erholt hat. Sie können die zarten Triebe aber während der ersten Jahre im Winter vor der Kälte schützen.

Schnitt nach einem starken Rückschnitt

Wenn ein stark zurückgeschnittener Strauch an seiner Basis zahlreiche neue Triebe gebildet hat, können Sie im Jahr nach dem Schnitt entweder nur den kräftigsten, an der passendsten Stelle wachsenden Trieb belassen und alle übrigen abschneiden, oder Sie belassen alle Triebe, um einen stark verzweigten Strauch zu erhalten.

Es ist sinnvoll, mindestens im ersten Jahr alle Triebe an der Pflanze zu belassen, damit sie von möglichst zahlreichen Blättern mit Energie versorgt wird und man sehen kann, welche Triebe am besten gedeihen oder wenigstens überleben. Auch wenn Sie sich einen stark verzweigten Strauch wünschen, bilden sich vielleicht schwächere Triebe, die nach einigen Jahren am Erdboden abgeschnitten werden, damit die kräftigeren Triebe mehr Licht und Luft erhalten. Winterschneeball *(Viburnum farreri)*, Pfeifensträucher und einige andere Sträucher treiben von unten her neu aus, und wenn man sie bis zum Erdboden zurückschneidet, bilden sie anschließend so zahlreiche neue Triebe, dass sie bereits nach sehr kurzer Zeit viel zu dicht sind. Wenn man diese Triebe nicht auslichtet, bleiben sie sehr dünn und lassen den Strauch nicht gerade schöner aussehen.

Wo schneidet man am besten?

Bei einem Strauch, der »bis zum Erdboden« eingekürzt werden soll, belässt man in jedem Fall 4–10 cm, um am verbliebenen Holz einige schlafende Augen zu erhalten. Diese werden durch den Schnitt nämlich zum Austreiben angeregt.

Schneidet man zu weit oben, verbleiben an den nach innen weisenden Seiten der Stümpfe zu viele Knospen. Daraus entstehen viel zu viele Triebe, die sich überkreuzen und ein regelrechtes Gewirr bilden, sodass sie wahrscheinlich schon nach ein oder zwei Jahren kräftig ausgelichtet werden müssen.

Linden vertragen es, wenn ihre Krone jedes Jahr bis auf die dicksten Äste zurückgeschnitten wird.

Struktur gebende Pflanzen setzen

Das Skelett eines Menschen verleiht ihm Halt und Struktur. Ähnliches gilt für Gärten: Sie brauchen ein Grundgerüst, eine Struktur, auf der alles aufbaut, sonst bleiben sie bloß gestaltlose Ansammlungen von Pflanzen.

Für Struktur sorgen

Seine Struktur erhält ein Garten durch Mauern, Zäune, Stufen und Wege, ebenso durch Hecken, Einzelbäume, Formschnittgehölze und Stauden mit interessant geformten Blättern.

Klar strukturierte Gärten sind nicht zwangsläufig architektonisch angelegt oder großflächig gepflastert. Auch sehr viele Cottage-Gärten besitzen eine deutliche Struktur; hier flankieren beispielsweise Hecken oder auch Formschnittgehölze einen zentralen Weg, der zur Haustür führt. Wie so oft entsteht die Wirkung dabei durch schlichte Formen.

Es macht Spaß, mit dem Bepflanzen eines Gartens zu beginnen, auch wenn zunächst nur Bäume, Hecken und Windschutzpflanzen gesetzt werden. Man hat den Eindruck, nun bald fertig zu sein und endlich mit dem spannenden Teil der Arbeiten begonnen zu haben.

Windschutzhecken sollten möglichst früh angelegt werden.

Diese Exemplare von Robinia *'Frisia' flankieren eine schöne Aussicht. Für solche Standorte vorgesehene Bäume sollten möglichst früh gepflanzt werden, damit sie das Bild bereits nach kurzer Zeit prägen.*

Struktur aus Gebautem oder aus Pflanzen?

Unabhängig davon, ob Wege und Mauern oder ob Pflanzen die Struktur eines Gartens bestimmen sollen, sie muss frühzeitig angelegt werden, weil die damit verbundenen Arbeiten den Garten sonst zu sehr in Mitleidenschaft ziehen würden. Am besten setzt man möglichst viele Struktur gebende Pflanzen, bevor die Bauarbeiten beginnen, damit die neuen Wege und Stufen nicht unnötig beansprucht werden. Je weniger Lasten über neue Treppen befördert und die Wege mit schweren Schubkarren befahren werden müssen, desto besser.

In manchen Fällen sind die Bauarbeiten jedoch vor der Bepflanzung an der Reihe. Wenn noch nicht klar ist, ob die Bodenoberfläche nach den Bauarbeiten höher oder tiefer liegen wird, müssen Sie mit dem Bepflanzen warten. Sie können keine architektonische »Mini-Allee« aus Kugelrobinien (*Robinia pseudoacacia* 'Umbraculifera') oder Hochstammrosen anlegen, bevor nicht Höhe und genauer Verlauf des Wegs feststehen, den die Pflanzen säumen sollen. Außerdem würden die Robinien Ihnen bei den Bauarbeiten im Weg stehen und möglicherweise beschädigt werden. Es ist auch nicht sinnvoll, eine wellenförmig geschnittene Hecke aus dem großblättrigen Buchsbaum *Buxus sempervirens* 'Rotundifolia' neben eine lange Treppe zu pflanzen, wenn die Stufen und die seitlich abschließenden Stützmauern noch gar nicht vorhanden sind.

Bäume und Hecken

Hecken und große Einzelbäume werden dagegen am besten frühzeitig gepflanzt. Große Hochstämme von Bäumen werden zumeist mit dickem Wurzelballen und in Containern wachsend geliefert. Für diese teuren Pflanzen sollten Sie den Boden möglichst gut vorbereiten. Der Wurzelballen sollte im Pflanzloch mehr als einen Fingerbreit Platz haben, auch wenn sein Umfang beträchtlich ist. Das Pflanzloch muss so groß sein, dass Sie reichlich mit Kompost oder anderem organischem Material gemischten Boden neben und unter die Wurzeln geben können.

Pflanzlöcher für Bäume und Hecken

Wenn man ein Pflanzloch für einen Baum aushebt, stellt sich die Frage, wo man den Bodenaushub unterbringt. Ist der Boden sehr steinig, können Sie die Steine vielleicht herauslesen und als Unterbau für einen Weg verwenden. Stoßen Sie schon in geringer Bodentiefe auf festes Gestein, sollten Sie auch daran denken, wie man den Baumpfahl in den Boden bekommt. Erweist sich der Boden beim Ausheben als ungeeignet für den vorgesehenen Baum, wird man gegebenenfalls auf eine andere Art ausweichen müssen, die mit dem Boden zurechtkommt.

Heckenpflanzen werden lange Zeit an ihrem Standort bleiben und starke Konkurrenz ertragen müssen. Heben Sie daher einen tiefen Graben aus und arbeiten Sie gut verrotteten Kompost, abgelagerten Stallmist oder ein anderes humusreiches Material in den Boden ein.

Den Boden verbessern

Hornspäne und andere Mittel zur Bodenverbesserung kann man säckeweise im Gartencenter kaufen. Auf dem Land bekommt man auch abgelagerten Mist, etwa Pferdemist, der in Zeitungsanzeigen preiswert angeboten wird.

Wenn Sie Ihre Bäume und Hecken in guten Boden pflanzen, auf dem zuvor nur Rasen wuchs, müssen Sie nicht viel organisches Material in den Boden einarbeiten. Ist der Boden jedoch nährstoffarm oder wuchs an der gleichen Stelle zuvor ein großer Baum oder Strauch, wird das neue Gehölz nur gut gedeihen, wenn zuvor nährstoffreiches organisches Material in den Boden eingearbeitet wurde. In ausgelaugten, humusarmen Böden, in denen kaum Regenwürmer leben, ist kein zügiges Wachstum möglich. Welche Pflanze gedeiht schon in einem Boden, der nicht einmal Regenwürmern zusagt?

Pflanzen, die den Garten stark prägen, aber langsamwüchsig sind – zum Beispiel diese Zuckerhutfichten –, benötigen viele Jahre, bis sie zur gewünschten Größe herangewachsen sind. Daher ist es sinnvoll, schon besonders große Exemplare zu kaufen.

Bauarbeiten durchführen

Wenn im Garten neue Wege, Mauern und Zäune entstehen, ist es sehr beeindruckend, plötzlich klare Linien vor sich zu sehen. Mitten im Durcheinander der Blätter wird eine Ordnung erkennbar. Halten Sie auch dieses Stadium auf Fotos fest!

Bodenaushub sinnvoll einsetzen

Terrassen, Wege und Treppen benötigen einen Unterbau. Oft fallen bei den hierfür ausgeführten Arbeiten große Mengen Bodenaushub an – Oberboden, Unterboden und vielleicht auch Steine. Dies gilt besonders für den Bau von Wegen, die einen mindestens 12 cm starken Unterbau bekommen sollten. Soll der Bodenaushub im Garten belassen oder muss er abgefahren werden? Überlegen Sie, wann und wo Sie ihn brauchen können, zum Beispiel zum Auffüllen einer störenden Senke oder zum Heben des Bodenniveaus an anderer Stelle im Garten. Insbesondere völlig ebene Gärten sehen viel interessanter aus, wenn man das Bodenniveau an einer Stelle anhebt, und sei es nur um 10 oder 15 cm.

Guter Oberboden ist kostbar. Lagern Sie ihn getrennt vom Unterboden, denn dieser eignet sich nur zum Auffüllen störender Senken. Lagern Sie ihn möglichst in flachen Haufen, damit er nicht verdichtet und weiterhin gut durchlüftet wird.

Steine als Stützmauer und Sitzgelegenheit

Ein klassischer architektonischer Blickfang darf niemals aus billigen Gebrauchtmaterialien gebaut werden. Dieses eigenartige Rondell wird sicher viel schöner aussehen, wenn es dicht bewachsen ist.

Baumaterial lagern

Vor allem in Städten muss ein Lagerplatz für Baumaterial diebstahlsicher sein. Außerdem brauchen Sie einen Platz, an dem Sie Zement mischen können. Selbst wenn man dabei vorsichtig vorgeht, verdichtet der Boden ringsum und wird von Zementspritzern verunreinigt. Suchen Sie einen geeigneten Platz aus, an dem der Schaden leicht zu beheben ist.

Wasserrohre und Stromkabel verlegen

Nun ist ein guter Zeitpunkt, um die vorgesehenen Wasserrohre und Stromkabel in Gräben unter dem Rasen oder unter neuen Wegen zu verlegen. Jetzt wird der Garten durch die Verlegearbeiten nicht unnötig in Mitleidenschaft gezogen, denn die Bauarbeiten sind ja ohnehin in vollem Gang. Unter dem Rasen verlaufende Leitungen kann man später gut erreichen, wenn man sie reparieren, entfernen oder verlängern will. Beim Verlegen wird der Rasen jedoch beschädigt. Auch wenn man sorgfältig arbeitet, senkt sich der Boden über einer Leitung nämlich stets ein wenig, sodass eine Unebenheit entsteht, die dann später eingeebnet werden muss.

Wenn die Leitungen unter einem Weg verlaufen, kann man sie nicht so leicht erreichen. Hier sind sie jedoch auch langfristig vor Grabgabeln, Spaten und Baumpfählen geschützt. Wenn Sie den Garten lückenlos bepflanzen wollen, ist es sicher besser,

Mauern werden am besten aus Materialien gebaut, die zum Haus passen oder in der Umgebung vorkommen.

Gitterzäune kosten nicht viel und lassen sich rasch aufstellen, um etwa Kompostbehälter vom eigentlichen Ziergarten zu trennen.

später einmal Geld für das Instandsetzen eines Wegs ausgeben zu müssen, als die Wurzeln wertvoller ausgewachsener Pflanzen zu beschädigen. Überlegen Sie daher bereits jetzt, ob Sie zu einem späteren Zeitpunkt wahrscheinlich Wasser oder Strom am anderen Ende des Gartens benötigen werden. Wenn Sie in einigen Jahren ein Sommerhaus bauen oder zusätzliche Beleuchtung installieren, haben Sie es dank der bereits vorhandenen Leitungen dann viel einfacher und bequemer.

Soll der Teichboden aus Beton oder Folie bestehen? Wie viel Bodenaushub wird anfallen, und haben Sie Verwendung dafür?

Hier wurden die Bäume und die unter ihnen wachsenden Stauden zur gleichen Zeit gepflanzt. Wenn Sie viel Zeit für die Pflege Ihres Gartens haben, ist das sehr gut. Sie können sich zunächst aber auch auf die arbeitsintensiven Beete in der Nähe des Hauses konzentrieren.

Den Garten neu bepflanzen

Ein unbepflanztes Beet mit unkrautfreiem, gut vorbereitetem Boden ist eine Verlockung für jeden Gartenfreund. Man fühlt sich, als käme man an einem Wintermorgen aus dem Haus und fände draußen eine dicke, frische Schneedecke vor – eine scheinbar ganz andere Welt. Die Versuchung, eine Spur im Schnee zu hinterlassen, ist fast unwiderstehlich. Und ebenso wie im Schnee fällt jede kleine Spur, die Sie in einem leeren Beet hinterlassen, sofort ins Auge.

Wo anfangen?

Allzu leicht bepflanzt man den ganzen Garten hier und da und gestaltet doch kein Beet so richtig gelungen. Die für Struktur und Windschutz sorgenden Pflanzen sind bereits vorhanden. Nun fehlen noch kleinere Bäume und Sträucher, Kletterpflanzen, Stauden und Einjährige als schmückendes Beiwerk. Beim Setzen dieser dekorativen Pflanzen konzentriert man sich am besten auf jeweils eine Fläche und beginnt ganz einfach mit der, die zuerst fertig werden soll.

In neun von zehn Fällen wird man mit den am meisten ins Auge fallenden Flächen in der Nähe des Hauses beginnen. Sind diese fertig bepflanzt, sieht der ganze Garten sehr viel schöner aus. Wenn Sie nicht alle Pflanzen im ersten Jahr kaufen können, konzentrieren Sie sich auf die Sträucher in den zentral gelegenen Beeten und füllen den Boden um sie herum für ein Jahr mit raschwüchsigen Einjährigen, zum Beispiel mit Mohn, Ringelblumen, Sonnenhut oder Sonnenblumen.

Nach kurzer Zeit ein schönes Bild

In frisch bepflanzten Gärten vollbringen Zwiebel- und Knollenpflanzen oft wahre Wunder. Zwischen den frisch gesetzten Gehölzen eines neu gestalteten Beetes sorgt eine Gruppe hübscher Tulpen in den ersten ein oder zwei Jahren für schöne Farbenpracht. Setzen Sie jedoch nicht zu viele Zwiebelpflanzen in die freier gestalteten Bereiche des Gartens! Solange die Bäume und Sträucher nicht ausgewachsen sind, sieht ein Meer von Narzissen allzu leicht einfallslos und kitschig aus. Es ist besser, zunächst zurückhaltend zu bepflanzen und zu warten, bis die Bäume und Sträucher größer geworden sind.

Wenn Ihr einziges frisch bepflanztes Beet an einen gepflasterten Hof oder eine Terrasse angrenzt, können Sie es im ersten Sommer mit farbenfroh blühenden Kübelpflanzen schmücken. Hierfür eignen sich hohe, voluminöse Pflanzen mit großen Blättern am besten. Auch Sträucher verschönern das Bild.

Eine architektonische Bepflanzung bietet den Vorteil, die späteren Formen und Muster bereits erkennen und eine ansprechende Wirkung erzielen zu können, bevor die Pflanzen ihre endgültige Größe erreicht haben. Wenn zwischen den Gehölzen farbenfrohe Einjährige und Stauden blühen, können Sie sich schon nach kurzer Zeit an einem schönen Garten erfreuen.

Sträucher vorausschauend pflanzen

Sträucher, die in einem architektonischen Garten wachsen, werden meist regelmäßig geschnitten und bilden eine vergleichsweise niedrige Strukturbepflanzung innerhalb des Gartens. Sie sollten daher frühzeitig gepflanzt werden. Je länger sie bereits an ihrem Standort wachsen, desto frühzeitiger können sie ihre Funktion nämlich ausüben und die kleineren, farbenfroheren Pflanzen zur Geltung bringen.

Solange die frisch gesetzten Sträucher und Stauden noch sehr klein sind, verschönern zahlreiche Topfpflanzen das Bild.

Kleine Hecken, die den Garten später unterteilen sollen, werden am besten frühzeitig gepflanzt.

Natürlich ist es verlockend, in große, leere Beete Gruppen von drei oder auch mehr Sträuchern zu setzen, wo nur eine einzige Pflanze genügen würde. Auf diese Weise sieht der Garten nicht so leer aus, und man hat neben den einzeln wachsenden Gehölzen auch schöne Strauchgruppen. Man muss dann eine Pflanze an die richtige Stelle setzen und die als vorübergehende Pflanzung gedachten Sträucher rechtzeitig wieder entfernen, bevor sie den als Dauerbepflanzung vorgesehenen Strauch zu sehr bedrängen.

Außer wenn sehr große Beete zu bepflanzen sind, setze ich Sträucher lieber im endgültigen Abstand und fülle den Platz zwischen ihnen in den ersten Jahren mit Stauden, Bodendeckern oder Einjährigen, die leicht zu setzen und ebenso leicht wieder zu entfernen sind. Übrigens ist das auch viel billiger, als viele Sträucher zu pflanzen!

Bäume brauchen Zeit

Bäume, die dem Garten eine besondere Atmosphäre verleihen, sollten so früh wie möglich gepflanzt werden, denn je eher sie stattlich aussehen und Schatten spenden, desto eher fühlt man sich im Garten wohl. Bäume, die einen eher eintönigen Strauchbestand interessanter machen sollen, können dagegen auch später gepflanzt werden.

Zwanglos gestaltete Bereiche des Gartens profitieren oft sogar davon, wenn man nicht zu früh zu viele Pflanzen setzt. Eine große Fläche, auf der Dutzende kleiner Bäume und Sträucher verteilt und von hohem Gras bedrängt werden, ist nämlich ein trauriger Anblick. Als Gehölzliebhaber oder -sammler können Sie natürlich alle Gehölze auf einmal pflanzen. Sind Sie aber in erster Linie an einem schön gestalteten und mit Überlegung geplanten Garten interessiert, sollten Sie anfangs nur wenige Bäume und Sträucher an den Stellen setzen, an denen sie ins Auge fallen. Sind die arbeitsintensiven Bereiche des Gartens fertig bepflanzt, können Sie weitere Gehölze hinzusetzen. Erfreuen Sie sich nicht nur an den Pflanzen, sondern auch an der Anlage, der die Pflanzen Charakter verleihen.

Rasen und schöne Wegoberflächen anlegen

Schöne Wegoberflächen sind für den Garten das i-Tüpfelchen. Erst wenn die gepflasterten Flächen schon fertig und alle groben Arbeiten erledigt sind, wird ganz zum Schluss die oberste Schicht eines Kieswegs aufgebracht.

Der Rasen ist ein weiteres i-Tüpfelchen, wenngleich er meist eine große Fläche einnimmt. Ebenso wie Wege und gepflasterte Flächen ist Rasen ein Ort, an dem sich Menschen gern aufhalten, und für Menschen wurde der Garten schließlich gestaltet. Wenn zu Ihrem neuen Garten ein nicht mehr ganz so schöner Rasen gehört, sollten Sie diesen bei den Arbeiten möglichst wenig betreten und schwere Lasten von ihm fern halten. So verhindern Sie, dass der Boden verdichtet, und wenn die gröbsten Arbeiten abgeschlossen sind, wird der Rasen vielleicht wieder grün, als wäre nichts geschehen.

Doch meistens ist die Sache nicht so einfach – man muss den Rasen ganz neu anlegen oder sich zumindest um den unschönen Rasenrand kümmern, wo sich angrenzende Pflanzen in den Rasen hinein ausbreiteten oder ihm das Licht wegnahmen. Unabhängig davon, ob Sie Rasen säen oder Rasensoden verlegen, muss der Boden zuvor umgegraben und wieder verfestigt werden und seine Oberfläche feinkrümelig sein.

Das Verlegen von Rasensoden steht ebenso am Schluss der Umgestaltung wie das Ausbessern eines vorhandenen Rasens. Wer Wert auf unkrautfreien Rasen legt, sollte hochwertige Rasensoden verlegen.

Vor allem an den Kreuzungen schmaler Wege wird der Rasen oft lückig. Bessern Sie die Kahlstellen im Frühjahr oder Herbst mit Rasenstücken aus, die Sie an anderer Stelle des Rasens ausgestochen haben!

Rasen verschönert das Bild

Das Schöne an Rasensoden ist, dass man sie wie ein Teppich verlegen kann und sofort klare, gerade Linien im Garten hat. Der Rasen ergänzt den neu gestalteten Garten auf unvergleichliche Weise. Sehen Sie Ihren Rasen also nicht als lästige Verpflichtung an, die viel Arbeit erfordert, sondern als wirkungsvollen Hintergrund für alles andere im Garten.

Wenn man es in diesem Licht betrachtet, kann es trotz der höheren Kosten vorteilhafter sein, Rasensoden zu verlegen, statt Rasen zu säen. So sieht der Rasen nämlich von Anfang an schön aus, überdies besitzt er deutliche Kanten, die man gut pflegen kann, und eine Einfassung ist nicht nötig.

Rasen unsichtbar ausbessern

Unabhängig davon, ob Sie Rasen säen oder Soden verlegen, finden Sie im Handel nur eine kleine Auswahl an modernen, hochleistungsfähigen Grasmischungen vor, die sich für verschiedene

Gegenüber: *Manche Gartenfreunde lieben samtig schimmernde Streifen* (oben), *andere erfreuen sich an einem Rasen voll Gänseblümchen* (unten). *In beiden Fällen sieht eine scharf abgegrenzte Rasenkante gut aus. Der Rasen kann den übrigen Garten ebenso gelungen zur Geltung bringen wie ein Bilderrahmen ein Gemälde.*

Beanspruchungsgrade gleichermaßen eignen. Für den Fall, dass Sie vielleicht in ein oder zwei Jahren einen neuen, makellosen Rasen anlegen wollen, sollten Sie den vorhandenen Rasen zunächst auf möglichst kostengünstige Weise ausbessern.

Verfügen Sie jedoch über einen großen Rasen und haben nicht vor, diesen völlig neu anzulegen, sollten Sie sich beim Ausbessern mehr Mühe geben. Ob mit oder ohne Wildblumen, alte Rasenflächen haben ihren ganz eigenen Charakter. Wenn Sie eine Mischung moderner, hochleistungsfähiger Sorten als Streifen am Rasenrand säen, wird man noch nach mehreren Jahren sehen, dass der Rasen ausgebessert wurde. Wahrscheinlich wird er an den ausgebesserten Stellen auch schneller wachsen – also gerade am Rand, wo man es besonders gut sieht.

Hier können flach wurzelnde Unkräuter nicht entfernt werden, ohne die Grasnarbe und den Baum zu schädigen. Lassen Sie das Gras unter der Baumkrone wachsen.

Bessern Sie den Rasen mit Gräsern aus, die zu ihm passen. Wer würde schon einen hundertjährigen seidenen Wandbehang mit einer Rolle Velourstapete flicken? Haben Sie Geduld und warten Sie ein oder zwei Jahre mit dem Ausbessern, um zu sehen, wie der Rasen wächst, wo er lückig bleibt und wo er besonders dicht ist. Auch wenn der Rasen stark beansprucht werden soll, sollten Sie nicht mit einer robusten modernen Samenmischung ausbessern, denn diese wird schneller wachsen als die im Rasen vorhandenen Gräser und noch lange Zeit ins Auge fallen. Säen Sie besser eine Mischung feiner Gräser in die Lücken. Diese wird bald von den vorhandenen Arten überwachsen und der Rasen wieder gleichmäßig.

Vom Ausbessern ist bereits nach kurzer Zeit nichts mehr zu sehen, wenn man in einen alten Rasen Samen sät, die man an einer anderen Stelle, wo der Rasen gut gedeiht, selbst geerntet und mit einer kleinen Menge einer Gräsermischung versetzt hat. Auf diese Weise sind die lokal angepassten Gräser nämlich von Anfang an sehr zahlreich an den ausgebesserten Stellen vorhanden.

In diesem Rasen wächst viel Klee.

Ehrenpreis in einem Rasen

Hexenring auf einer Rasenfläche

Rasen düngen und Unkräuter bekämpfen?

Wenn Moose oder Unkräuter im Rasen wachsen, kann man diese zunächst punktartig bekämpfen, indem man beispielsweise die Unkräuter mit einem geeigneten Herbizid bestreicht. Auch hier sei nochmals daran erinnert, sich erst zu erkundigen, ob Sie in Ihrem Garten überhaupt noch Herbizide (dazu zählen auch Moosvernichter!) einsetzen dürfen! Sollen Disteln, Ampfer und andere tief wurzelnde Unkräuter chemisch bekämpft werden, tropft man am besten Glyphosat auf ihre Blätter. Das ist zwar aufwendig, aber sehr wirksam und erspart dem Rasen einen großflächigen Herbizideinsatz.

Mancher alte Rasen braucht nach dem Winter einige Zeit, um seine satte grüne Farbe wiederzuerlangen. Dies liegt daran, dass ihm wenig Stickstoff zur Verfügung steht. Wenn Sie ihn düngen, ist er nach kurzer Zeit wieder schön grün. Das Düngen führt aber auch dazu, dass er häufiger gemäht werden muss. Zudem wachsen die Gräser dichter und unterdrücken niedrige Kräuter. Ein Rasen mit vielen Wildblumen wird daher nicht gedüngt. Wenn Sie dem Rasen ohne Dünger etwas Gutes tun wollen, können Sie ihn im April oder Mai vertikutieren.

Pilze auf dem Rasen

Ein oder zwei Jahre, nachdem Sie alte Bäume gefällt und große Sträucher umgepflanzt haben, wachsen oft Pilze auf dem Rasen. Dies sind die Fruchtkörper der Arten, die sich von den toten Wurzeln unter dem Gras ernähren. Wenn die Wurzeln nach einigen Jahren zersetzt sind, verschwinden sie wieder. Am besten lassen Sie den Dingen einfach ihren Lauf, denn es kostet viel Mühe und bringt wenig, alle alten Wurzeln unter dem Rasen entfernen zu wollen.

Ein Rasen nach Ihren Vorstellungen

Ein Rasen ist das, was Sie aus ihm machen und was er für Sie sein soll. Ein makelloser, smaragdgrüner Rasen benötigt viel und regelmäßig Pflege. Wie das Stäubchen auf einem teuren, einfarbigen Teppich ist jedes kleine Unkraut sofort sichtbar. Ein Rasen dagegen, auf dem verschiedene niedrige Wildblumen wachsen, ist mit einem gemusterten Teppich vergleichbar. Hier fällt ein kleines Unkraut nicht sofort ins Auge, seine Pflege ist nicht so aufwendig und muss nicht so häufig erfolgen. So ein Rasen ist schön, umweltfreundlich und praktisch.

ANLEITUNGEN FÜR DEN VERJÜNGUNGSSCHNITT

Dieses Kapitel handelt davon, wie Gehölze auf einen starken Rückschnitt reagieren – manche vertragen ihn nicht, andere gedeihen anschließend viel besser. Viele Arten aus der Familie der Schmetterlingsblütler (Ginster, Erbsenstrauch, Blasenstrauch u. a.) dürfen nicht stark geschnitten werden, während Vertreter der Ölbaumgewächse *(Oleaceae)* wie etwa Esche und Forsythie gut schnittverträglich sind.

Ob eine Pflanze einen starken Schnitt verträgt, hängt auch davon ab, ob sie einen oder mehrere Haupttriebe besitzt. Wie stark verzweigt sie auch sein mag (denken Sie zum Beispiel an Seidelbast oder an die Zaubernuss) – besitzt sie nur einen einzigen Haupttrieb und bildet niemals von der Basis her junge Triebe, wird sie sich nicht gut regenerieren, wenn man sie bis in ihr altes Holz hinein zurückschneidet.

Andere Faktoren sind ebenfalls von Bedeutung. So wird etwa eine überalterte Pflanze, der es an Nährstoffen fehlt, weniger gut auf einen starken Schnitt reagieren als eine dreimal so große Pflanze, die noch jung und wüchsig ist.

Einen Verjüngungsschnitt vornehmen

Auf den folgenden Seiten erfahren Sie, wie man einen Verjüngungsschnitt durchführt. Im Verzeichnis der Gehölze können Sie nachschlagen, welche Schnittmaßnahmen die Pflanzen vertragen, und am Ende des Kapitels finden Sie einige Angaben über den Schnitt von Heide, Hecken, Stauden und Formschnittgehölzen.

Sträucher, die sich von der Basis her gut regenerieren – hier eine Forsythie –, können unabhängig davon, wie alt sie sind, im Winter 3–5 cm über dem Erdboden abgeschnitten werden.

Wenn man nicht zu stark verholzte alte Rosen einige Zentimeter über dem Erdboden abschneidet, erhalten sie unten viel Licht und treiben kräftig wieder aus. Versuchen Sie, jeden Trieb über einer nach außen weisenden Knospe zu schneiden!

Große Exemplare verschiedener Gehölze sollten dicht über dem Erdboden abgeschnitten werden, wenn ein starker Rückschnitt erforderlich ist. Dies gilt etwa für Stechpalmen, Lorbeerkirschen, Bergahorne und Weißdorne. Schneidet man 1–2 m über dem Boden, regenerieren sich die Pflanzen nämlich nicht so gut. Die hier abgebildete Stechpalme wird nach dem Schnitt von unten her rasch wieder austreiben.

Diese Weide wurde vor einem Jahr auf den Stock gesetzt (am Erdboden abgesägt) und hat nun zahlreiche neue Triebe gebildet. Hätte man sie in 2 m Höhe geschnitten (geköpft), wären die jungen Triebe oben am Stamm erschienen. Das Gehölz kann nun alle zwei oder drei Jahre geschnitten werden, oder man entfernt 80 Prozent der Triebe und lässt die übrigen ungestört wachsen.

Sehr alte Kletterpflanzen, zum Beispiel Blauregen (Glyzine), Jungfernreben oder diese Berg-Waldrebe (Clematis montana), können mit einigem Erfolg zurückgeschnitten werden. Aus den alten Trieben oder aus dem Erdboden wachsen nach einiger Zeit – manchmal erst nach Monaten – neue Triebe hervor.

Diese junge Esche hat ihren Haupttrieb verloren und durch zwei neue ersetzt. In solchen Fällen müssen Sie den schwächeren Trieb entfernen, damit der Baum später einen kräftigen, geraden Stamm bilden kann. Stark gegabelte Stämme (rechtes Bild) brechen nämlich bei Sturm oder Schnee leicht auseinander.

Dieser Roseneibisch (Hibiscus syriacus) wurde vom benachbarten Gehölz zu stark bedrängt und hat dadurch seine schöne Form eingebüßt. Hier ist es am besten, die Äste an der zu stark gewachsenen Seite einzukürzen (rote Markierungen an der Pflanze) und der zuvor bedrängten Seite (rechts) einige Jahre Zeit zu geben, um sich zu regenerieren. Würde man die Pflanze stattdessen mit Hilfe eines Pfahls aufrichten, nähmen wahrscheinlich die Wurzeln Schaden.

Wenn Wind und Schnee dicke Äste eines Gehölzes nach unten gedrückt oder abgeknickt haben, sollte man diese direkt am Stamm oder wie bei dieser Scheinzypresse an der Stammbasis abschneiden.

Wenn man einen Ast – gleich welcher Stärke – absägt, sollte man die Verdickung am Übergang zum Stamm nicht mit entfernen, also nicht direkt am Stamm ansetzen, sodass vom Ast nichts übrig bleibt (unten rechts). Für die Pflanze ist es viel besser, wenn man den Ast an der schmalsten Stelle direkt vor der Verdickung schneidet (unten links). Der verbliebene Stummel wird später infolge des Dickenwachstums im Stamm verschwinden.

Abelia grandiflora *'Francis Mason'*

Gehölze

Abutilon (Malvaceae)

SCHÖNMALVE

Sträucher mit einem Haupttrieb
maximal 4–6 m hoch
halbimmergrün
sonnige oder leicht schattige Standorte

A. vitifolium und seine Hybriden haben sich auf den Britischen Inseln als erstaunlich winterhart erwiesen, wenn sie vor starkem Wind geschützt sind. In Mitteleuropa dagegen werden sie kaum den Winter überstehen. Die Pflanzen sind kurzlebig, säen sich aber zuweilen selbst aus. Schönmalven können bis zu 2 m im Jahr wachsen und bilden zahlreiche hübsche Malvenblüten. So sind sie ideale Lückenfüller, wo kurzfristig schöne Farben gewünscht werden.

Unter dem Gewicht des Schnees gebrochene Äste werden in der Mitte des Frühjahrs oder im späten Frühjahr zurückgeschnitten. Schneiden Sie nicht weiter unten als unbedingt nötig!

Sparrige Pflanzen können im Sommer leicht geschnitten werden. Hier kürzt man alle Äste ein, damit die Sträucher dichter werden. Schneiden Sie nicht in Äste, die mehr als daumendick sind! In der Praxis bedeutet das, nur in diesjährige Triebe zu schneiden, deren Rinde noch grün oder grau und schuppig ist (die Rinde älterer Triebe ist braun). Schneiden Sie immer bis zu einem lebenden Seitentrieb zurück. Unbeblätterte Zweige treiben nämlich nur selten neu aus. Vermeiden Sie es, in den Haupttrieb zu schneiden, denn wenn dieser sich anschließend gabelt, ist die Pflanze anfälliger für Schneebruch.

A. vitifolium blüht malvenfarben, Blätter und junge Triebe sind graufilzig. Sehr schöne weiß blühende Sorten sind 'Tennant's White' und 'Veronica Tennant'. Die Hybride *A.* x *suntense* trägt blaue Blüten, ihre Blätter und Triebe sind dunkler grün.

Abutilon vitifolium *var.* album

Abelia (Caprifoliaceae)

ABELIE

Sträucher mit mehreren Haupttrieben
bis 2 m hoch
halbimmergrün oder sommergrün
vollsonnige Standorte

Abelien sind anspruchslose Sträucher und werden wegen ihrer langen Blütezeit geschätzt, die vom Hochsommer bis zu den ersten Frösten reicht. Im Idealfall tragen sie stets einige junge Triebe, die in Bodennähe aus den Pflanzen wachsen. Vernachlässigte Exemplare besitzen nahe am Erdboden nur wenig junges Holz und hängen oben durch das schwere alte Holz über. Lichten Sie die alten Triebe in der Mitte des Frühjahrs um 50 Prozent aus, damit mehr Licht nach unten gelangt, und düngen Sie gut. Haben die Pflanzen unten kräftige Triebe gebildet, kann das übrige alte Holz entfernt werden.

A. grandiflora und die duftende *A. triflora* sind die härtesten Abelien. *A. floribunda* und *A. schumanii* sind empfindlicher und werden besser im Spätfrühling geschnitten.

Abies (Pinaceae)

TANNE

Schnitt wie bei **Picea** (Seite 125)

Acer (Aceraceae)

AHORN

Bäume und Sträucher mit einem Haupttrieb
2–20 m hoch
sommergrün
sonnige oder halbschattige Standorte

Je größer und raschwüchsiger ein Ahorn ist, desto besser regeneriert er sich nach einem starken Schnitt. Bergahorn *(A. pseudoplatanus)*, Spitzahorn *(A. platanoides)*, Feldahorn *(A. campestre)*, Kolchischer Spitzahorn *(A. cappadocicum)*, Oregonahorn *(A. macrophyllum)*, Silberahorn *(A. saccharinum)* und der Zuckerahorn *(A. saccharum)* sind große Bäume und können bis in 7–8 cm dicke Äste geschnitten werden. Größere Wunden bilden oft Eintrittspforten für Krankheitserreger. Im Frühjahr steigt der Saft in Ahornen früh auf, und da die Pflanzen dann stark bluten, sollte man sie besser im Frühherbst oder Winter schneiden. Manche Arten bilden an der Basis Ausläufer, die man abschneiden sollte, wenn sie stören.

Zimtahorn *(A. griseum)* und die Schlangenhautahorne *(A. rufinerve, A. davidii, A. capillipes, A. pensylvanicum* u.a.) werden nicht so groß und sind weniger schnittverträglich. Am besten entfernt man störende Äste vollständig, sorgt für ausreichenden Lichteinfall und gibt den Pflanzen einfach Zeit, um ihre elegante, recht offene Struktur wiederzuerlangen.

Acer japonicum *'Vitifolium'*

Acer davidii

Weinahorn *(A. circinatum)* und Eschenahorn *(A. negundo)* vertragen einen starken Schnitt besser, bilden anschließend oft aber sehr weiche Triebe und wachsen nicht mehr baumartig.

Die Japanischen Ahorne *(A. japonicum* und *A. palmatum)* sind langsamwüchsige Bäume mit besonders schönem Wuchsbild, das durch einen starken Schnitt schnell zerstört wird. Diese Ahorne regenerieren sich auch nicht gut. Wenn sie ihre hübsche Form verlieren, liegt das meist an zu starker Beschattung, und man sollte für mehr Licht sorgen. Anschließend entfernt man Äste, die die Form beeinträchtigen, und überlässt die Heilung der Zeit und dem Licht.

Aesculus (Hippocastanaceae)

ROSSKASTANIE

große Bäume und Sträucher
4–30 m hoch
sommergrün
sonnige Standorte

Rosskastanien brauchen viel Licht. Im Schatten gedeihen sie nicht gut und tragen keine Blüten.

Die Gewöhnliche Rosskastanie *(A. hippocastanum)* ist ein raschwüchsiger, großer Baum, der sich gern selbst aussät. Unter diesem flach wurzelnden Baum gedeihen kaum andere Pflanzen. Sämlinge von Rosskastanien werden daher besser entfernt, sofern man keinen neuen Baum heranziehen will. Kürzen Sie den Haupttrieb nach Möglichkeit nicht ein, damit er sich nicht gabelt und dann durch Wind oder unter der Last einer Schneedecke bricht.

Sorten von Rosskastanien werden oft veredelt und sind dann ober- und unterhalb der Veredelungsstelle unterschiedlich dick. Die Rotblühende Rosskastanie *(A. x carnea)* wächst weniger stark als die Gewöhnliche Rosskastanie, und auch bei gesunden Exemplaren sieht die Krone oft licht aus. *A. x neglecta* 'Erythroblasta' besitzt kupferfarbene junge Triebe, die an einem hellen, windgeschützten Standort am schönsten sind. Besonders interessant ist *A. parviflora*, ein langsamwüchsiger, bis 4 m hoher, Ausläufer bildender Strauch.

Ailanthus (Simaroubaceae)

GÖTTERBAUM

Ausläufer bildende Bäume
bis 25 m hoch
sommergrün
sonnige Standorte

Das Holz des Götterbaums ist nicht sehr hart, junges Holz enthält viel Mark. Alte Exemplare, deren Stämme beschädigt wurden, fallen leicht um. Diese Bäume sind jedoch wunderschön. Im Sommer schmücken sich ausgewachsene Exemplare hoch oben mit Büscheln rötlicher Früchte, die ebenso prächtig aussehen wie die langen, gefiederten Blätter.

Ein großer Götterbaum treibt nach einem starken Rückschnitt aus dem Stumpf und aus den Wurzeln wieder kräftig aus. Es ist verlockend, einen Baum zurückzuschneiden, um diese jungen Triebe zu erhalten, denn sie wachsen ganz gerade und werden in wenigen Jahren bis zu 10 m hoch. Leider tragen sie aber keine Blüten, denn der Götterbaum blüht nicht am jungen Holz.

Alnus (Betulaceae)

ERLE

Bäume mit einem Haupttrieb, einige Arten strauchig
bis 20 m hoch
sommergrün
sonnige Standorte

Bis zu einem Alter von ungefähr 15 Jahren können Erlen problemlos bis zum Erdboden zurückgeschnitten werden (ihre Stämme sind dann 40–50 cm dick). Ältere Exemplare treiben anschließend zwar wieder aus, werden aber nicht wieder schön. Bei ihnen kürzt man die Seitenzweige besser bis zu einem lebenden Trieb ein.

Alnus glutinosa

Aralia elata, *Herbstfärbung*

Amelanchier (Rosaceae)

FELSENBIRNE

ein- oder mehrtriebige Sträucher oder kleine Bäume
bis 6 m hoch
sommergrün
sonnige oder halbschattige Standorte

A. lamarckii, die häufigste Art, ist ein robuster Baum, der an zu schattigen Orten nur spärlich blüht und auch keine schöne Herbstfärbung zeigt. Vernachlässigte Exemplare müssen zunächst mehr Licht erhalten. Bei einem leichten Formschnitt entfernt man störende Äste vollständig. Ältere Pflanzen bilden an der Stammbasis oft junge Triebe, deren Bildung vielfach durch eine mechanische Schädigung (Rasenmäher oder Tiere) ausgelöst wurde. Werden die jungen Triebe nicht entfernt, wachsen die Pflanzen nach einiger Zeit mehrtriebig.

Aralia (Araliaceae)

ARALIE

Ausläufer treibende Sträucher mit stacheligen Trieben
4–5 m hoch
sommergrün
sonnige oder halbschattige Standorte

A. elata, die Japanische Aralie, ist eine sehr elegante Pflanze. Ihre kaum verzweigten, dicken Triebe sind stachelig, oben abgeflacht und im Winter ebenso hübsch wie die riesigen, 1 m langen, gefiederten Blätter im Sommer. Die weißen Blütenrispen erscheinen im Herbst an den Enden der Triebe. Die Pflanzen werden manchmal bis 4 m hoch und an der Basis über 10 cm dick. So große Pflanzen fallen leicht um, da ihre Wurzeln sie nicht halten können. Planen Sie also keine aufwendige Bepflanzung rund um eine große Aralie, denn diese wird möglicherweise nur noch wenige Jahre leben. Wenn man eine alte Aralie im Winter zurückschneidet oder ihre Wurzeln beim Graben beschädigt, bildet die Pflanze anschließend wüchsige Ersatztriebe. Junge Triebe werden am besten nicht geschnitten. Frieren die Haupttriebe im Frühjahr nach dem Austrieb zurück, müssen sie bis zur obersten Knospe eingekürzt werden.

Besonders schön sind die cremefarben und gelb panaschierten Sorten *A. elata* 'Variegata' und 'Aureovariegata'. Diese wachsen jedoch langsamer, und sie sind kälteempfindlicher als die Art. Sie werden durch Veredeln vermehrt, und wenn sie von unten her neu austreiben (etwa nach einem starken Schnitt), bilden sie rein grüne Jungtriebe. Sehr alte panaschierte Pflanzen, die umzustürzen drohen, werden besser bis zu einem Seitentrieb zurückgeschnitten. Die alten Triebe aller Aralien neigen sich oben vielfach, was aber nicht bedeutet, dass die Pflanzen bald umstürzen werden.

Araucaria (Araucariaceae)

ARAUKARIE

Nadelbäume mit einem Haupttrieb
bis 25 m hoch
immergrün
sonnige Standorte

Der Stamm älterer Chilenischer Araukarien *(A. araucana)* ist im unteren Teil meist kahl, und die noch vorhandenen unteren Äste sind infolge von Schatten und Trockenheit unansehnlich. Man kann die hässlichsten Äste sauber am Stamm abschneiden und anschließend auf die heilende Wirkung von Licht und Luft vertrauen. Dieser Schnitt ist eher als Verschönerungsmaßnahme denn als Verjüngungsschnitt gedacht. Alte Pflanzen bilden nach einem Schnitt an der Basis manchmal Seitentriebe, doch diese sind eher interessant als schön. Wenn ein Baum seinen Haupttrieb durch Schatten oder die Konkurrenz anderer Bäume verloren hat, lohnt es nicht, ihn zu behalten.

Aucuba (Aucubaceae)

AUKUBE

Sträucher mit mehreren Haupttrieben
bis 2 m hoch
immergrün
sonnige bis sehr schattige Standorte

Von der Art *A. japonica* kennen die meisten Gartenfreunde nur die panaschierte Form, die 1783 aus Japan eingeführt wurde. Diese Pflanze ist recht robust und in Großbritannien noch in alten Gärten zu finden, die schon in viktorianischer Zeit angelegt wurden. Ältere Äste werden an der Basis bis zu 7 cm dick. Oben zu schwer gewordene Pflanzen brechen am Erdboden leicht, stürzen um und sterben ab oder bewurzeln sich am Erdboden und wachsen wieder hoch. Manchmal wächst ein ganzer Kreis von Büschen um einen zentralen Stumpf herum – den Überrest der Mutterpflanze.

Wenn man alte Äste einkürzt, wird die Form vorübergehend wieder schöner, aber die Äste leben dadurch nur selten länger. Es ist besser, einen Teil der Pflanze im Spätwinter recht weit unten zu schneiden, etwa den hinteren Teil, den man nicht sieht, um die Bildung kräftiger Triebe von unten her anzuregen. Im nächsten Jahr folgt der vordere Teil,

Aucuba japonica *'Variegata'*

bis die ganze Pflanze zurückgeschnitten ist. Eine Pflanze, bei der viel Holz abgestorben ist und die an der Wurzel fault, wird besser ausgegraben und ersetzt.

Denken Sie daran, dass Aukuben nur Früchte tragen, wenn männliche und weibliche Pflanzen nahe beieinander wachsen. Die neue grüne Sorte 'Rosannie' soll allerdings männliche und weibliche Blüten am selben Strauch hervorbringen.

Azalea (Ericaceae)

siehe **Rhododendron** (Seite 130)

Bambus (Gramineae)

horstbildende oder Ausläufer treibende verholzte Gräser
2–7 m hoch
immergrün
sonnige bis schattige Standorte

In kühl-gemäßigtem Klima erreichen die winterharten Bambusarten 1–7 m Höhe. Man unterscheidet horstbildende und Ausläufer treibende Arten. Beide können im Frühjahr bis zum Erdboden zurückgeschnitten werden, damit sie wieder neu austreiben oder nicht zu viel Platz einnehmen. Sie erholen sich anschließend rasch. Vor allem Zwergbambus mit seinen besonders dekorativen Halmen profitiert von einem gelegentlichen Schnitt.

Bambus (hier: Chusquea culeou)

Für den Garten eignen sich die horstbildenden Bambusarten am besten. Mit den Jahren werden sie vor allem an durchwurzelten, schattigen Standorten schwachwüchsiger. Sorgen Sie zunächst für mehr Licht! Im Spätfrühling sollten Sie außerdem düngen und mulchen. Schneiden Sie die toten Halme heraus und entfernen Sie 30 Prozent der alten Halme, damit mehr Licht und Feuchtigkeit nach unten gelangen. Wenn Ihr ausgelichteter Bambus wieder dekorativ aussieht, werden Sie sich niemals mehr mit einem zu dichten Horst abfinden, bei dem die Schönheit der einzelnen Halme nicht mehr zur Geltung kommt.

Wo sich Ausläufer treibender Bambus zu stark ausgebreitet hat, muss man ihn über viele Jahre hinweg mit dem Spaten bekämpfen und manchmal auch zu einem Herbizid greifen. (Seine Bekämpfung entspricht der des Japanischen Knöterichs, Seite 71).

Berberis (Berberidaceae)

BERBERITZE

dornige, zum Teil Ausläufer treibende Sträucher mit mehreren Haupttrieben
0,5–3 m hoch
immergrün oder sommergrün
sonnige bis halbschattige Standorte

Bei zu groß gewordenen Berberitzen muss man hart durchgreifen. Ziehen Sie dicke Handschuhe an und schneiden Sie mit einer Astschere die dicksten Äste um mindestens 60 cm kürzer, als der Strauch später hoch sein soll. Achten Sie darauf, das Schnittgut restlos zu beseitigen, sonst werden Sie nämlich Löcher in den Reifen Ihrer Schubkarre finden und sich beim Jäten verletzen! Die sommergrünen Arten können zu jeder Zeit im Winter geschnitten werden, immergrüne Berberitzen schneidet man besser in der Mitte des Frühjahrs.

Betula (Betulaceae)

BIRKE

Bäume mit einem Haupttrieb
10–20 m hoch
sommergrün
vollsonnige Standorte

Betula pendula

Birken sind typische Pionierbäume – die bei uns heimische Sandbirke *(B. pendula)* und die Moorbirke *(B. pubescens)* ebenso wie die nordamerikanische Papierbirke *(B. papyrifera)* und die überaus elegante Weißrindige Himalajabirke *(B. jacquemontii)* mit der dekorativen weißen Rinde am Stamm. Sie säen sich auf freien, sonnigen Flächen selbst aus. Im Schatten gedeihen sie nicht. Unten stark ausgedunkelte Birken wachsen dennoch zu schönen Bäumen heran, wenn der Haupttrieb und die oberen Äste nicht bereits beschädigt wurden.

Ein starker Rückschnitt verunstaltet Birken dauerhaft. Zu groß gewordene Exemplare sollten deshalb entfernt werden, oder man schneidet im Winter einen Teil der Äste am Stamm ab, wobei man sorgfältig darauf achtet, dass eine harmonische Form der Krone erzielt wird.

Brachyglottis (Compositae)

GREISKRAUT, KREUZKRAUT

Sträucher mit mehreren Haupttrieben
bis 1 m hoch
immergrün
vollsonnige Standorte

Brachyglottis-Sträucher sind in Großbritannien häufiger zu finden, in Mitteleuropa aber kaum winterhart. *B.* 'Sunshine' trägt gelbe Korbblüten und kann im Spätfrühling stark zurückgeschnitten werden.

Buddleja (Buddlejaceae)

SOMMERFLIEDER, SCHMETTERLINGS-STRAUCH

Sträucher mit mehreren Haupttrieben
bis 4 m hoch
überwiegend sommergrün
vollsonnige Standorte

Die am häufigsten gepflanzte Art, *B. davidii*, ist bei Menschen und Schmetterlingen gleichermaßen beliebt. Diese Pionierpflanze siedelt sich gern auf Ödland an und gelangt selbst auf Mauern zur Blüte. In nährstoffreichem Gartenboden wächst der Sommerflieder sehr schnell, bildet aber nur weiche Triebe und ist daher nicht so langlebig wie an trockenen, nährstoffarmen Standorten. In vernachlässigten Gärten findet man oft Sämlinge mit weniger schönen Blütenständen. Alte Exemplare des Sommerflieders

Brachyglottis *'Sunshine'*

Buddleja davidii

können unten 10–20 cm dick sein, tragen jedoch nur noch kleine Blütenstände und werden daher besser durch blühfreudige Jungpflanzen ersetzt.

B. davidii wird im Spätwinter auf 1 m eingekürzt. Im Hochsommer blühen die Pflanzen dann am diesjährigen Holz, und anschließend schneidet man sie jedes Frühjahr etwas zurück.

B. alternifolia ähnelt im Wuchs etwas einer kleinen Trauerweide. Die malvenfarbenen Blüten öffnen sich im Frühsommer am vorjährigen Holz. Alte Exemplare können ein undurchdringliches Gewirr von Trieben bilden. Diese Art wird nicht eingekürzt, sondern im zeitigen Frühjahr kräftig ausgelichtet. Dabei entfernt man alle einander überkreuzenden Äste, um das überhängende Wuchsbild zur Geltung zu bringen.

Buxus (Buxaceae)

BUCHSBAUM

siehe **Hecken** (Seite 140–143)

Callicarpa (Verbenaceae)

SCHÖNFRUCHT

Sträucher mit mehreren Haupttrieben
bis 2 m hoch
sommergrün
sonnige oder halbschattige Standorte

Bei überalterten und unschön gewordenen Pflanzen schneidet man die alten Triebe im Frühjahr unten ab. Nach dem Schnitt dauert es einige Zeit, bis die Pflanzen erneut ihre violetten, beerenartigen Früchte entwickeln.

Callistemon (Myrtaceae)

ZYLINDERPUTZER

Sträucher mit einem Haupttrieb
2–3 m hoch
immergrün
vollsonnige Standorte

Zylinderputzer gedeihen nur in vollsonnigen Lagen und sind selbst auf den Britischen Inseln nur an klimatisch begünstigten Orten winterhart. *C. citrinus* wird in nährstoffreichen Böden sehr sparrig, wenn man die Haupttriebe nicht regelmäßig entspitzt. Nach einem Schnitt bis ins alte Holz regenerieren sich die Pflanzen nur schlecht oder gar nicht.

Calluna (Ericaceae)

BESENHEIDE

siehe **Heide** (Seite 139)

Calycanthus (Calycanthaceae)

GEWÜRZSTRAUCH

Schnitt wie bei **Hamamelis** (Seite 114)

Callistemon

Camellia (Theaceae)

KAMELIE

Sträucher mit einem Haupttrieb
4–6 m hoch
immergrün
sonnige bis halbschattige Standorte

Wenn Kamelien genug Licht erhalten und ihr Wurzelraum feucht ist, kann man sie im zeitigen bis mittleren Frühjahr zurückschneiden. In nährstoffarmen, trockenen Böden wachsende Pflanzen regenerieren sich jedoch anschließend nicht sehr gut. Sehr alte Pflanzen, die dicker als 15 cm sind, treiben nach dem Schnitt schlecht wieder aus. Sie werden besser nicht so stark geschnitten oder aber ersetzt. Alte Exemplare mit sehr schweren Ästen werden oft wieder schön, wenn man einige Äste vollständig entfernt und die übrigen auslichtet. So verhindert man, dass die Pflanzen unter ihrem eigenen Gewicht umstürzen, und lässt wieder Licht in ihr Inneres, sodass die Bildung neuer Triebe angeregt wird. Es ist sehr vorteilhaft, mit verrottetem Kompost oder Lauberde zu mulchen. Gesunde Kamelien können auch im Spätwinter bis auf 5 cm dicke Stümpfe zurückgeschnitten werden. Obwohl sie dann kaum noch beblättert sind, treiben sie anschließend wieder aus und blühen nach spätestens zwei Jahren erneut.

Caragana (Leguminosae)

ERBSENSTRAUCH

Sträucher und kleine Bäume mit einem Haupttrieb
bis 6 m hoch
sommergrün
vollsonnige Standorte

Als Schmetterlingsblütler muss diese Pflanze sehr zurückhaltend geschnitten werden. Am besten verträgt sie einen Schnitt nach der Blüte ins diesjährige Holz. Nach einem Schnitt ins alte Holz treibt der Erbsenstrauch nicht wieder aus, und durch die Wunde können Krankheitserreger eindringen. Pflanzen, die zu stark beschattet wurden, werden am besten ersetzt.

Carpenteria (Saxifragaceae)

KALIFORNISCHE ZISTROSE

ein- oder mehrtriebige Sträucher
bis 3 m hoch
immergrün
vollsonnige Standorte

C. californica verlangt einen warmen, geschützten Standort und sehr guten Winterschutz. Der Strauch ist nicht sehr schnittverträglich. Am besten entfernt man die störenden Äste und überlässt alles Weitere der Zeit und dem nun besser eindringenden Sonnenlicht.

Kamelien können sehr groß werden, sind aber gut schnittverträglich.

Carpenteria californica

Carpinus (Betulaceae)

HAINBUCHE

Bäume mit einem Haupttrieb
bis 20 m hoch
sommergrün
sonnige Standorte

C. betulus ist in ganz Mitteleuropa weit verbreitet und wächst frei stehend zu einem ausladenden Baum heran. In England wird die Hainbuche schon seit dem Mittelalter als Kopfbaum gehalten, der am besten im Winter stark geschnitten wird.

Die Säulen-Hainbuche (*C. betulus* 'Fastigiata') bildet nach einigen Jahren eine große, spitz eiförmige Krone und ist nur in der Jugend so schmal, wie ihr Name nahe legt. Die schmale Form lässt sich auch nicht dadurch erhalten, dass man die äußeren Äste herausschneidet.

Die Hainbuche ist eines der wichtigsten Gehölze zur Anlage von **Hecken** (Seite 140–143)

Caryopteris (Verbenaceae)

BARTBLUME

Sträucher mit mehreren Haupttrieben
bis 1,5 m hoch
sommergrün
vollsonnige Standorte

C. x *clandonensis* blüht am diesjährigen Holz und wird im Frühjahr dicht über dem Boden abgeschnitten. Ohne Schnitt werden die Pflanzen mit der Zeit sehr dicht und tragen nur kleine Blüten. Schneiden Sie solche Exemplare im zeitigen Frühjahr stark zurück und düngen und mulchen Sie reichlich.

Castanea (Fagaceae)

ESSKASTANIE

Bäume mit einem Haupttrieb
bis 25 m hoch
sommergrün
sonnige Standorte

C. sativa kann im Winter stark geschnitten und auch auf den Stock gesetzt werden. Edelkastanien werden oft sehr alt und stattlich, und auch nicht mehr ganz so schöne Exemplare leben oft noch viele Jahre.

Ceanothus

Ceanothus (Rhamnaceae)

SÄCKELBLUME

Sträucher mit einem Haupttrieb
2–4 m hoch
immergrün oder sommergrün
vollsonnige Standorte

Säckelblumen sind recht kurzlebig und werden vielfach höchstens zehn Jahre alt. Sie benötigen viel Licht und Wärme sowie guten Winterschutz. In Mitteleuropa halten nur ganz wenige Sorten normalen Wintern stand, in strengen Wintern oder in kälteren Gebieten muss man aber auch bei diesen Sorten mit starken Schäden rechnen.

Wenn man die Triebe junger Exemplare entspitzt, wachsen die Pflanzen besonders buschig. Das Entspitzen lohnt auch bei Pflanzen, die an einer Mauer wachsen. Nach einem Schnitt ins alte Holz treiben die Pflanzen kaum wieder aus, und von anderen Pflanzen ausgedunkelte Äste erholen sich auch dann nicht, wenn sie wieder mehr Licht erhalten. Bis zum Erdboden heruntergefrorene Pflanzen treiben manchmal von ihrer Basis her erneut aus. Bei überalterten und unschön gewordenen Exemplaren lohnt ein Schnitt nicht, sie werden besser entfernt.

Cedrus libani

Cedrus (Pinaceae)

ZEDER

Nadelbäume mit einem Haupttrieb
bis 25 m hoch
immergrün
sonnige Standorte

Alte Zedern sind wunderschön und sorgen dafür, dass man sich im Garten sofort wohl fühlt. Leider werden Zedern jedoch vielfach in Gärten gepflanzt, in denen schon nicht genug Platz für eine noch relativ kleine Jungpflanze ist, geschweige denn für einen ausgewachsenen Baum.

Sowohl die Libanonzeder *C. libani* mit ihren im Alter eher waagerecht ausgebreiteten Ästen als auch die aufrechter wachsende Atlaszeder *C. atlantica* (meist als blaunadelige Sorte 'Glauca' anzutreffen) sind als junge Bäume schmalwüchsig. Wenn sie 6 m hoch geworden sind, werden beide Zedern allmählich immer ausladender und bilden ihre riesigen, lichthungrigen Kronen aus. Durch einen Schnitt lässt sich dieses Wuchsbild nicht verändern. Wer nicht genug Platz für eine ausgewachsene Zeder hat, sollte sie rechtzeitig entfernen, da man dies später kaum noch über das Herz bringt.

Bei der etwas frostempfindlichen *C. deodara*, der Himalajazeder, hängen die Zweige an den Spitzen elegant über. Ein Rückschnitt zerstört dieses Wuchsbild. Auch diese Zeder benötigt viel Platz und Licht. Wer dieses nicht bieten kann, sollte lieber auf sie verzichten.

Verliert eine junge Zeder ihren Haupttrieb, sollte man den Ersatztrieb für ein oder zwei Jahre mit einem Stock aufbinden und stabilisieren, damit er schön aufrecht wächst.

Ceratostigma (Plumbaginaceae)

HORNNARBE, BLEIWURZ

Ausläufer treibende Sträucher
bis 1 m hoch
sommergrün
sonnige Standorte

Dieser Halbstrauch kann im Spätfrühling bis zum Erdboden zurückgeschnitten oder jedes Jahr um einige Zentimeter eingekürzt werden. Seine blauen Blüten erscheinen an den Enden der diesjährigen Triebe. Pflanzen, die viele Jahre nicht geschnitten wurden, können im Frühjahr auf den Stock gesetzt werden. Anschließend sollte man gut düngen und mulchen.

Cercis (Leguminosae)

JUDASBAUM

Sträucher und kleine Bäume mit einem Haupttrieb
bis 6 m hoch
sommergrün
vollsonnige Standorte

Judasbäume (in Gärten findet man meist *C. siliquastrum*) benötigen viel Licht. Oft kann man die Pflanzen wieder zur Blüte bringen, indem man für mehr Licht sorgt. Im Schatten sterben die Äste ab. Auch die Rotpustelkrankheit *(Nectria cinnabarina)* kann ihnen stark zusetzen. Man kann einige ältere Äste herausschneiden, aber es lässt sich nicht voraussagen, ob die Pflanze wieder austreiben wird. Am besten lässt man unschön gewordene Exemplare so lange stehen, wie sie nicht stören, und entfernt sie dann.

Chaenomeles *'Crimson and Gold'*

Chaenomeles (Rosaceae)

SCHEINQUITTE, ZIERQUITTE

Sträucher, teilweise Ausläufer bildend
bis 3 m hoch
sommergrün
sonnige Standorte oder halbschattige Lagen an Mauern

Werden Scheinquitten am Erdboden abgeschnitten, bilden sie anschließend statt eines kräftigen Triebs zahlreiche dünne Triebe. Diese müssen ausgelichtet werden, damit die Pflanzen wieder schön und buschig wachsen. Graben Sie neben Scheinquitten nur vorsichtig, denn aus beschädigten Wurzeln wachsen oft neue Triebe empor. Auch Wurzeln von gerodeten Sträuchern bilden noch mehrere Jahre immer neue Triebe. Man schneidet Scheinquitten am besten im Winter, doch vertragen sie auch einen starken Schnitt im Sommer.

Cercis *an einer Pergola*

Chamaecyparis (Cupressaceae)

SCHEINZYPRESSE

Nadelbäume mit einem Haupttrieb
bis 25 m hoch
immergrün
sonnige Standorte

Scheinzypressen erholen sich nicht, wenn ein Ast verloren ging oder so stark ausgedunkelt wurde, dass seine Nadeln abstarben. Dies gilt für Zwergformen ebenso wie für Bäume.

Der Haupttrieb sollte aus praktischen und ästhetischen Gründen nicht bis ins alte Holz hinein zurückgeschnitten werden. Zu hoch gewordene Bäume werden besser entfernt.

Chamaecyparis lawsoniana *'Green Pillar'*

Die goldnadeligen Scheinzypressen benötigen mehr Licht als die grünen und sehen an schattigen Orten niemals schön aus. Die Äste schmal aufrechter Sorten (etwa von *C. lawsoniana* 'Ellwoodii') können unter der Last einer dicken Schneedecke stark nach unten gedrückt und verunstaltet werden. Anschließend wachsen sie nicht wieder aufrecht, und so verunstaltete Pflanzen werden am besten entfernt.

Siehe auch **Hecken** (Seite 140–143)

Choisya ternata

Chimonanthus (Calycanthaceae)

WINTERBLÜTE

ein- oder mehrtriebige Sträucher
bis 3 m hoch
sommergrün
vollsonnige Standorte

Die Blüten von *C. praecox* öffnen sich mitten im Winter und verströmen einen wunderbaren Duft. Das Holz dieser langlebigen Sträucher kann nur dann richtig ausreifen, wenn sie an sehr warmen, sonnigen Standorten wachsen. Vernachlässigte Exemplare blühen oft wieder, wenn man sie von bedrängenden Nachbarpflanzen befreit und sie wieder mehr Licht erhalten.

Sparrige und zu groß gewordene Exemplare werden am besten über einen längeren Zeitraum geschnitten. Man nimmt einige dicke Triebe einen halben Meter unter der gewünschten Höhe heraus und beobachtet, wie die Pflanze darauf reagiert. Regeneriert sie sich gut, schneidet man einige weitere Triebe etwa einen halben Meter über dem Boden ab, damit sich auch weiter unten neue Triebe bilden.

Choisya (Rutaceae)

ORANGENBLUME

ein- oder mehrtriebige Sträucher
bis 3 m hoch
immergrün
sonnige oder halbschattige Standorte

Wenn Orangenblumen an sonnigen, windgeschützten Standorten in wintermilder Lage wachsen und das Risiko von Schneebruch gering ist, werden die Sträucher mit zunehmendem Alter immer größer und schöner. Im Schatten wachsen Orangenblumen oft stark zum Licht hin und werden dabei auf der lichtabgewandten Seite kahl. Solche Pflanzen muss man oft vollständig einkürzen, um sie zu verjüngen.

Der Rückschnitt sollte im Spätfrühling erfolgen, wenn es nicht mehr friert. Orangenblumen erholen sich zwar meistens, wenn man sie unten abschneidet, aber sie vertragen es besser und regenerieren sich schneller, wenn man eine Seite der Pflanze bis zu der gewünschten Höhe einkürzt und die andere Seite im folgenden Jahr schneidet, wenn die Pflanze neue Blätter gebildet hat.

Clematis (Ranunculaceae)

WALDREBE

Kletterpflanzen
3–10 m hoch
sommergrün, wenige Arten immergrün
sonnige bis halbschattige Standorte

In aufgelassenen Gärten siedeln sich oft einheimische Gemeine Waldreben *(C. viticella)* an, die durch ihren enormen Wuchs Bäume und Sträucher überwuchern und schließlich zum Absterben bringen können. Dagegen überleben die großblütigen *Clematis*-Sorten nur selten lange Zeit. Wenn es ihnen an Licht und Nährstoffen fehlt und sie unter starker Wurzelkonkurrenz benachbarter Pflanzen leiden, kümmern sie und sterben schließlich ab. Alte, noch recht gesunde Exemplare können im zeitigen Frühjahr einen halben Meter über dem Erdboden abgeschnitten werden. Wenn man sie anschließend gut düngt und die übrigen Bedingungen optimal sind (kühler Wurzelraum, Sonne an den oberirdischen Trieben, gute Wasser- und Nährstoffversorgung) gedeihen sie bald wieder prächtig. Gleiches gilt für die kleineren Arten, wie zum Beispiel *C. alpina* sowie *C. macropetala.*

Die Berg-Waldrebe *(C. montana)* ist jedoch recht konkurrenzstark. Diese Waldrebe kann dichte Strauchgruppen und ausdauernde Unkräuter überwachsen und weit oben ein Gewirr aus lebenden und abgestorbenen Trieben bilden, in dem sich nach einiger Zeit zahlreiche Vogelnester finden. Es ist kaum möglich, die Triebe zu entwirren, schneiden Sie die Pflanze besser mit der Gartenschere ab oder greifen Sie zur Säge. Nach Möglichkeit sollten dabei zwei oder drei vorjährige Triebe verschont bleiben, am besten solche, die weit unten ansetzen. Diese können später eine neue Pflanze aufbauen. Wenn es nötig ist, kann man den Haupttrieb im zeitigen Frühjahr in höchstens 1 m Höhe abschneiden, selbst wenn er bereits 6–7 cm dick ist. Meistens, aber nicht immer, bildet die Pflanze einen neuen Trieb, manchmal erst nach 2–3 Monaten. In diesem Stadium ist es sehr wichtig, gut zu düngen und zu wässern.

Großblütige Clematis*-Sorten harmonieren sehr gut miteinander.*

Clerodendrum bungei

Clerodendrum (Verbenaceae)

LOSBAUM

kleine Bäume mit einem Haupttrieb und Ausläufer treibende Sträucher
bis 4 m hoch
sommergrün
vollsonnige Standorte

Die Ausläufer treibende, rosa blühende *C. bungei* kann bei Bedarf jedes Jahr bis zum Erdboden zurückgeschnitten werden; in der Regel friert sie im Winter ohnehin zurück. Im Jahr nach einem starken Schnitt tragen die Pflanzen wieder Blüten, bei ausreichend Wärme blühen sie sogar bereits im ersten Jahr erneut.

Etwas winterhärter ist *C. trichotomum*, ein Strauch mit einem Haupttrieb. Diese weiß blühende Art regeneriert sich nach einem starken Schnitt nicht so gut. Haben die unteren Zweige durch Lichtmangel zu sehr gelitten, muss man sie am Stamm abschneiden, damit die oberen Zweige ihren Platz einnehmen können. Stark entstellte Pflanzen werden besser ersetzt.

Clethra (Clethraceae)

SCHEINELLER, ZIMTERLE

Sträucher und kleine Bäume mit einem Haupttrieb, zum Teil Ausläufer treibend
2–4 m hoch
sommergrün
vollsonnige Standorte

Zu den winterharten Vertretern dieser überwiegend subtropischen Gattung gehört *C. alnifolia*, eine wertvolle Gartenpflanze, die man leider nur selten in unseren Gärten vorfinden wird. Dieser Ausläufer treibende Strauch trägt im Spätsommer duftende Blüten und bevorzugt feuchte, saure Böden. Ältere Triebe sind oben oft schwer und neigen sich unter ihrem Gewicht. Man kann sie im Frühjahr nahe am Erdboden abschneiden, um die Bildung neuer Triebe anzuregen. Jüngere, gesunde Triebe können stehen bleiben. *C. alnifolia* bildet nicht immer Ausläufer und wird oft erst nach einem starken Schnitt von der Basis her mehrtriebig. Ein bis zwei Jahre nach dem Schnitt erscheinen wieder Blüten.

Colutea (Leguminosae)

BLASENSTRAUCH

Sträucher mit einem Haupttrieb
bis 3 m hoch
sommergrün
vollsonnige Standorte

Wie bei allen Sträuchern aus der Familie der Schmetterlingsblütler sollte sich auch der Schnitt des Blasenstrauchs auf ein regelmäßiges Entspitzen beschränken, damit die Pflanzen buschig bleiben. Sie regenerieren sich, wenn man in mäßig altes Holz schneidet, nicht aber nach einem Rückschnitt bis zum Boden. Sparrig gewordene Exemplare werden im Spätfrühling eingekürzt, wobei man stets über einem kräftigen lebenden Trieb schneiden sollte.

Colutea orientalis

Cornus alba *'Sibirica'*

Cornus (Cornaceae)

HARTRIEGEL

kleine Bäume mit einem Haupttrieb und Ausläufer bildende Sträucher
bis 6 m hoch
sommergrün
sonnige bis halbschattige Standorte

Hartriegel mit nur einem Haupttrieb werden wegen ihres eleganten, pagodenartigen Aufbaus *(C. alternifolia, C. controversa)* oder der auffälligen, weißen oder rosafarbenen, die Blüten umgebenden Hochblätter *(C. kousa, C. florida, C. nuttalii)* kultiviert. Diese Arten vertragen keinen starken Schnitt und werden daher nur vorsichtig ausgelichtet.

Die vieltriebigen Hartriegel mit schön gefärbter Rinde (etwa *C. alba* und *C. stolonifera*) können dagegen unabhängig von ihrem Alter im Spätwinter bis zum Erdboden zurückgeschnitten werden und bilden anschließend zahlreiche, kräftige junge Triebe. Die Kornelkirsche *(C. mas)* ist wegen ihrer zaubernussartigen, zeitigen Frühlingsblüte beliebt. Sie kann bei Bedarf bis zum Erdboden zurückgeschnitten und zu einem neuen großen Strauch formiert werden.

Corylopsis (Hamamelidaceae)

SCHEINHASEL

mittelgroße bis große ausladende Sträucher
2–3 m hoch
sommergrün
sonnige bis halbschattige Standorte

Die Scheinhasel ist mit der Zaubernuss verwandt und verträgt wie diese keinen starken Schnitt. Schnittmaßnahmen an alten Exemplaren beschränken sich darauf, im Frühjahr totes Holz zu entfernen und störende Äste einzukürzen.

Corylus (Corylaceae)

HASELNUSS

große, Ausläufer treibende Sträucher und kleine Bäume
meist 5–6 m hoch
sommergrün
sonnige bis schattige Standorte

C. chinensis, *C. colurna* und einige andere Haselnussarten bilden hohe, symmetrische Bäume mit mächtigem Stamm, dagegen wachsen *C. maxima* und die heimische *C. avellana* meist als vieltriebige Bäume oder Sträucher. Beide vertragen es sehr gut, wenn man sie im Winter bis zum Erdboden zurückschneidet. Auf diese Weise gewinnt man seit Jahrhunderten Haselruten, die für Flechtkörbe, Bohnenstangen und andere Zwecke verwendet werden. Auch alte, unansehnlich gewordene Pflanzen treiben nach einem Rückschnitt bis zum Erdboden neue kräftige

Corylus maxima *'Purpurea'*

Corylopsis

Triebe mit üppigen Blättern, die bei den purpurblättrigen Sorten besonders dekorativ aussehen.

Ziersorten werden oft veredelt, etwa die goldblättrige 'Aurea' und die beliebte Korkenzieherhasel (*C. a.* 'Contorta'). Hier muss man oberhalb der Veredelungsstelle schneiden, sonst erhält man anschließend nur Wildtriebe.

Cotinus (Anacardiaceae)

PERÜCKENSTRAUCH

Sträucher und kleine Bäume mit einem Haupttrieb
bis 6 m hoch
sommergrün
vollsonnige Standorte

Sehr alte Perückensträucher sollten nicht bis zum Erdboden zurückgeschnitten, sondern nur eingekürzt werden. Alte Sträucher stürzen häufig um, daher lichtet man die Triebe vorsorglich aus, um ihr Gewicht zu verringern. Höchstens daumendicke Äste treiben nach dem Schnitt gut aus, älteres Holz dagegen zunehmend schlechter. *C. obovatus* wird viel größer als der häufigere *C. coggygria* und dessen purpurblättrige Sorten.

Cotoneaster (Rosaceae)

FELSENMISPEL, ZWERGMISPEL

kleine Bäume und Sträucher aller Größen
bis 5 m hoch
sommergrün oder immergrün
sonnige bis halbschattige Standorte

Nicht zu alte Felsenmispeln regenerieren sich gut, wenn man sie im Frühjahr stark zurückschneidet. Hochstämme sind danach aber nicht mehr so schön. Niederliegende und sehr kleine Arten treiben nach einem Rückschnitt bis zum Erdboden gut wieder aus und blühen nach ein oder zwei Jahren erneut.

Felsenmispeln regenerieren sich besser von unten als aus den Stümpfen dicker Äste, die ohnehin meist bis zum Grund absterben.

Crataegus (Rosaceae)

WEISSDORN

Bäume mit einem Haupttrieb
bis 10 m hoch
sommergrün
sonnige Standorte

Die Kronen alter Weißdorne und auch von *C. laevigata* 'Paul's Scarlet', dem Rotdorn, sind sehr dicht verzweigt. Viele Gartenfreunde möchten die Zweige gern auslichten, um die Kronen zu verschönern. Anschließend füllen sich die Lücken jedoch rasch mit zahlreichen weichen Wasserreisern, und die Krone sieht viel hässlicher aus als vorher. Alte Weißdorne werden am besten überhaupt nicht geschnitten. Sie können über 150 Jahre alt werden, und wie ein guter Wein gewinnen sie mit zunehmendem Alter an Charakter.

Crataegus prunifolia

Crinodendron (Elaeocarpaceae)

LATERNENBAUM

ein- oder mehrtriebige Sträucher
bis 6 m hoch
immergrün
halbschattige Standorte

Crinodendron benötigt saure Böden und ozeanisches, sehr wintermildes Klima. Auf den Britischen Inseln hält man die Pflanzen oft an Mauern. Der Schnitt sollte sich über längere Zeit erstrecken. Man kürzt einige Äste im Spätfrühling ein, die übrigen im folgenden Jahr, sofern die Pflanze sich erholt hat. Nur jüngere Pflanzen vertragen einen starken Rückschnitt.

Crinodendron hookerianum

Cryptomeria (Taxodiaceae)

SICHELTANNE

Nadelbäume mit einem Haupttrieb
bis 25 m hoch
immergrün
sonnige oder halbschattige Standorte

Ebenso wie die Gemeine Kiefer *(Pinus sylvestris)* gewinnt die Sicheltanne mit zunehmendem Alter an Charakter. Schneiden Sie herabhängende und sehr starke Äste bei älteren Exemplaren nur heraus, wenn dies wirklich nötig ist, denn mit der Zeit entfalten sie ihren eigenen Charme. Sicheltannen brauchen viel Licht, sind davon abgesehen aber anspruchslos.

C. japonica 'Elegans' behält ihre Jugendnadeln ihr ganzes Leben und ist als junge Pflanze am schönsten. Sie bildet keinen dicken Stamm, und bei alten Exemplaren können die federartigen Zweige sehr dicht sein und in sich zusammenfallen. Solche Pflanzen sollten Sie am besten entfernen.

Cryptomeria japonica

x Cupressocyparis (Cupressaceae)

BASTARDZYPRESSE

Nadelbäume mit einem Haupttrieb
bis 30 m hoch
immergrün
sonnige Standorte

Wenn die raschwüchsige x *C. leylandii* genug Platz hat und in nährstoffreichem Boden wächst, hält sie auch starkem Wind stand. Anleitung zum Schnitt siehe **Hecken** (Seite 140–143)

Cupressus (Cupressaceae)

ZYPRESSE

Nadelbäume mit einem Haupttrieb
bis 25 m hoch
immergrün
sonnige Standorte

Die schmale, blaunadelige Arizonazypresse *(C. arizonica)* ist die härteste Art. Sie benötigt viel Licht und muss von bedrängenden Nachbarpflanzen freigehalten werden, ist ansonsten aber anspruchslos. Durch Schnee oder Wind geschädigte Äste können im Frühjahr stark eingekürzt werden, wobei der verbleibende Stummel möglichst wenig sichtbar sein sollte.

Die Montereyzypresse *(C. macrocarpa)* und die bekannte Mittelmeerzypresse *(C. sempervirens)* sind in Mitteleuropa nicht ausreichend winterhart und werden nur im Weinbauklima gelegentlich kultiviert.

Cytisus (Leguminosae)

GINSTER, GEISSKLEE

Sträucher mit einem Haupttrieb
1–4 m hoch
immergrün oder sommergrün
sonnige Standorte

Ginster sind recht kurzlebige Sträucher. In lange vernachlässigten Gärten findet man meist Pflanzen, die durch Selbstaussaat aus früher gepflanzten Sträuchern hervorgegangen sind. Wenn man Ginster nicht jeden Frühsommer nach der Blüte oben leicht schneidet, wird er meist sparrig. Ginster darf nicht stark zurückgeschnitten werden, und hässlich gewordene Exemplare werden besser ersetzt.

Ein ungewöhnlicher Vertreter ist der aus Marokko stammende *C. battandieri* mit seinen dicken Trieben und den nach Ananas duftenden, recht großen Blüten. Diese Art ist nicht sehr winterhart und wird daher am besten an Mauern gehalten. Bei kopflastig gewordenen Exemplaren kann man die am stärksten überhängenden Äste bis zu kräftigen Trieben zurückschneiden. Dabei muss man darauf achten, dass die Pflanzen auch unten viel Licht erhalten, damit neue, kräftige Triebe von unten her nachwachsen können.

Cupressus macrocarpa

Daboecia (Ericaceae)

siehe **Heide** (Seite 139)

Daphne (Thymelaeaceae)

SEIDELBAST

meist mittelgroße oder kleine Sträucher mit einem Haupttrieb
1–2 m hoch
immergrün oder sommergrün
sonnige bis halbschattige Standorte

Seidelbast darf nicht bis ins alte Holz zurückgeschnitten werden. Wenn man in ein oder zwei Jahre altes Holz schneidet, treibt er jedoch wieder gut aus. Alte Exemplare werden am besten nur von bedrängenden Nachbarpflanzen befreit und nicht geschnitten. Erhalten sie genug Licht, erholen sie sich mit der Zeit. Seidelbast lässt sich gut aus Samen anziehen, auf diese Weise können unansehnlich gewordene Exemplare ersetzt werden. Während der einheimische Seidelbast *(D. mezereum)*, der Rosmarinseidelbast *(D. cneorum)* und *D. tangutica* sehr helle Standorte benötigen, blühen der immergrüne Lorbeerseidelbast *(D. laureola)* und einige andere Arten auch in tiefem Schatten.

Davidia (Davidiaceae)

TAUBENBAUM

Bäume mit einem Haupttrieb
bis 12 m hoch
sommergrün
sonnige bis halbschattige Standorte

Davidia involucrata

D. involucrata, der Taubenbaum, ist ein sehr kostbares Blütengehölz. Er ist aber nicht besonders konkurrenzstark und wird in vernachlässigten Gärten leicht von anderen Bäumen unterdrückt. Wer diesen Baum fördern will, muss für ausreichend Licht sorgen. Wenn man bedrängende Nachbarpflanzen entfernt, wird auch die durch intensive Durchwurzelung verursachte Bodentrockenheit geringer, die der Taubenbaum ebenfalls nicht verträgt. Ebenso wie unter Magnolien sollte man unter Taubenbäumen keine stark zehrenden Stauden pflanzen.

Decaisnea (Lardizabalaceae)

BLAUBOHNENSTRAUCH

große Sträucher mit mehreren Haupttrieben
4–5 m hoch
sommergrün
sonnige bis halbschattige Standorte

D. fargesii wird wegen ihrer metallisch schimmernden, türkisblauen, wurstförmigen Früchte kultiviert. Alte Exemplare, die an zu schattigen Standorten wachsen, neigen sich nach außen und tragen sehr viel altes Holz. Sie dürfen nicht bis zum Erdboden zurückgeschnitten werden, doch der überhängende Wuchs fördert die Bildung junger Triebe aus der Mitte der Pflanzen. Schneiden Sie im Frühjahr etwas altes Holz heraus, damit diese jungen Triebe ungehindert wachsen können. Mit der Zeit ersetzen sie alle alten Äste, doch setzen die jungen Triebe erst nach einigen Jahren Blüten an. Die Triebe sind innen weich und enthalten viel Mark.

Deutzia (Hydrangeaceae)

DEUTZIE

mittelgroße bis große Sträucher mit mehreren Haupttrieben
2–3 m hoch
sommergrün
sonnige oder leicht schattige Standorte

Ebenso wie die verwandten Pfeifensträucher *(Philadelphus)* bilden Deutzien dicht über dem Erdboden immer neue Triebe, die die älteren, abgestorbenen Triebe ersetzen und eine Lebensdauer von fünf bis sechs Jahren haben.

Die langlebigen Sträucher enthalten daher oft sehr viel altes Holz und leiden unter Nährstoffmangel. Zunächst lichtet man sie stark aus, um zu sehen, wie viel Holz abgestorben ist und wie viel noch lebt. Entfernen Sie das tote Holz im zeitigen Frühjahr vollständig und lichten Sie die lebenden Triebe um 50 Prozent aus, damit wieder Licht in den Strauch dringen kann und die Bildung neuer Triebe an der Basis fördert. Wenn man die verbliebenen Triebe dagegen nur entspitzt, werden sie oben buschig und verhindern, dass Licht in die Mitte des Strauchs gelangt.

Deutzia

Werden Deutzien vollständig und bis zum Erdboden zurückgeschnitten, bilden sie zwar neue Triebe, doch diese sind meist schwach und dünn. Aus diesem Grund verzichtet man bei Deutzien besser auf solche starken Schnittmaßnahmen.

Diervilla (Caprifoliaceae)

Schnitt wie bei **Deutzia**

Dipelta (Caprifoliaceae)

DOPPELSCHILD

Schnitt wie bei **Deutzia**

Disanthus (Hamamelidaceae)

DOPPELBLÜTE

Schnitt wie bei **Hamamelis** (Seite 114)

Elaeagnus pungens *'Maculata' mit grünen, in die Art zurückgeschlagenen Trieben*

Elaeagnus (Elaeagnaceae)

ÖLWEIDE

Sträucher mit einem Haupttrieb, zum Teil Ausläufer bildend
3–4 Meter hoch
immergrün oder sommergrün
vollsonnige bis halbschattige Standorte

Von der beliebten immergrünen Art *E. pungens* wird meist eine der zahlreichen panaschierten Sorten gepflanzt, die nur in vollsonnigen Lagen gedeihen. Ein starker Rückschnitt führt zum Absterben ganzer Äste. Nicht immer bilden die Pflanzen anschließend junge Triebe, und diese setzen auch noch oft in ungünstigen Winkeln am Strauch an. Am besten kürzt man die Sträucher ein und sorgt für eine schöne Form, indem man im Spätfrühling ausschließlich ins junge Holz schneidet. Die Pflanzen sind niemals elegant oder auch nur interessant geformt, müssen aber nicht unten kahl sein, wenn man sie gut pflegt. Schneiden Sie Äste heraus, die in die rein grüne Form zurückgeschlagen sind!

Die immergrüne Hybride *E.* x *ebbingei* gedeiht an recht schattigen Orten, obwohl sie als eine silberblättrige Pflanze normalerweise viel Sonne benötigt. Der Schnitt erfolgt wie bei *E. pungens.*

E. commutata und *E. angustifolia* sind sommergrüne, Ausläufer treibende Ölweiden. Beide besitzen einen deutlichen Haupttrieb und bilden auch an weit entfernten Wurzeln junge Triebe, vor allem nach einem starken Rückschnitt der Mutterpflanze.

Embothrium (Proteaceae)

CHILENISCHER FEUERBUSCH

schmale Bäume und große Sträucher
6–12 m hoch
immergrün
halbschattige Standorte

Auf den Britischen Inseln ist der Chilenische Feuerbusch häufiger zu finden, in Mitteleuropa jedoch nur äußerst selten. Der frostempfindliche Strauch stellt hohe Ansprüche an den Standort: Er verlangt einen kalkfreien Boden, gedeiht am besten in feuchten Lichtungen und eignet sich nicht für tiefen Schatten oder für Lagen, in denen der Wurzelraum heiß und trocken ist. Infolge von Lichtmangel verkahlte Exemplare bilden auch dann im unteren Bereich keine Neutriebe, wenn wieder Licht dorthin gelangt. Die Sträucher dürfen nicht am Erdboden abgeschnitten werden. Entweder gewöhnt man sich daran, dass sie nur oben blühen, oder man ersetzt sie durch neue Pflanzen.

Embothrium coccineum *'Norquinco'*

Enkianthus (Ericaceae)

PRACHTGLOCKE

ein- oder mehrtriebige große Sträucher
4–5 m hoch
sommergrün
leicht schattige Standorte

Diese hübschen kleinen Sträucher weisen die typischen Wurzelsysteme der Heidekrautgewächse auf: wenige dicke Hauptwurzeln und dichte Feinwurzeln im äußeren Teil des Wurzelballens. Alte Prachtglocken stürzen unter dem Gewicht ihrer eigenen Äste oft um. Das gilt besonders für Exemplare, die von bedrängenden Nachbarpflanzen befreit worden sind. Man kann die Zweige etwas auslichten, um ihr Gewicht zu verringern, darf jedoch keine dicken Äste verletzen.

Erica (Ericaceae)

HEIDE

siehe **Heide** (Seite 139)

Eucalyptus (Myrtaceae)

Bäume mit einem Haupttrieb
maximal 20–30 m hoch
immergrün
vollsonnige Standorte

Eucalyptus benötigt viel Licht und kalkarmen Boden und verträgt keine starken Fröste. Im Winter beschädigte Zweige treiben nach einem Rückschnitt im Frühjahr häufig wieder aus. Unten ausgedunkelte Exemplare bleiben dort kahl, wachsen oben aber weiterhin gut, wenn sie fest verwurzelt sind. Am besten schneidet man sie über einen längeren Zeitraum frei, damit sie nicht umstürzen. Junge, weniger als 15 cm dicke Exemplare erholen sich gut, wenn man sie im Frühjahr bis zum Erdboden zurückschneidet. Das flache Wurzelsystem entzieht dem Boden so viel Wasser und Nährstoffe, dass unter *Eucalyptus* kaum andere Pflanzen gedeihen.

Eucalyptus aggregata

Euonymus (Celastraceae)

SPINDELSTRAUCH

kleine bis große, buschige Sträucher
2–3 m hoch
sommergrün oder immergrün
sonnige bis schattige Standorte

Junge oder einige Jahre alte Exemplare des Pfaffenhütchens *(E. europaeus)* können im Winter stark zurückgeschnitten werden. Alte Exemplare werden dagegen besser ersetzt. Nach dem Schnitt dauert es einige Jahre, bis die Pflanzen erneut blühen.

E. japonica ist eine der anspruchslosesten Immergrünen. Der Strauch wächst im dunklen Schatten alter viktorianischer Stadtgärten in Großbritannien ebenso wie in der gleißenden Sonne mediterraner Gärten, wo man ihn wie Buchsbaum für niedrige Hecken verwendet. Man kann diese Art in der Mitte des Frühjahrs vor dem Austrieb so stark schneiden, wie man möchte.

Die niedrigen, buschigen Sorten von *E. fortunei*, zum Beispiel 'Emerald Gaiety' und 'Emerald 'n' Gold', sind immergrün und besitzen hübsche Blätter. Sie bleiben nur an hellen Standorten dicht und farbenfroh. Sorgen Sie zuerst für mehr Licht und schneiden Sie sie im Frühjahr stark oder nur leicht, je nachdem, wie die Pflanzen gelitten haben.

Exochorda (Rosaceae)

PRUNKSPIERE

mittelgroße bis große, bogig überhängende Sträucher
bis 4 m hoch

Euonymus fortunei *'Emerald 'n' Gold'*

Fagus sylvatica

sommergrün
sonnige bis halbschattige Standorte

Die alten Triebe der Prunkspiere hängen bogig über, und die jungen wachsen langsam aus der Mitte der Sträucher heraus. In zu starkem Schatten können sich die jungen Triebe oft nicht gut entwickeln. Sorgen Sie zunächst dafür, dass von oben mehr Licht einfällt, entfernen Sie unter den Pflanzen wachsende Unkräuter und lassen Sie den Sträuchern ein bis zwei Jahre Zeit, um sich zu erholen. Stark zurückgeschnittene alte Triebe sterben meist ab, man kann aber einige Triebe direkt über dem Erdboden abschneiden, um den jungen Trieben mehr Platz und Licht zu verschaffen. Prunkspieren können über 100 Jahre alt werden.

Fagus (Fagaceae)

BUCHE

Bäume mit einem Haupttrieb
bis 30 m hoch
sommergrün
sonnige bis halbschattige Standorte

F. sylvatica, die bekannte einheimische Rotbuche, ist ein stattlicher Baum mit filigranen Zweigen, der sich nur in großen Anlagen frei entfalten kann. Besonders schön sind die häufig gepflanzten rotblättrigen Blutbuchen wie *F. sylvatica* 'Swat Magret'. Wegen ihrer flachen Wurzeln gedeihen unter Buchen kaum andere Pflanzen. Fügen Sie den Bäumen möglichst keine großen Wunden zu. Eingekürzte Äste treiben nicht neu aus. Äste sollten im Winter entfernt werden, wobei man den Schnitt am besten unmittelbar am Stamm ansetzt.

Siehe auch **Hecken** (Seite 140–143)

Fallopia (Polygonaceae)

SCHLINGKNÖTERICH

ein- oder mehrtriebige Kletterpflanzen
bis 25 m hoch
sommergrün
sonnige bis halbschattige Standorte

Fallopia (syn. *Bilderdykia* und *Polygonum) baldschuanica* und *F. aubertii* sind starkwüchsige, windende Sträucher, die gern zur Begrünung unansehnlicher Schuppen und anderer Gebäude verwendet werden. Man kann sie im Garten quasi als Dach einsetzen, das vernachlässigte Gärten oft völlig bedeckt. Die Pflanzen vertragen jeden Schnitt, wer sie schonend behandeln will, schneidet sie am besten im Winter. Das Gewirr der Triebe lässt sich im laublosen Winterzustand zudem leichter entsorgen als im Sommer.

Neue Triebe wachsen von der Basis empor und erscheinen auch neben der Pflanze. Oft muss man die Pflanzen an einer zu starken Ausbreitung hindern, da sie sonst allzu leicht alles überwuchern.

Fatsia (Araliaceae)

mehrtriebige große Sträucher
bis 3 m hoch
immergrün
schattige bis halbschattige Standorte

Mit ihren glänzenden Blättern sehen diese Pflanzen in Innenräumen, aber auch im Freiland sehr dekorativ aus, wo sie aber allenfalls in sehr geschützten Lagen ausreichend frosthart sind. Alte Exemplare bilden meist zahlreiche Triebe an der blattlosen Basis und hängen oben über. Man kann die ganze Pflanze im Frühjahr wenige Zentimeter über dem

Fatsia japonica

Erdboden abschneiden, aber es ist besser für sie, wenn man den Schnitt auf zwei bis drei Jahre verteilt und zuerst die Triebe entfernt, die vorn an der Pflanze am stärksten überhängen. So erhalten die jungen Triebe an der Basis mehr Licht. Topfpflanzen erholen sich nach einem starken Schnitt nicht sehr gut.

Ficus (Moraceae)

FEIGE

ein- oder mehrtriebige Sträucher und kleine Bäume
bis 9 Meter hoch
sommergrün
vollsonnige Standorte

Frei stehende Feigenbäume *(F. carica)* können mächtige Stämme bilden, die im Alter unten leicht aufreißen oder brechen. Dies regt die Bildung junger Triebe an der Basis der Pflanzen an. Auch Bäume, die unten bereits faulen, können noch über Jahrzehnte gesunde Triebe hervorbringen. Pflanzen fast jeden Alters können im Frühjahr nahe am Erdboden abgeschnitten werden. Die jungen, weichen Triebe sind sehr raschwüchsig und müssen in den ersten Wintern vor strenger Kälte geschützt werden. Alte Bäume müssen jedoch auch dann nicht unten abgeschnitten werden, wenn man befürchtet, dass sie brechen oder umfallen könnten. Es ist allerdings sinnvoll, einige schwere Äste zu entfernen.

Wenn eine an einer Mauer erzogene Feige sich zu stark ausbreitet, dauert es mehrere Jahre, bis man sie wieder unter Kontrolle hat und sie wieder Früchte trägt. Dies liegt zum einen daran, dass man die Jungtriebe erneut erziehen muss, zum anderen wachsen die Pflanzen nach einem starken Schnitt zunächst sehr stark und setzen keine Früchte an.

Forsythia (Oleaceae)

FORSYTHIE

mittelgroße bis große Sträucher mit mehreren Haupttrieben
3–4 m hoch
sommergrün
sonnige bis halbschattige Standorte

Die recht steif und aufrecht wachsenden Sorten von *F. x intermedia* werden am besten im Spätwinter am Erdboden abgeschnitten. Im folgenden Jahr blühen sie erneut. *F. suspensa* besitzt dünnere, überhängende Triebe und wird besser so ausgelichtet und eingekürzt, dass kräftige Triebe erhalten bleiben. Wenn man diese Pflanze sehr stark schneidet, bildet sie nämlich nur weiche, dünne Triebe, die sich nicht aufrichten können.

Fothergilla (Hamamelidaceae)

FEDERBUSCHSTRAUCH

mittelgroße Sträucher mit mehreren Haupttrieben
bis 3 m hoch
sommergrün
sonnige bis halbschattige Standorte

An schattigen Standorten werden Federbuschsträucher sparrig und verkahlen unten. Wenn sie wieder mehr Licht erhalten, treiben sie von unten her neu aus. Es ist besser, die Triebe einzukürzen, statt sie am Erdboden abzuschneiden. Die prächtige Herbstfärbung und die duftigen weißen Blüten entfalten nur in sonniger Lage ihre ganze Pracht.

Fraxinus (Oleaceae)

ESCHE

Bäume mit einem Haupttrieb
bis 20 m hoch

Fothergilla major, *Herbstfärbung*

sommergrün
sonnige Standorte

Die Gemeine Esche *(F. excelsior)* siedelt sich im Garten leicht selbst an und muss dann meist entfernt werden. Ebenso wie viele andere Ölbaumgewächse verträgt auch sie einen starken Schnitt sehr gut. Wenn Sie viele Eschensämlinge im Garten haben, können Sie einen vorerst behalten, im Winter stark schneiden und als provisorischen Sichtschutz verwenden. Die Blumen- oder Mannaesche *(F. ornus)* muss vor Beschattung geschützt werden, wenn sie blühen und optimal gedeihen soll.

Fremontodendron (Sterculiaceae)

FLANELLSTRAUCH

schmalwüchsige Sträucher mit einem Haupttrieb
an einer Mauer 5–6 m hoch

Fremontodendron californicum

immergrün
vollsonnige Standorte

Fremontodendron ist ein frostempfindlicher Strauch, der auf den Britischen Inseln häufiger im Freiland kultiviert wird. In Mitteleuropa dürfte er allenfalls in ausnehmend gut geschützter Lage den Winter überstehen, wird aber zuweilen als dekorative Kübelpflanze kultiviert.

Ältere Exemplare vertragen keinen starken Schnitt und werden besser durch neue Pflanzen ersetzt. Pflanzen, die nur etwas licht geworden sind, können im Spätfrühling bis zu einem lebenden Trieb zurückgeschnitten werden. Dabei sollte man Handschuhe und eine Schutzmaske tragen, denn die winzigen Härchen auf den Trieben reizen Haut und Augen sehr stark.

Fuchsia magellanica

Fuchsia (Onagraceae)

FUCHSIE

mittelgroße Sträucher
bis 2 m hoch
sommergrün
sonnige bis halbschattige Standorte

Die recht winterharte *F. magellanica*, insbesondere die beiden Sorten 'Gracilis' und 'Riccartonii', besitzt in wintermilden Gebieten im Frühjahr oft noch recht viel Holz, in kalten Wintern friert sie dagegen bis zum Erdboden zurück.

Das alte Holz von Fuchsien ist mit seiner kupferfarbenen, abblätternden Rinde sehr hübsch, aber man darf nicht erwarten, dass diese Triebe lange Zeit erhalten bleiben. Alte Stämme treiben nach einem Rückschnitt bis zum Erdboden willig wieder aus. Als Starkzehrer müssen Fuchsien nach einem Schnitt häufig gedüngt und gegossen werden.

Garrya (Garryaceae)

BECHERKÄTZCHEN

große Sträucher mit einem Haupttrieb
bis 5 m hoch
immergrün
halbschattige Standorte

G. elliptica ist eine weitere Art, die in Mitteleuropa kaum, auf den Britischen Inseln aber ausreichend winterhart ist. Die im Winter blühenden Pflanzen werden dort meist im Schutz einer Mauer gehalten, sind aber auch als frei stehende Sträucher sehr hübsch. Sie vertragen zwar im Spätwinter einen Rückschnitt bis zum Erdboden, blühen dann aber erst drei bis vier Jahre nach einem solchen Schnitt wieder.

Gaultheria (Ericaceae)

SCHEINBEERE

mittelgroße, Ausläufer treibende Sträucher
1–1,5 m hoch
immergrün
schattige bis halbschattige Standorte

Die wüchsige *G. shallon* kann im Frühjahr am Erdboden abgeschnitten werden. An trockenen, schattigen Standorten erholt sie sich aber nur langsam, und es kann zwei bis drei Jahre dauern, bis sie wieder 1 m hoch geworden ist. Die langsamer wachsenden Arten sind weniger schnittverträglich, und wenn sie nicht in feuchtem Boden wachsen, sterben sie nach einem starken Schnitt ab.

G. (syn. *Pernettya*) *mucronata*, die Torfmyrte, wird wegen ihrer leuchtend roten, rosafarbenen und weißen Beeren kultiviert. Sie eignet sich auch für nährstoffarme trockene und nasse Standorte. In vernachlässigten Gärten breitet sie sich mit ihren Ausläufern stark aus.

Garrya elliptica

Diese Art ist zweihäusig und setzt nur Beeren an, wenn beide Geschlechter nahe beieinander wachsen. Will man sie in ihre Schranken verweisen, sollte man darauf achten, welche Pflanzen männlich und welche weiblich sind (dies kann man erkennen, wenn sie Beeren tragen). Einige Pflanzen beider Geschlechter bleiben innerhalb der gewünschten Grenzen stehen. Dort, wo die Pflanzen stören, graben Sie am besten tief um. Alte Triebe können stark zurückgeschnitten werden.

Genista (Leguminosae)

GINSTER

unbewehrte oder dornige Sträucher mit einem Haupttrieb
30 cm – 6 m hoch
sommergrün
vollsonnige Standorte

Genista aetnensis

Wie fast alle Schmetterlingsblütler verträgt auch Ginster keinen starken Schnitt. *G. hispanica*, der Spanische Ginster, wird im Alter und an schattigen Orten oft sparrig und unten kahl, solche Pflanzen werden besser ersetzt. Auch zwergwüchsigen und niederliegenden Ginster, der von ausdauernden Unkräutern durchwachsen ist, tauscht man besser aus.

Ginkgo (Ginkgoaceae)

GINKGO

Bäume mit einem Haupttrieb
bis 20 m hoch
sommergrün
sonnige Standorte

G. biloba ist ein sehr langlebiger Baum, der viel Licht und heiße Sommer benötigt, davon abgesehen aber anspruchslos ist. Seine goldgelbe Herbstfärbung ist einmalig schön. In

Gingko biloba, *Herbstfärbung*

kalten Gebieten wächst er nur langsam, und nicht ausgereifte Triebe frieren leicht zurück. Durch Frost geschädigte Bäume gabeln sich oft. Bei solchen Exemplaren sollte man den kräftigeren der beiden Triebe behalten und den anderen Trieb im Winter abschneiden. 'Fastigiata' und 'Tremonia' sind schmalwüchsige Sorten, die sich gut als Straßenbaum eignen. Auch aus Samen gezogene Ginkgos bleiben anfangs oft recht schmal, bis sie 30 bis 40 Jahre alt sind.

Halesia (Styracaceae)

SCHNEEGLÖCKCHENSTRAUCH

Sträucher und Bäume mit einem Haupttrieb
bis 10 m hoch
sommergrün
sonnige bis leicht schattige Standorte

Alte Schneeglöckchensträucher dürfen nicht stark geschnitten werden. Man kann die schöne Form dieser kostbaren, leider viel zu selten gepflanzten Solitärgehölze wieder herstellen, indem man für ausreichend Licht sorgt, totes Holz entfernt, schwache Äste vorsichtig herausschneidet und die Zeit das Übrige tun lässt.

Hamamelis (Hamamelidaceae)

ZAUBERNUSS

ausladende Sträucher mit einem Haupttrieb
bis 3 m hoch
sommergrün
sonnige bis leicht schattige Standorte

Eine stark wachsende Zaubernuss verträgt einen recht kräftigen Formschnitt, bei dem bis zu 1 cm starke Äste entfernt werden können. Schneiden Sie immer bis zu einem Ast zurück, der anschließend in die Länge wachsen und den abgeschnittenen Ast ersetzen kann. Man sollte Zaubernüsse nicht stärker schneiden, da sonst möglicherweise ganze Strauchpartien absterben. Stark einseitig gewachsene Pflanzen werden ohnehin nicht wieder symmetrisch. Das beste Heilmittel für viele alte Zaubernüsse besteht darin, einfach nur das Gras oder die Stauden aus ihrem Wurzelbereich zu entfernen, mit gut verrottetem Kompost zu mulchen und für ausreichend Licht und Feuchtigkeit zu sorgen.

Hebe (Scrophulariaceae)

STRAUCHVERONIKA

mittelgroße, buschige Sträucher mit einem Haupttrieb
bis 1 m hoch

Halesia monticola *var.* vestita

immergrün
vollsonnige Standorte

In vernachlässigten Gärten leidet Strauchveronika vor allem unter Lichtmangel. Im Schatten bilden die Pflanzen nur dünne Triebe und blühen nicht, von Nachbarpflanzen ausgedunkelte Äste sterben leicht ab. In solchen Fällen sollte man zunächst die Lichtverhältnisse verbessern, die Pflanze im Frühjahr bis zum Erdboden zurückschneiden und gut düngen. Im zweiten Jahr nach dem Schnitt erscheinen wieder Blüten. Vor stärkerem Frost sollten die Pflanzen durch Reisig geschützt werden.

Hamamelis mollis

Efeu wächst fast überall – sogar hinter anderen Kletterpflanzen!

Hedera (Araliaceae)

EFEU

Kletterpflanzen und Sträucher mit einem Haupttrieb
bis 20 m hoch
immergrün
sonnige oder schattige Standorte

Der Gemeine Efeu *(H. helix)* fühlt sich in vernachlässigten Gärten überaus wohl und hätte sie am liebsten ganz für sich allein. Er kriecht im Schatten am Boden, klettert Mauern und Bäume empor und wächst tief in Hecken hinein. In alten Gärten ist man vor allem damit beschäftigt, ihn in seine Schranken zu verweisen. Am richtigen Standort ist er aber eine sehr wertvolle Gartenpflanze.

Efeu bildet Jugend- und Altertriebe. Die Jugendtriebe sind zweizeilig beblättert und klettern mit ihren Haftwurzeln hoch an Mauern und Bäumen empor. Die Alterstriebe sind stärker verholzt und rundum beblättert, entwickeln aber im Unterscheid zu den Jugendtrieben keine Haftwurzeln mehr. An ihnen erscheinen die Blüten und die Früchte, und wenn man sie vegetativ vermehrt, können sie zu immergrünen, frei stehenden Büschen heranwachsen, die an schattigen Standorten sehr elegant aussehen.

Efeu bedeckt die Stämme alter Bäume oft so sehr, dass man die Baumrinde nicht mehr erkennen kann. Er erstickt den Baum zwar nicht, macht die Krone aber durch sein immergrünes Laub anfälliger für Wind- und Schneebruch. Bei stark bewachsenen Bäumen sollte man den Efeu zurückschneiden, aber es ist nicht nötig, ihn ganz zu entfernen. Wenn Sie den Efeu vollständig entfernen wollen und den Haupttrieb unten abschneiden, um möglichst wenig Arbeit mit der Pflanze zu haben, stirbt der Efeu im Baum ab, ist aber erst nach mehreren Jahren verrottet und fällt nach und nach, Zweig um Zweig, aus dem Baum heraus. Es ist deshalb viel besser, ihn gleich zu Beginn herauszuschneiden.

An Mauern wachsender Efeu bereitet häufiger Probleme. Die Haftwurzeln dringen in Spalten ein, sodass Wasser eintreten und gefrieren kann und die Spalten breiter werden lässt. Solche Probleme treten bei Mauern auf, die aus porösem Material bestehen oder bereits bröckeln. Wenn der Efeu entfernt werden muss, schneidet man ihn ab und zieht die Triebe von der Mauer – eine aufwendige, nicht ganz leichte Arbeit. Die Mauer wird Spuren des Bewuchses aufweisen.

Goldblättriger Efeu gedeiht in sonnigen Lagen am besten. 'Oro di Bogliasco' ('Goldheart') und einige andere Sorten wachsen unten an einer Mauer sehr wenig, breiten sich weiter oben aber stärker aus. Um einen gleichmäßigen Wuchs zu erreichen, kürzt man die Pflanzen im Winter ein und entspitzt die Haupttriebe in den folgenden Jahren.

Wenn Efeu an einer Mauer ungestört wachsen darf, sein Blätterdach über der Mauer aber zu dicht ist, kann man ihn jedes Jahr im zeitigen Frühling dicht an der Mauer abschneiden. Sofern er oben gut entwickelt ist, hat er sich schon ein oder zwei Jahre später wieder erholt.

Am Boden wachsender Efeu lässt sich dagegen nicht so leicht entfernen. Am besten reißt man ihn dort, wo es wirklich nötig ist, soweit möglich mit den Wurzeln heraus und entfernt alle neu erscheinenden Triebe, bis den Pflanzen schließlich die Kraft ausgeht.

Hibiscus (Malvaceae)

EIBISCH

stark verzweigte Sträucher mit einem Haupttrieb
bis 3 m hoch
sommergrün
vollsonnige Standorte

Bei zu groß gewordenen Exemplaren des winterharten Straucheibischs *(H. syriacus)* lichtet man am besten die Äste aus und kürzt die verbliebenen ein, um den Pflanzen wieder eine ansprechende Form zu verleihen. Ein Rückschnitt bis zum Erdboden wird schlecht vertragen. Die Pflanzen benötigen nach dem Schnitt viel Licht, um wieder zahlreiche Blüten entwickeln zu können.

Hibiscus syriacus *'Blue Bird'*

Hippophaë rhamnoides

Hippophaë (Elaeagnaceae)

SANDDORN

Sträucher und kleine Bäume mit einem Haupttrieb
bis 4 m hoch
sommergrün
vollsonnige Standorte

Alte Sanddornsträucher besitzen dicht bedornte Triebe, die nicht stark zurückgeschnitten werden dürfen. Wenn man den oberen Teil der Pflanze nicht durch vorsichtiges Entfernen einiger starker Äste im Winter wieder in Form bringen kann, sollte man den Strauch besser ersetzen. Jüngeres Holz kann stark geschnitten werden, aber die jungen Triebe zweigen oft in ungünstigen Winkeln vom alten Holz ab; außerdem wird die Bildung von Ausläufern stark angeregt.

Holodiscus (Rosaceae)

siehe **Spiraea** (Seite 135)

Hydrangea (Hydrangeaceae)

HORTENSIE

ein- oder mehrtriebige Sträucher oder Kletterpflanzen
1–4 m hoch
sommergrün
sonnige oder halbschattige Standorte

Je dickfleischiger die Triebe einer Hortensie sind, desto besser erholt sich die Pflanze nach einem starken Schnitt. Hortensien mit rauhaariger, kupferfarbener Rinde sind am wenigsten schnittverträglich.

H. macrophylla und Tellerhortensien

Selbst sehr große, alte Exemplare der Gartenhortensie können im zeitigen Frühjahr dicht über dem Erdboden abgeschnitten werden. Die Pflanzen bilden anschließend kräftige junge Triebe, die ausgelichtet werden müssen. Man lässt dabei die kräftigsten Triebe stehen und achtet darauf, dass sie in gleichmäßigen Abständen voneinander wachsen. Nach ein bis zwei Jahren blühen die Pflanzen erneut. Ebenso wichtig wie der Schnitt ist es, gut zu düngen und zu wässern.

H. aspera, H. heteromalla, H. paniculata, H. quercifolia und H. sargentiana

Diese Arten müssen vorsichtiger geschnitten werden. Alte Exemplare, die nur einen Haupttrieb besitzen, treiben nach einem Rückschnitt bis zum Erdboden oft nicht wieder aus. Sie werden besser im Frühjahr ausgelichtet und in Form geschnitten. Achten Sie darauf, dass die Pflanzen unten Licht erhalten, damit die jungen Triebe sich gut entwickeln können. Alte Rispenhortensien *(H. paniculata)*, die jedes Frühjahr stark geschnitten werden müssen, werden besser durch Stecklinge ersetzt, die man an neue Standorte in nährstoffreichen Boden pflanzt.

H. petiolaris

Schwere, mächtige Exemplare der Kletterhortensie, die an Mauern wachsen und zu voluminös geworden sind, können im zeitigen Frühjahr bis zu den Haupttrieben zurückgeschnitten werden, die mit ihren Haftwurzeln an der Mauer emporklettern. Kurze Zeit später haben sich die Pflanzen wieder erholt. Kletterhortensien in kleinen Bäumen oder in immergrünen Pflanzen müssen oft ausgelichtet werden, damit sie nicht zu schwer werden.

Kletterhortensien wachsen auch häufig am Erdboden entlang und verzweigen sich nach oben hin. Diese vagabundierenden Sträucher sehen sehr hübsch aus, und Sie sollten sie wenn möglich behalten.

Hypericum (Guttiferae)

JOHANNISSTRAUCH, JOHANNISKRAUT

kleine bis mittelgroße Sträucher mit mehreren Haupttrieben
bis 1,5 m hoch
halbimmergrün
sonnige bis halbschattige Standorte

Alte Johannissträucher können im Frühjahr stark zurückgeschnitten werden. Anschließend sollte man sie gut düngen. *H.* 'Hidcote' lässt sich durch Teilung vermehren. Die Mitte der Mutterpflanze wird weggeworfen, und die jungen Pflanzen werden in frisch gedüngten Boden gesetzt.

Das niedrige, Ausläufer treibende *H. calycinum* ist oft von Unkräutern durchsetzt und kann bis zum Erdboden zurückgeschnitten werden, damit man die Unkräuter besser bekämpfen kann. Anschließend sollte man düngen und mulchen.

Links: Hydrangea aspera; *rechts:* Hydrangea paniculata *'Floribunda'*

Ilex (Aquifoliaceae)

STECHPALME, ILEX, HÜLSE

ein- oder mehrtriebige Bäume und Sträucher
10–12 m hoch
immergrün, einige Arten wintergrün oder sommergrün
sonnige bis halbschattige Standorte

Die immergrüne, einheimische Stechpalme *(I. aquifolium)* und ihre Hybride *I.* x *altaclarensis* können im zeitigen Frühjahr stark geschnitten werden. Aus großen Wunden gehen jedoch nur sporadisch Triebe hervor, die überdies nicht besonders hübsch sind und häufig ausgelichtet werden müssen, um die schöne Form der Pflanze zu erhalten. Nach einem starken Schnitt können Stechpalmen in den folgenden Jahren rundum leicht geschnitten werden.

Alte oder schwachwüchsige Stechpalmen, die einen starken Schnitt benötigen, sollten in Bodennähe abgeschnitten werden, auch wenn sie schon 30–50 cm stark sind. Die Pflanzen treiben oft erstaunlich schnell wieder aus, und nach zwei Jahren haben sie bereits wieder 1–2 m lange, buschige Triebe gebildet, die man auslichten kann.

Ilex aquifolium *'Aureomarginata'*

Itea ilicifolia

Stechpalmen sind zweihäusig. Wenn Sie die einzige männliche Pflanze in der Umgebung abschneiden, setzen die weiblichen Pflanzen daher so lange keine Beeren an, bis die männliche erneut blüht.

Im Schatten sparrig gewordene Stechpalmen werden wieder dicht, wenn sie mehr Licht bekommen. Allerdings wird im Schatten das Längenwachstum angeregt, sodass solche Exemplare manchmal umsturzgefährdet sind.

Siehe auch **Hecken** (Seite 140–143)

Itea (Escalloniaceae)

ROSMARINWEIDE

Sträucher mit einem Haupttrieb
bis 2 m hoch
immergrün oder sommergrün
sonnige bis halbschattige Standorte

Alten, nicht mehr reich blühenden Exemplaren der frostharten, sommergrünen *I. virginica* oder der immergrünen, frostempfindlichen *I. ilicifolia* mangelt es oft an Licht und Feuchtigkeit. Ein starker Rückschnitt bringt nicht immer den erhofften Erfolg. Besser ist es, nur bis zu kräftigen Trieben einzukürzen.

Jasminum (Oleaceae)

JASMIN

ein- oder mehrtriebige Sträucher und Kletterpflanzen
3–4 m hoch
sommergrün
überwiegend sonnige Standorte

Winterjasmin *(J. nudiflorum)* ist ein lockerer, pflegeleichter Strauch, der auch einen starken Schnitt verträgt. Kräftige alte Pflanzen werden oft durch ihre eigenen Ableger überwachsen, die dort entstehen, wo die überhängenden Triebe der alten Pflanzen den Boden berühren. Bei Pflanzen mittleren Alters lichtet man die alten Triebe aus und kürzt die jungen kräftig ein. Sehr alte Pflanzen ersetzt man besser durch Ableger. Der Winterjasmin blüht auch an ziemlich schattigen Orten.

Echter Jasmin *(J. officinale)* ist recht frostempfindlich und gedeiht nur in sehr milden Lagen mit Winterschutz. Alte Exemplare bilden oft ein dichtes Gewirr abgestorbener Triebe. Ziehen Sie im Frühjahr einen lebenden Trieb heraus, der möglichst weit unten ansetzt, und schneiden Sie das Gewirr über ihm ab. Der verbliebene Trieb kann bis zu kräftigen, unten liegenden Knospen eingekürzt werden. Anschließend wird gedüngt und gemulcht. Zwei bis drei Jahre nach dem Schnitt tragen die Pflanzen dann wieder duftende Blüten.

Jasminum officinale

Juglans (Juglandaceae)

WALNUSS

Bäume mit einem Haupttrieb
bis 20 m hoch
sommergrün
sonnige Standorte

Wenn Walnussbäume zurückgeschnitten werden sollen, entfernt man am besten im Winter ganze Äste, statt sie nur einzukürzen. Da der Saft in Walnussbäumen früh aufsteigt und die Pflanzen dann stark bluten, sollten Sie den Schnitt bei milder Witterung im zeitigen Frühjahr nicht mehr ausführen.

Juniperus (Cupressaceae)

WACHOLDER

ein- oder mehrtriebige Sträucher und kleine Bäume
bis 6 m hoch
immergrün
vollsonnige Standorte

J. communis, der Gewöhnliche Wacholder, ist auf der nördlichen Erdhalbkugel sehr weit verbreitet. Er ist sehr vielgestaltig, sein Wuchsbild variiert von hoch und aufrecht über rundlich bis hin zu niederliegend. Dieser Wacholder kann sehr alt werden, doch bereits Exemplare mittleren Alters sehen im Garten nicht mehr schön aus und werden am besten ersetzt. Dies gilt besonders für die aufrechte Sorte 'Hibernica'.

Unter den breit wachsenden Wacholdern sind *J. sabina* 'Tamariscifolia' und *J. x media* 'Pfitzeriana' am bekanntesten. Beide wachsen als junge Pflanzen sehr langsam, breiten sich dann aber stark aus. Jeder Schnitt hinterlässt eine gut sichtbare, unschöne Lücke.

'Tamariscifolia' und andere Wacholder, deren untere Äste nach unten weisen, werden am besten »unsichtbar« unter den oberen Ästen zurückgeschnitten. Schneiden Sie im Frühjahr bis zu 7 cm starke Äste ab. Je weniger Sie schneiden, desto besser. Lichtet man die »Fransen« am Rand der Pflanze aus, sieht man besonders wenig vom Rückschnitt.

'Pfitzeriana' und andere Wacholder mit aufsteigenden, an den Spitzen hängenden Ästen sind noch schwerer zufrieden stellend zu schneiden. Wenn man im Frühjahr Triebe einer Stärke von 10–15 cm schneidet, treiben die Pflanzen oft nicht wieder aus oder leiten ihre Energie in Seitenäste, die in unerwünschte Richtungen wachsen, etwa in die Mitte der Pflanze. Der Aststumpf bleibt kahl, und im Strauch ist ein großes Loch. Bei diesen Wacholdern schneidet man besser an vielen Stellen wenig weg, damit sie sich nicht zu stark ausbreiten. Reicht dies nicht aus, sollten Sie die betreffende Pflanze ersetzen.

Kalmia (Ericaceae)

KALMIE, LORBEERROSE

Sträucher mit einem Haupttrieb, teilweise Ausläufer bildend
3–4 m hoch
immergrün
vollsonnige Standorte

Kalmia latifolia

Kalmien sind anspruchslose Pflanzen, solange sie genug Licht erhalten und in einem ausreichend feuchten, sauren Boden wachsen. Schatten und die zu Trockenheit führende Wurzelkonkurrenz großer Bäume bereiten ihnen am häufigsten Probleme.

Große und sparrig gewordene Exemplare von *K. latifolia* werden am besten über mehrere Jahre hinweg eingekürzt, wobei man stets bis zu lebenden Trieben zurückschneidet und die unteren Äste fördert, damit die Pflanzen unten wieder grün werden.

Die kleinere, Ausläufer bildende *K. angustifolia* stellt die gleichen Ansprüche an den Standort und regeneriert sich nach einem Schnitt nur dann gut, wenn die Standortbedingungen günstig sind. Schneiden Sie die ältesten gebogenen Triebe heraus, damit neue Triebe deren Platz einnehmen können. Ist Ihre Pflanze zu hässlich geworden, graben Sie einige junge Ausläufer aus, roden die übrige Pflanze, graben um, düngen und pflanzen die Ausläufer wieder ein.

Kerria (Rosaceae)

KERRIE, RANUNKELSTRAUCH

Ausläufer treibende Sträucher
2–3 m hoch
sommergrün
sonnige bis halbschattige Standorte

Kerrien sind robust und pflegeleicht. Alte Pflanzen sollten im Frühsommer nach der Blüte geschnitten werden. Schneiden Sie alte, unschön gewordene Triebe so heraus, dass junge, kräftige Triebe in gleichmäßigen Abständen zurückbleiben. Anschließend düngen und mulchen Sie gut. Wenn Ihre Pflanze sich zu stark ausgebreitet hat, stechen Sie mit einem Spaten in den Boden um sie herum, um sie in die Schranken zu verweisen.

Kolkwitzia (Caprifoliaceae)

KOLKWITZIE

ein- oder mehrtriebige Sträucher
bis 3 m hoch
sommergrün
sonnige bis leicht schattige Standorte

Es ist verlockend, *K. amabilis* wie einen Pfeifenstrauch zu schneiden, denn wie dieser blüht sie am alten Holz und bildet große,

Kolkwitzia amabilis

Laburnum *x* watereri

lockere Sträucher, deren Äste mit zunehmendem Alter immer stärker bogig überhängen.

Die Kolkwitzie regeneriert sich nach einem starken Schnitt jedoch nicht so gut wie der Pfeifenstrauch. Bei Pflanzen, die an der Basis zahlreiche junge Triebe tragen, kann man ältere Triebe im zeitigen Frühjahr entfernen. Bei Pflanzen, die nur einen dicken, stark verholzten Haupttrieb besitzen, sollte man die überhängenden Äste über zwei bis drei Jahre hinweg auslichten, um der Pflanze wieder eine schöne Form zu geben.

Laburnum (Leguminosae)

GOLDREGEN

große Sträucher oder kleine Bäume mit einem Haupttrieb
bis 7 m hoch
sommergrün
sonnige Standorte

Auf flachgründigen Böden fallen alte Exemplare des Goldregens leicht um, sterben jedoch nicht zwangsläufig ab und können noch Jahrzehnte liegend überdauern, wenn man sie lässt und nicht wieder aufrichtet.

Wie viele andere Schmetterlingsblütler erholt sich der Goldregen nicht gut, wenn man dicke Äste entfernt. Kürzt man ihn weit oben ein, treibt jedoch auch recht altes Holz wieder aus, und die jungen Triebe können zu neuen dicken Ästen heranwachsen.

Bei einem Goldregen, der an einer Pergola gehalten wird und sehr üppig wächst, kann man störende junge Äste am Stamm abschneiden und die jungen Triebe anschließend anbinden und erziehen.

Larix (Pinaceae)

LÄRCHE

siehe **Picea** (Seite 125)

Laurus (Lauraceae)

LORBEER

ein- oder mehrtriebige, große Sträucher
bis 6 m hoch
immergrün
sonnige Standorte

Im Mittelmeerklima wächst *L. nobilis* zu einem Baum mit schönem, geradem Stamm heran. In Westeuropa einschließlich der Britischen Inseln bildet er vieltriebige große Sträucher, die in strengen Wintern bis zum Erdboden zurückfrieren, aber wieder austreiben. In Mitteleuropa ist der Lorbeer nicht winterhart, wird aber häufig als Kübelpflanze gezogen. Wenn alte Triebe absterben, kann man die Pflanze im Frühjahr dicht über der Erde abschneiden.

Lavandula (Labiatae)

LAVENDEL

ein- oder mehrtriebige Sträucher
bis 1 m hoch
immergrün
vollsonnige Standorte

Lavendel kann in sonnigen Lagen auf Böden, die ihm zusagen, bis 20 Jahre alt werden. Ein jährlicher Schnitt fördert die Blühfreude. Lavendel verträgt aber keinen Rückschnitt ins alte Holz, und lückig gewordene Pflanzen werden kaum wieder dicht, selbst wenn sie erneut mehr Licht erhalten. Lavendel lässt sich außerdem schlecht verpflanzen. An sonnigen Standorten entfalten sparrige, alte Lavendel aber einen gewissen Charme, und wenn man störende Äste im Spätfrühling entfernt und jedes Jahr außen leicht schneidet, kann man sie noch einige Zeit behalten.

Ledum (Ericaceae)

PORST

Schnitt wie bei **Kalmia** (Seite 118)

Leucothoë (Ericaceae)

TRAUBENHEIDE

Schnitt wie bei **Kalmia** (Seite 118)

Laurus nobilis *'Aurea'*

Leycesteria (Caprifoliaceae)

Sträucher mit mehreren Haupttrieben
bis 2 m hoch
halbimmergrün
sonnige oder schattige Standorte

Die blühenden, graugrünen jungen Triebe, die überhängenden Blütenähren und die rötlichen bis violetten Beeren machen den Reiz von *L. formosa* aus. Allerdings bilden die Beeren eine rutschige Masse und riechen unangenehm. In Mitteleuropa friert der Strauch häufig stark zurück, treibt aber wieder durch und blüht und fruchtet noch im selben Jahr. Leycesteria blüht am besten, wenn sie an einem sonnigen Standort wächst. Die Pflanzen werden besonders schön, wenn der Boden nicht zu nährstoffreich ist.

Ligustrum (Oleaceae)

LIGUSTER

mehrtriebige Sträucher
bis 6 m hoch
wintergrün oder sommergrün
sonnige bis halbschattige Standorte

Liguster kann im Spätwinter stark zurückgeschnitten werden. Auch zu groß gewordene Exemplare der als Heckenpflanze beliebten *L. vulgare* 'Atrovirens' sowie von *L. ovalifolium* und seiner goldblättrigen Sorte 'Aureum' können stark zurückgeschnitten werden und erholen sich anschließend gut.

Liguster wächst auch auf nährstoffarmen Böden, zehrt den Boden aber stark aus. Wenn die Pflanzen sich nach einem Schnitt gut erholen sollen, muss man sie daher düngen.

Siehe auch **Hecken** (Seite 140–143)

Liquidambar (Hamamelidaceae)

AMBERBAUM

Schnitt wie bei **Fagus** (Seite 111)

Liriodendron (Magnoliaceae)

TULPENBAUM

Schnitt wie bei **Fagus** (Seite 111)

Lonicera (Caprifoliaceae)

HECKENKIRSCHE, GEISSBLATT

ein- oder mehrtriebige Sträucher und Kletterpflanzen
3–4 m hoch
sommergrün oder immergrün
sonnige bis leicht schattige Standorte

Lonicera periclymenum

Strauchig wachsende Heckenkirschen können stark zurückgeschnitten werden, wenn sie oben zu schwer geworden sind. Meistens besitzen sie am Grund junge Triebe, die beim Rückschnitt ausgespart werden können.

L. fragrantissima und andere Arten, bei denen man besonderen Wert auf die Blüten legt, werden besser ausgelichtet und neu formiert, weil sie am alten Holz besonders reich blühen.

L. nitida, L. pileata und andere Heckenkirschen, die als bodendeckende Sträucher verwendet werden, können unten abgeschnitten werden und erholen sich anschließend sehr rasch.

Kletternde Heckenkirschen (etwa *L.* × *brownii, L.* × *heckrottii, L. japonica, L. periclymenum, L. sempervirens, L.* × *tellmanniana* und die immergrüne *L. henryi*) treiben nach einem starken Rückschnitt im zeitigen Frühjahr gut wieder aus. Es ist aber besser, sie 2 m über dem Erdboden abzuschneiden, so verbleiben mehr schlafende Augen, die austreiben, und die Pflanzen wachsen weiterhin an ihrem Halt, sodass man sie nicht neu erziehen muss. Düngen und wässern Sie gut!

Lupinus (Leguminosae)

STRAUCHLUPINE

buschige Sträucher mit einem Haupttrieb
bis 2 m hoch
immergrün
vollsonnige Standorte

Strauchlupinen *(L. arboreus)* gedeihen nur in vollsonnigen, wintermilden Lagen und dürfen nicht stark geschnitten werden. Sie sind kurzlebig und werden am besten durch Sämlinge ersetzt, wenn sie nicht mehr schön aussehen. Man kann ihr Aussehen jedoch dadurch verbessern, dass man störende Äste herausschneidet. Die Aststummel treiben nicht wieder aus. Im Handel erhältliche Strauchlupinen blühen meistens leuchtend gelb. Wenn Sie eine heller blühende Sorte haben und behalten möchten, sollten Sie sie durch Sämlinge vermehren, denn diese weisen in der Regel dieselben Blütenfarben wie die Mutterpflanze auf.

Lupinus arboreus

Magnolia x soulangiana *'Lennei Alba'*

Magnolia (Magnoliaceae)

MAGNOLIE

ein- oder mehrtriebige Bäume und Sträucher
3–20 m hoch
sommergrün
sonnige Standorte

Magnolien sind nicht besonders schnittverträglich, erholen sich jedoch besser, als vielfach vermutet wird. Alte, unten kahl gewordene Exemplare begrünen sich an der Basis nur wieder, wenn sich die untersten Äste mit der Zeit nach unten neigen. Bei baumartig wachsenden Magnolien, die ihre untersten Äste verloren haben, kann man einige weitere herausschneiden, sodass die Krone unten gleichmäßig geformt ist.

Magnolien erholen sich am besten, wenn man in stark wachsendes Holz schneidet. Bei einer gesunden, wüchsigen *M. kobus* kann man im Frühjahr einen 10 cm starken Ast am Stamm abschneiden. Die Wunde wird überwallt und verheilt problemlos. In 1–2 cm dicke Äste kann man jederzeit schneiden. Die Stummel treiben zwar nicht wieder aus, aber die benachbarten Triebe füllen die Lücken nach einiger Zeit. Wenn man bei einem der unteren, im Schatten verkahlten Zweige aber in 5–10 cm starkes Holz schneidet, kann die Pflanze die entstehende Lücke nicht wieder ausfüllen, und die Wunden können zu Eintrittspforten für Krankheitserreger werden.

Man sollte auch niemals die Spitze einer alten Magnolie abschneiden. Eine große Wunde oben am Haupttrieb bedeutet den sicheren Tod der Pflanze! Nur bei sehr jungen Magnolien kann man die Spitze entfernen, um mehrere Haupttriebe zu erhalten. Sie bilden rasch eine neue Spitze, solange sie stark wachsen.

Magnolien, die schlecht wachsen, weil sie überaltert oder durch Trockenheit, Nährstoffmangel oder wiederholte Frostschäden angegriffen sind, schneidet man am besten überhaupt nicht, bis sie sich erholt haben. Dann kann man beginnen, ihr Aussehen vorsichtig zu verbessern. Auch sehr alte Bäume und Sträucher werden am besten nicht geschnitten, es sei denn, es ist erforderlich, totes Holz zu entfernen, weil die Gefahr besteht, dass die Pflanzen sonst zu schwer werden.

Reife Magnolienfrucht mit roten Samen

Mahonia (Berberidaceae)

MAHONIE

Sträucher mit mehreren Haupttrieben, teilweise Ausläufer bildend
2–4 m hoch
immergrün
sonnige oder schattige Standorte

Mahonien gedeihen auch an recht schattigen Standorten. In sonnigen Lagen wachsen sie jedoch dichter und blühen reicher. Große Exemplare lassen sich schlecht verpflanzen.

M. japonica und *M. bealii* blühen im Spätwinter und besitzen sehr schnittverträgliche, dicke Triebe. Am besten führt man den Rückschnitt über längere Zeit hinweg durch und schneidet lange, unten kahle Triebe über zwei bis drei Jahre im Frühjahr zurück, bis die Pflanzen wieder schön geformt sind.

Die Ausläufer treibende *M. aquifolium* behauptet sich auch in vernachlässigten Gärten. Bei dieser Art und ihren Hybriden kann man einige unten kahl gewordene Triebe entfernen. Auch hier ist es am besten, langsam vorzugehen. Die Pflanzen sterben sonst zwar nicht ab, ihr Wachstum verlangsamt sich aber erheblich.

Mahonien werden häufig von einem Rostpilz befallen. Diese Pilzkrankheit äußert sich durch rote Flecken auf den Blattoberseiten sowie Pusteln auf den -unterseiten und kann die Pflanzen stark schwächen. Vor oder kurz nach dem Schnitt sollte man den Rost bekämpfen, damit die Pflanzen sich anschließend gut erholen.

Mahonia japonica

Malus floribunda

Malus (Rosaceae)

APFEL

Bäume mit einem Haupttrieb
bis 8 m hoch
sommergrün
sonnige Standorte

Neben den zahlreichen Sorten von Kulturäpfeln (meist Sorten von *M. domestica*), die schmackhafte Früchte liefern, gibt es auch eine sehr große Vielzahl an Arten und Sorten von Zieräpfeln, zum Beispiel *M. floribunda, M. hupehensis, M. toringoides* und *M. transitoria*. Sie alle benötigen viel Licht, sind davon abgesehen aber recht anspruchslos. Bei großen alten Bäumen kann man im Winter einige Äste entfernen, die unter ihrem Gewicht abbrechen könnten, sodass wieder mehr Licht und Luft in die Krone gelangen. Ein zu starker Schnitt regt jedoch die Bildung von Wasserreisern an, die später wieder entfernt werden müssen.

Lange Zeit nicht mehr gepflegte Kulturapfelbäume müssen je nach ihrer Wuchsform unterschiedlich geschnitten werden. Kleinere Pflanzen, zum Beispiel Spalieräpfel und Fächerbäume, bilden nach einem starken Schnitt zahlreiche, weiche Wasserreiser, die im Sommer und Winter mit viel Geduld und Sorgfalt ausgelichtet werden müssen, damit die Pflanzen wieder Fruchtholz bilden. Wer möglichst viele Früchte haben möchte, ist unter Umständen besser beraten, wenn er einen neuen Baum pflanzt.

Frei stehende Apfelbäume lassen sich in der Regel besser schneiden. Oft muss man die Krone auslichten und einander überkreuzende Äste entfernen, damit die Früchte genug Licht erhalten und gleichmäßig ausreifen können. Diese Arbeiten kann man gut an einem kalten Wintertag ausführen.

Metasequoia (Taxodiaceae)

URWELTMAMMUTBAUM

siehe **Picea** (Seite 125)

Morus (Moraceae)

MAULBEERE

Bäume mit einem Haupttrieb
bis 7 m hoch
sommergrün
sonnige Standorte

Die etwas frostempfindliche Schwarze Maulbeere *(M. nigra)* und die härtere, häufiger gepflanzte Weiße Maulbeere *(M. alba)* sind sehr schnittverträglich. In Klöstern und alten Gärten findet man manchmal uralte Exemplare in Laubengängen oder in Hecken.

Alte Exemplare sind oft sehr dicht beastet und fallen bei einem Sturm oder ohne äußeren Anlass leicht um. Viele alte Maulbeerbäume sind besonders am Stamm und an den dicken Ästen wunderbar knorrig. Man kann sie durch einen starken Schnitt vor dem Umstürzen bewahren, indem man die dicksten Äste im Winter um 60 Prozent einkürzt und eine neue Krone aus dem verbleibenden Astgerüst aufbaut.

Vielleicht wachsen in der Mitte Ihrer Maulbeere aber bereits lange Wasserreiser, die die älteren Äste im Lauf der nächsten Jahre ersetzen können.

Sehr schief stehende Bäume können abgestützt und stark geschnitten werden, damit sie nicht umstürzen. Meist treiben sie nach dem Schnitt wieder aus und können dann noch viele Jahre stehen bleiben.

Neillia (Rosaceae)

TRAUBENSPIERE

Sträucher mit mehreren Haupttrieben
bis 3 m hoch
sommergrün
sonnige oder leicht schattige Standorte

Die mit Blasenspieren (*Physocarpus*, siehe Seite 125) und Kranzspieren (*Stephanandra*, siehe Seite 135) verwandten Traubenspieren sind robuste, pflegeleichte Sträucher, die wie Pfeifensträucher (*Philadelphus*, siehe Seite 124) geschnitten werden können. Da sie keine Bodentrockenheit vertragen, sollte man sie an stark durchwurzelten Standorten regelmäßig gut mulchen.

Nymphaea (Nymphaeaceae)

SEEROSE

Wasserpflanzen
Ausbreitung bis 30 m
sommergrün
sonnige Wasserflächen

Wüchsige Seerosensorten können selbst große Teiche vollständig ausfüllen. Im Som-

Diese Maulbeere in Great Dixter (England) wurde von einem Sturm geschädigt und treibt nun nach einem starken Rückschnitt wieder aus.

Neillia thibetica

mer kann man den Bestand verkleinern, indem man möglichst viel Pflanzenmasse (samt Wurzelstöcken) herauszieht. Dazu geht man in sehr hohen Gummistiefeln in den Teich oder arbeitet von einem Boot aus. Alte Bestände überleben mit hoher Wahrscheinlichkeit und erholen sich gut. Wer daran zweifelt, kann einige herausgezogene Exemplare in Körbe pflanzen und dann wieder in den Teich zurücksetzen.

Olearia (Compositae)

DUFTKRAUT

ein- oder mehrtriebige Sträucher
bis 1 m hoch
immergrün
vollsonnige Standorte

Alte, aber noch wüchsige Sträucher dieser Gattung können in der Mitte des Frühlings oder im Spätfrühling stark zurückgeschnitten werden. Sie kümmern im Schatten, und neben konkurrenzstärkeren Pflanzen leidet ihr Aussehen meist stark.

In Mitteleuropa gedeihen nur wenige Arten, auch sie benötigen aber im Winter Schutz vor starkem Frost und Nässe. Die härteste Art, der Maßliebchenbusch (*O.* x *haastii*, *O. avicennifolia* x *O. moschata*), treibt nach Frostschäden oder einem Rückschnitt von unten her wieder willig neu aus.

Osmanthus (Oleaceae)

DUFTBLÜTE

Sträucher mit einem Haupttrieb
2–5 m hoch
immergrün
sonnige Standorte

Duftblüten können stark zurückgeschnitten werden und erholen sich danach gut. Weit oben im Strauch liegende Aststummel treiben jedoch nur wieder aus, wenn die betreffenden Äste zuvor stark wuchsen. Störende Äste können bis ins Blätterdach hinein zurückgeschnitten werden. Man schneidet sie stets über einer lebenden Knospe zurück, damit sich die Lücke im Blätterdach bald wieder schließt. Am besten versucht man, die Pflanzen neu zu formieren, bevor man sie bis zum Erdboden zurückschneidet. Dies gilt besonders bei Pflanzen, an deren duftenden Blüten man sich erfreuen will (*O.* x *burkwoodii*, *O. decorus*, *O. delavayi* und *O. heterophyllus*, die härteste Art). Die beste Möglichkeit, störende Triebe zu entfernen, ist, sie für die Vase zu schneiden.

Paeonia (Ranunculaceae)

STRAUCHPÄONIE, STRAUCHPFINGSTROSE

Sträucher mit mehreren Haupttrieben
bis 1 m hoch
sommergrün
sonnige bis halbschattige Standorte

In vernachlässigten Gärten überleben meist nur die dunkelrot blühende *P. delavayi* und die gelb blühende *P. lutea*. Sie versamen stark, und unter ihren Nachkommen findet man Exemplare mit schönen, aber auch mit ziemlich unscheinbaren Blüten. Wüchsige alte Pflanzen mit hübschen großen Blüten sind es wert, stehen gelassen zu werden. Man sollte für mehr Licht sorgen und abgebrochene oder überalterte Triebe herausschneiden. Dadurch können sich junge Triebe bei ausreichend Licht gut entwickeln. Sehr alte Pflanzen, in deren Mitte viel Holz abgestorben ist, werden aber besser durch Neupflanzungen ersetzt. Düngen und mulchen Sie reichlich!

Nymphaea *'Moorei'*

Osmanthus *x* burkwoodii

P. suffruticosa und ihre Sorten sind weniger konkurrenzstark und überleben in nicht mehr gepflegten Gärten nicht so lange. Zu hoch gewordene alte Pflanzen sollten zunächst reichlich gedüngt und gewässert werden, damit sie sich erholen können, bevor man sie im Frühjahr sehr behutsam schneidet. Man kürzt stets über einer Knospe, die so liegt, dass der daraus hervorgehende Trieb das Wuchsbild der Pflanze verbessert.

Parrotia (Hamamelidaceae)

PARROTIE, EISENHOLZ

Bäume mit einem Haupttrieb
bis 6 m hoch
sommergrün
sonnige Standorte

Parrotien sind im Garten meist ausladende Bäume, die viel stärker in die Breite als in die Höhe wachsen. Benachbarte Ziersträucher, Brombeeren und hohe Gräser können den Randbereichen der Krone das Licht wegnehmen. Wenn man sie von der umgebenden Vegetation befreit, neigen sich die unteren Äste nach einiger Zeit nach unten und schließen die Lücken. Der Schnitt sollte auf das

Parrotia persica *mit dem typischen, weit ausladenden Wuchsbild*

Nötigste beschränkt werden. Man kann den ausladenden Wuchs durch einen Schnitt nicht verändern, die Pflanzen dadurch aber weiter oben breit werden lassen. Die kleinen, scharlachroten Blüten öffnen sich schon im Spätwinter, werden aber nur angelegt, wenn die Pflanzen sehr viel Licht erhalten.

Parthenocissus (Vitaceae)

JUNGFERNREBE

Kletterpflanzen
bis 30 m hoch
sommergrün
sonnige bis schattige Standorte

Mehrere Arten der Jungfernrebe klettern mit verzweigten Ranken, die mit Haftscheiben ausgestattet sind. Der Wilde Wein, *P. quinquefolia*, ist sehr wüchsig und wegen seiner schönen Herbstfärbung beliebt. *P. tricuspidata* ist kleiner. Beide Arten sind als schöne Fassadenbegrünung von Häusern und als Kletterpflanzen in Bäumen sehr beliebt.

Man kann beide stark zurückschneiden. Alte, über 10 cm dicke Triebe erholen sich anschließend jedoch nicht zuverlässig. Am besten belässt man den untersten lebenden Trieb, um die Pflanze neu aufzubauen. Jungfernreben schädigen Mauern nicht so sehr wie Efeu, werden aber oft sehr schwer und können bei starkem Sturm teilweise heruntergerissen werden.

Man kann Jungfernreben in Bäumen klettern lassen, solange sie diese nicht überwuchern. Bei Nadelbäumen und immergrünen Laubgehölzen muss man in dieser Hinsicht besonders vorsichtig sein. Ein oder zwei Triebe von *P. quinquefolia* in voller Herbstfärbung sehen in einer Blaufichte jedoch wunderschön aus.

Pernettya (Ericaceae)

TORFMYRTE

siehe **Gaultheria** (Seite 113)

Philadelphus (Hydrangeaceae)

PFEIFENSTRAUCH

Sträucher mit mehreren Haupttrieben
2–4 m hoch
sommergrün
sonnige Standorte

Pfeifensträucher verströmen im Hochsommer einen betörenden Duft. Die Pflanzen können mehrere Jahrzehnte alt werden und verjüngen sich stets von unten. Sie vertragen viel Schatten und Konkurrenz durch andere Pflanzen.

Wer genug Platz hat, kann alte Exemplare des schönen *P. coronarius* ohne Schnitt zu einer Größe von 3–4 m heranwachsen lassen. In kleinen Gärten kann man die Triebe aller Pfeifensträucher unten stark auslichten. Dieser Schnitt imitiert einen natürlichen Vorgang: Die Äste hängen nach einiger Zeit oben über, sodass mehr Licht in die Mitte der Pflanze gelangt. Bei großen Exemplaren von *P.* 'Virginal' (unter dieser Bezeichnung wird eine größere Gruppe von Sorten mit steif aufrechtem, bis zu 2 m hohem Wuchs zusammengefasst) ist das Auslichten keine leichte Aufgabe. Oft erscheint es einfacher, die ganze Pflanze am Erdboden abzuschneiden und neu austreiben zu lassen. Die Pflanze hält dies zwar aus, bildet anschließend aber sehr zahlreiche weiche Triebe, sodass das Auslichten günstiger ist. Es macht nichts, wenn beim Auslichten viele Äste verloren gehen, denn die Pflanzen treiben rasch wieder aus. Wenn wieder Licht in ihre Mitte dringt, entwickeln sich die verbliebenen Triebe gut, und nach kurzer Zeit erscheinen junge Triebe. Schneiden Sie am besten im Winter, um die Knospen möglichst wenig zu schädigen. Gesunde Pflanzen müssen nicht gedüngt werden, ihre jungen Triebe würden dadurch nur weicher und anfälliger.

Parthenocissus *lässt das Haus warm und freundlich aussehen.*

Phillyrea latifolia

Phillyrea (Oleaceae)

STEINLINDE

Sträucher mit einem Haupttrieb
bis 5 m hoch
immergrün
vollsonnige Standorte

Mit ihrem glänzenden, dunkelgrünen Laub eignen sich Steinlinden gut als Formschnittgehölze, allerdings nur in wintermilden Lagen. In alten Gärten wächst *P. latifolia* oft als rundkroniger Baum, im Schatten anderer Bäume wird er kahl und hoch. Man kann ihn im Frühjahr stark zurückschneiden. Dabei entfernt man entweder dicke Äste oder schneidet die Pflanzen bis zum Boden zurück.

Photinia (Rosaceae)

GLANZMISPEL

Sträucher und kleine Bäume mit einem Haupttrieb
4–8 m hoch
sommergrün oder immergrün
sonnige Standorte

Der Schnitt beschränkt sich darauf, störende Äste zu entfernen. Ein starker Schnitt, der die Pflanzen zum Schließen von Lücken anregen soll, bringt selten den gewünschten Erfolg. Der früher als *Stranvaesia davidiana* bekannte immergrüne Strauch heißt heute *P. davidiana.*

Phygelius (Scrophulariaceae)

KAPFUCHSIE

Ausläufer treibende Sträucher
bis 2 m hoch
halbimmergrün
sonnige Standorte

P. capensis und *P. aequalis* können in den meisten Gebieten in Mitteleuropa – anders als auf den Britischen Inseln – nur den Sommer über im Freiland gehalten werden. Sehr alte Pflanzen kann man im Winter teilen. Anschließend düngt man den Boden und setzt einige junge, äußere Teile der Pflanze wieder ein. Jüngere Pflanzen können am Erdboden abgeschnitten werden und in günstigen Lagen mit sehr gutem Frostschutz draußen überwintern. Wenn man die Pflanzen anschließend gut düngt und mulcht, blühen sie bereits im ersten Jahr nach dem Schnitt wieder ausgiebig.

Photinia davidiana (*syn.* Stranvaesia davidiana)

Physocarpus (Rosaceae)

BLASENSPIERE

große Sträucher mit mehreren Haupttrieben
3–4 m hoch
sommergrün
sonnige bis halbschattige Standorte

Diese Sträucher werden als unscheinbare, aber robuste, anspruchslose Unterpflanzung verwendet. Nur *P. opulifolius* 'Lutea' wird wegen ihres dekorativen, goldblättrigen Laubs als Zierstrauch gepflanzt. Der Schnitt erfolgt wie bei **Philadelphus** (Seite 124).

Picea (Pinaceae)

FICHTE

Nadelbäume mit einem Haupttrieb
1–30 m hoch
immergrün
sonnige Standorte

Fichten benötigen viel Licht und frische Böden. Die heimische Rotfichte *(P. abies)*, die Serbische Fichte *(P. omorica)* und die blaunadelige Stechfichte (*P. pungens* 'Koster') werden zwar auch in trockenen Lagen gern gepflanzt, leiden dort aber häufig unter der Wurzelkonkurrenz benachbarter Bäume, die zu Bodentrockenheit führt. Wenn man die benachbarten Bäume entfernt, wachsen sie oft besser, erholen sich aber meist nicht völlig. Der Schnitt an größeren Fichten beschränkt sich auf das Entfernen abgestorbener oder unansehnlicher Äste. Bedenken Sie, dass Fichten ebenso wie Tannen und die meisten Kiefern von Ausnahmen abgesehen keine Triebteile ersetzen können, die durch Rückschnitt verloren gegangen sind! Es lohnt sich daher nicht, um jeden Preis unansehnlich gewordene Fichten erhalten zu wollen, denn sie regenerieren sich meist nicht zufrieden stellend.

Die Zuckerhutfichte (*P. glauca* 'Conica') und *P. mariana* 'Nana' leiden auf trockenen Standorten unter der Roten Spinnmilbe und nadeln. Das beste Gegenmittel ist, befallene Pflanzen regelmäßig mit klarem Wasser zu besprühen.

Pieris (Ericaceae)

LAVENDELHEIDE

ein- oder mehrtriebige Sträucher
3–10 m hoch
immergrün
leicht schattige Standorte

Lavendelheide kann zwar bis zum Erdboden zurückgeschnitten werden, bei den größeren Arten (etwa *P. formosa* und ihren Sorten)

Phygelius-*Hybride*

Pieris *'Forest Flame', Blüten und junge Blätter*

verteilt man den Schnitt jedoch besser auf längere Zeit. Man kürzt nach außen ragende Äste bis zu einem lebenden Trieb ein, der die entstandene Lücke nach einiger Zeit schließen kann. Nach einem stärkeren Schnitt kann man sich nicht mehr an der Schönheit der abblätternden älteren Rinde erfreuen. Wenn nötig, können im Frühjahr ganze Äste stark eingekürzt werden, auch recht dicke Stümpfe treiben meistens wieder aus.

In zu starkem Schatten blühen die Pflanzen nur wenig, und man muss wieder für genug Licht sorgen. *P. floribunda* gedeiht am besten von allen Lavendelheiden in vollsonnigen Lagen. Diese Art kann man stellenweise auslichten, wenn sie zu schwer wird oder unter dem Gewicht einer Schneedecke brechen könnte.

Pinus (Pinaceae)

KIEFER

Nadelbäume mit einem Haupttrieb
2–25 m hoch
immergrün
sonnige Standorte

Kiefern brauchen viel Licht und vertragen Trockenheit recht gut. Alte Exemplare besitzen vielfach stärker ausladende Kronen als Tannen und Fichten und sehen besonders eindrucksvoll aus. Alte Exemplare der Gemeinen Kiefer *(P. sylvestris)* sind oft sehr elegante, aber nicht sehr dichte Bäume mit wenigen dicken, hoch oben ansetzenden Ästen. Bringen Sie dieses Wuchsbild zur Geltung, wenn Sie können!

Jüngere Kiefern, die durch Schatten und konkurrierende Nachbarpflanzen geschwächt sind, aber noch einen intakten Haupttrieb besitzen, wachsen, auch nachdem man sie frei gestellt hat, nur selten noch zu besonders schönen Exemplaren heran. Man kann sie aber als Schutz für darunter wachsende Pflanzen stehen lassen, solange sie bei starkem Wind nicht bruchgefährdet sind.

Kiefern schneidet man (mit Ausnahme der Bergkiefer, *P. mugo*, und ihren zahlreichen Sorten) möglichst wenig. Völlig oder zum großen Teil abgestorbene Äste werden im Winter direkt am Stamm entfernt.

Die Tränenkiefer *(P. wallichiana)* und einige andere Arten, die in Gärten sehr rasch wachsen und weiche Triebe besitzen, leiden oft unter Schnee- und Windschäden. Ist der Haupttrieb beschädigt, erholt der Baum sich nicht mehr und wird am besten ersetzt.

Die Weymouthkiefer *(P. strobus)* und einige andere fünfnadelige Kiefern sind anfällig für Blasenrost. Stärker befallene Bäume sind nicht zu retten und müssen beseitigt werden.

Von links nach rechts:
Larix decidua *im Herbst*
Eine Gruppe von Metasequoia glyptostroboides *im Herbst*
Pinus pinea *mit der typischen flachen Krone*
Alte Exemplare von Pinus sylvestris

Piptanthus nepalensis

Piptanthus (Leguminosae)

Sträucher mit mehreren Haupttrieben, teilweise Ausläufer bildend
3–4 m hoch
halbimmergrün
vollsonnige Standorte

Piptanthus nepalensis verträgt keine starke Beschattung. Hat man die Pflanze frei gestellt, kürzt man sie im Frühjahr ein wenig ein. Dabei schneidet man stets über einem lebenden Trieb, bis die Form wieder symmetrisch ist. Ältere Exemplare, die von unten her nicht wieder austreiben, werden besser ersetzt. *Piptanthus* ist recht frostempfindlich und gedeiht nur in sehr wintermildem Klima, in Mitteleuropa wird man diesen Strauch daher kaum einmal finden.

Platanus (Platanaceae)

PLATANE

Bäume mit einem Haupttrieb
bis 25 m hoch
sommergrün
sonnige bis halbschattige Standorte

Platanen sind sehr schnittverträglich. Dies gilt besonders für *P.* x *hispanica*, die Ahornblättrige Platane. Wo es sinnvoll erscheint, kann man sämtliche Äste einer Platane im Abstand von einigen Jahren regelmäßig zurückschneiden und die Pflanze als Kopfbaum halten. Sie sieht dann allerdings nicht mehr besonders schön aus.

Populus (Salicaceae)

PAPPEL

Bäume mit einem Haupttrieb
bis 25 m hoch
sommergrün
sonnige Standorte

Pappeln sind mit ganz wenigen Ausnahmen keine für den Garten geeigneten Bäume. Sie werden in Gärten auch kaum kultiviert, obwohl die Ocker-, Orange- und Gelbtöne der sich öffnenden Knospen im Frühling sehr schön aussehen. Wenn Sie eine Pappel fällen, müssen Sie damit rechnen, dass ihre Wurzeln noch mehrere Jahre wüchsige Triebe bilden. Auch eine mechanische Schädigung der flachen Wurzeln kann die Bildung solcher Triebe auslösen.

Die weiß panaschierte *P.* x *candicans* 'Aurora' ist ein kleiner Baum, dessen Blätter weniger schön gezeichnet sind, wenn die Pflanze ungehindert wächst. Man schneidet diese Pappel im Spätwinter bis zu den dicksten Ästen zurück, damit sie im folgenden Jahr zahlreiche junge Triebe mit hübschen Blättern bildet.

Potentilla (Rosaceae)

FINGERSTRAUCH

Sträucher mit mehreren Haupttrieben
bis 1,5 m hoch
sommergrün
vollsonnige Standorte

Populus x candicans *'Aurora'*

Eine Platane wird geköpft.

In vernachlässigten Gärten leiden Fingersträucher (*P. fruticosa, P. dahurica, P. arbuscula* und ihre Sorten) oft unter Schatten, Trockenheit und Nährstoffmangel. Sorgen Sie für mehr Licht und einen feuchten Boden, der nicht stark von Bäumen durchwurzelt ist. Mulchen Sie mit nährstoffreichem organischem Material oder geben Sie Mineraldünger. Wenn Sie die Pflanzen anschließend in der Mitte des Frühjahrs so stark zurückschneiden, wie Sie wollen, erholen sie sich gut und blühen wieder reich.

Prunus

Zu dieser Gattung gehören viele baum- und strauchförmige Vertreter mit unterschiedlichen Standortansprüchen, die auf verschiedene Weise geschnitten werden müssen.

Mandeln und Pflaumen: Alte, zu dicht gewordene Pflaumen, zum Beispiel die purpurblättrige *P. cerasifera* 'Pissardii', werden im Spätsommer leicht geschnitten. Man entfernt einander überkreuzende Äste und lichtet die Krone aus, falls nötig. Ein starker Schnitt würde die Bildung zahlreicher langer Wasserreiser anregen und dazu führen, dass die

Eine blühende alte Zierkirsche; kleines Bild: *Blüten von* Prunus laurocerasus

Pflanzen noch dichter wachsen und mehr Arbeit machen.

Wild- und Zierkirschen: Viele Kirschen blühen wunderschön – die wüchsigen, heimischen Wildarten *P. avium* und *P. cerasus* ebenso wie die Japanischen Zierkirschen. Wildkirschen können im Spätsommer stark geschnitten werden, lieben dies jedoch nicht. Störende Äste werden besser vollständig entfernt als lediglich eingekürzt.

Zierkirschen wie die häufig gepflanzten Sorten *P. subhirtella* 'Kanzan', 'Shirofugen' und die herbstblühende 'Autumnalis' sowie *P. sargentii* mit ihrer besonders schönen Herbstfärbung sollten nicht stark geschnitten werden, denn dies würde die Pflanzen nur verunstalten. Wenn es unumgänglich ist, können Sie einen störenden Ast im Spätsommer entfernen.

Lorbeerkirschen: Die häufig gepflanzte Lorbeerkirsche *(P. laurocerasus)* mit ihren vielen Sorten ist eine robuste immergrüne Pflanze, die in vernachlässigten Gärten gut überlebt. Sie erträgt Schatten ebenso wie Trockenheit und wächst oft zu 6–8 m hohen Sträuchern heran, die weniger konkurrenzstarke Pflanzen unterdrücken. Die gleichfalls immergrüne Portugiesische Lorbeerkirsche *(P. lusitanica)* ist in Mitteleuropa seltener zu finden, da sie frostempfindlicher ist.

Bei beiden Arten kann man alle Äste stark einkürzen. Langfristig ist es aber erfolgreicher, die Pflanzen bis zum Erdboden zurückzuschneiden, zumal das Risiko dabei geringer ist, dass größere Äste absterben. Wenn Sie auf die Sichtschutzwirkung Ihrer Lorbeerkirsche auch kurz nach dem Schnitt nicht verzichten wollen, können Sie diese im zeitigen Frühjahr an einer Seite zurückschneiden und die andere Seite folgen lassen, wenn die erste Seite sich erholt hat (in zwei Jahren wachsen die Pflanzen bis zu 2 m.) Am besten beginnt man an der Seite, die am meisten Sonne erhält. Pflanzen mit nur einem Haupttrieb müssen allerdings in einem Jahr vollständig zurückgeschnitten werden.

Pyracantha (Rosaceae)

FEUERDORN

ein- oder mehrtriebige Sträucher
4–5 m hoch
immergrün
sonnige bis halbschattige Standorte

Ein alter, frei stehender Feuerdorn, der schief wächst und voll Beeren hängt, kann eine Zeit lang wunderschön aussehen, aber was tun, wenn er im Garten stört? Seine Triebe bilden ein dorniges Gewirr, und sein Rückschnitt erfordert Mut und schützende Kleidung.

Wenn Sie Ihren Feuerdorn ganz unten absägen, wird er sehr wahrscheinlich nach einiger Zeit wieder austreiben, und Sie können nun ein kleineres Exemplar heranwachsen lassen.

Weil der Feuerdorn selbst nach solchen starken Schnittmaßnahmen willig wieder austreibt, eignet er sich auch als streng geschnittene, dicht wachsende Hecke.

Bei nicht so großen Feuerdornen kann man störende Äste stark einkürzen. Bei Exemplaren, die an Mauern gezogen wurden, zu hoch geworden sind und oben zu sehr nach außen wachsen, sollte man oben einige Äste entfernen und einige weiter unten herausschneiden, damit die Pflanzen anschließend gleichmäßig austreiben und nicht nur nach oben wachsen. Achten Sie darauf, kein Schnittgut im Garten zu verlieren, weil dessen Dornen in die Reifen Ihrer Schubkarre stechen.

Hecke aus verschiedenen Pyracantha

Altes, stattliches Exemplar von Pyrus communis

Pyrus (Rosaceae)

BIRNE

Bäume mit einem Haupttrieb
bis 8 m hoch
sommergrün
sonnige Standorte

Alte Birnbäume besitzen wunderschön überhängende, knorrige Äste, und es lohnt sich, sie allein wegen ihrer Kronenform und der dunklen Rinde stehen zu lassen. Sie sind aber anfällig für Windbruch, und im Spätwinter muss man manchmal beschädigte Äste entfernen. Man kann alte Birnbäume im Winter stark zurückschneiden und als Kopfbäume halten, damit sie nicht so hoch wachsen und der mächtige Stamm dennoch erhalten bleibt.

Alte Birnbäume, von denen man noch viele Früchte ernten will, sollten vorsichtiger geschnitten werden. Man lichtet die Zweige der einzelnen Äste um etwa 25 bis 30 Prozent aus, damit die Früchte ausreichend Licht und Luft erhalten. So dünnt man zugleich den Fruchtansatz aus und verhindert, dass die Äste zu schwer werden. Ein stärkerer Schnitt ist ungünstig, denn dann bilden die Pflanzen lange Wasserreiser und müssen bereits nach kurzer Zeit erneut geschnitten werden.

Quercus (Fagaceae)

EICHE

Bäume mit einem Haupttrieb
bis 30 m hoch
sommergrün
sonnige Standorte

Eichen sind sehr langlebige und sonnenliebende Bäume, die sich nach einem Schnitt zwar langsam, aber gut erholen. Man schneidet sie am besten im Winter zurück. Bei jungen Bäumen, die zwei Haupttriebe aufweisen, sollte man einen Haupttrieb herausschneiden, damit die Krone langfristig stabil bleibt. Bei Roteichen *(Q. rubra)* und anderen raschwüchsigen Arten gabeln sich die Haupttriebe besonders oft.

Unter Eichen gedeihen viele andere Pflanzen, denn sie wurzeln tief, und dicht unter der Erdoberfläche finden sich nur wenige Wurzeln. Unter dem hohen, nicht zu dichten Blätterdach der Eichen gedeihen viele Waldpflanzen und Rhododendren. Wenn man immer wieder einige untere Äste der Eiche entfernt, gelangt noch mehr Licht bis zum Boden.

Stiel- und Traubeneiche bieten vielen Tieren Lebensraum und sind auch aus diesem Grund wertvolle Gartenbäume.

Quercus palustris, *Herbstfärbung*

Alte Rhododendren können stark geschnitten werden, falls dies nötig ist.

Rhododendron (Ericaceae)

RHODODENDRON (ALPENROSE) UND AZALEE

Diese Gattung umfasst zahlreiche Arten und Hybriden. Sie kann in drei Gruppen unterteilt werden.

Rhododendron-Wildarten

Rhododendren sind stark verzweigt, besitzen aber nur einen Haupttrieb. Ihre Größe reicht von wenigen Zentimeter hohen alpinen Arten bis zu Bäumen von über 10 m Höhe. Unter günstigen Standortbedingungen brauchen sie überhaupt keinen Schnitt.

Vor allem die zwergwüchsigen Arten benötigen viel Licht. Von anderen Pflanzen überwucherte Äste erholen sich nicht wieder. Man muss sie bis in lebendes Holz zurückschneiden oder die Pflanze ersetzen.

Die größeren, strauchbildenden und baumartigen Rhododendren sind in Waldgärten äußerst beliebt, wo das lichte Blätterdach der Bäume die Rhododendronblüten im Frühjahr etwas schützt. In zu starkem Schatten – zum Beispiel in vernachlässigten Gärten – werden diese Rhododendren jedoch sparrig und verkahlen unten. Einige Arten wie etwa *R. ponticum* sind gut schnittverträglich und treiben wieder aus, wenn man Äste einkürzt oder die Pflanze am Erdboden abschneidet. Andere, vor allem die Arten mit glatter oder glänzender Rinde, vertragen es dagegen nicht, wenn man ins alte Holz schneidet. Hier kürzt man störende Äste im Spätwinter bis zu gesunden, kräftigen, weiter unten ansetzenden Trieben ein und wartet, bis diese die entstandene Lücke schließen.

Als allgemeine Regel kann gelten: Je rauer die Rinde einer Art, desto besser erholt sie sich nach einem starken Schnitt. Im Zweifelsfall gehen Sie besser vorsichtig vor. Erwarten Sie nicht, dass ein unten wachsender, ausgedunkelter Ast nach einem Rückschnitt in jedem Fall wieder kräftig austreibt und eine Lücke schließt.

Rhododendronhybriden

Das Angebot an Rhododendronhybriden ist immens. Seit einigen Jahren sind die kompakteren Sorten besonders gefragt, zum Beispiel von *R. yakushimanum* oder von *R. thomsonii*. Diese relativ kleinblütigen, zierlicheren Pflanzen erholen sich nach einem starken Schnitt nicht besser als die Arten, aus denen sie hervorgingen.

Die verbreiteten, gut winterharten Hybriden mit großen Blättern und Blüten vertragen einen starken Schnitt besser. Man kann sie am Erdboden abschneiden – aber nur, wenn sie nicht veredelt wurden – oder aber bis zu dicken, unbelaubten Ästen einkürzen. Anschließend treiben sie wieder gut aus. Ein starker Schnitt sollte im Spätwinter erfolgen, ein leichterer kann im Sommer ausgeführt werden, wenn die Pflanzen blühen und man unerwünschte Triebe der Unterlage an ihren Blüten erkennen kann.

Azaleen

Die Azaleen bilden innerhalb der Gattung *Rhododendron* eine eigene Sektion, die sowohl sommer- als auch immergrüne Sträucher umfasst. Die immergrünen Azaleen werden 60 – 120 cm hoch. Hierzu zählen etwa die Glenn-Dale-, die Kaempferi-, die Kurume- und die Vuykianum-Hybriden. Die sommergrünen Azaleen werden 1 – 3 m hoch. Zu ihnen gehören zum Beispiel die Ghent-, die Knap-Hill-Exbury- und die Mollis-Hybriden.

Die immergrünen Arten bilden eine nach oben hin breiter werdende Krone, wobei die kleinen Äste von einem einzigen kurzen Haupttrieb abzweigen. Nach einem Schnitt ins alte Holz treiben die Pflanzen nicht neu aus. Überalterte Exemplare und solche, die durch den Druck von Nachbarpflanzen stark gelitten haben, werden deshalb am besten ersetzt; von besonders wertvollen oder alten Sorten kann man zuvor Stecklinge nehmen.

Die sommergrünen Azaleen bilden buschige Sträucher mit mehreren Haupttrieben. Alte, sparrige, aber noch wüchsige Exemplare können im Winter auf die Hälfte ihrer Länge eingekürzt werden. Man schneidet stets über einem lebenden Seitenzweig. Einige alte Triebe können vollständig entfernt werden. Schneiden Sie veredelte Pflanzen nicht zu weit unten, sonst treibt nur die Unterlage wieder aus. Prüfen Sie zur Blütezeit, ob die Unterlage nicht schon die Oberhand gewonnen hat, gegebenfalls müssen Sie die Pflanze ersetzen.

Die meisten sommergrünen Azaleen brauchen kaum geschnitten zu werden. In vernachlässigten Gärten wachsende Exemplare sollten mehr Licht erhalten, indem man andere Pflanzen beschneidet. Man mulcht mit reichlich abgelagertem Kompost oder Lauberde und gibt den Pflanzen anschließend Zeit, um sich zu erholen.

Azalea *'Silver Slipper'*

Rhus typhina *im Herbst, mit alten Trieben und Schösslingen*

Rhus (Anacardiaceae)

SUMACH, ESSIGBAUM

Ausläufer bildende Sträucher mit einem Haupttrieb
bis 6 m hoch
sommergrün
sonnige Standorte

Die Inhaltsstoffe vieler Sumacharten können schwere, schlecht heilende Hautreizungen hervorrufen. Die beiden häufigsten Arten in Gärten, der Essigbaum *(R. typhina)* und der Scharlachsumach *(R. glabra)*, sind aber ungefährlich. Beide bilden gleichmäßig gewachsene, gut verzweigte, ausladende Sträucher. Alte Pflanzen fallen leicht um oder brechen ab. Lückig gewordene Pflanzen werden nicht wieder gleichmäßig dicht, wenn man sie stark schneidet, doch schließen sich einige Lücken mit der Zeit. Störende Äste kann man im Winter am Stamm abschneiden, aber nur junge Zweige erholen sich davon wieder. Schneiden Sie keine großen, gesunden Pflanzen am Erdboden ab, denn dann sprießen ringsum junge Triebe aus der Erde, die nicht leicht zu bekämpfen sind.

Ribes (Grossulariaceae)

JOHANNISBEERE, STACHELBEERE

ein- oder mehrtriebige Sträucher
bis 2 m hoch
sommergrün
sonnige bis halbschattige Standorte

Aus dieser Gattung hat als Zierpflanze praktisch lediglich die Blutjohannisbeere *(R. sanguineum)* Verwendung im Garten gefunden. Sie ist ein robuster, pflegeleichter Strauch, der ebenso wie die Stachelbeere auch in vernachlässigten Gärten gut überlebt. Der etwa mannshohe Strauch vermehrt sich durch Samen und außerdem durch Ableger, die aus den untersten Ästen hervorgehen, wenn diese dem Boden aufliegen. Alte, sparrig gewordene Exemplare können im Winter stark zurückgeschnitten werden. Sie erholen sich besser, wenn man sie anschließend düngt und gut mulcht. Schon ein Jahr nach dem Schnitt blühen sie erneut. Sehr alte, an den Wurzeln faulende Pflanzen werden entfernt und im Spätherbst durch Steckhölzer ersetzt, die sich gut bewurzeln.

Ribes speciosum

Robinia (Leguminosae)

ROBINIE, SCHEINAKAZIE

Ausläufer bildende Bäume mit einem Haupttrieb, selten Sträucher
bis 25 m hoch
sommergrün
sonnige Standorte

Die bekannte *R. pseudoacacia* kann auch aus recht altem Holz wieder austreiben. Abgebrochene oder im Schatten kahl gewordene Äste erholen sich oft nach einem Schnitt, und die Lücken im Blätterdach schließen sich wieder. Bei alten Bäumen sieht die tief rissige Rinde wunderschön aus. In vernachlässigten Exemplaren findet sich oft viel totes Holz, das man besser entfernt, damit die Pflanzen nicht zu schwer werden. Robinien bilden einen guten, aber durch Windbruch gefährdeten Sichtschutz.

Robinia pseudoacacia

Werden die Wurzeln beim Graben verletzt, bilden die Pflanzen oft reichlich Wurzelbrut. Auch wenn man eine gesunde Robinie unten abschneidet, wachsen aus den Wurzeln und dem Stumpf rasch wüchsige Triebe, die sich schwer bekämpfen lassen und manchmal nur durch Herbizide in Schach zu halten sind.

Die gelbblättrige Sorte 'Frisia' wird meist veredelt, und wenn man sie sehr stark einkürzt oder weit unten abschneidet, wachsen von unten, teilweise auch aus den Wurzeln, Triebe der grünen Unterlage heran. 'Frisia' kann gut als Kopfbaum gehalten werden, der alle zwei oder drei Jahre im Spätwinter geschnitten wird und anschließend besonders schöne, üppige Blätter trägt.

Rosa (Rosaceae)

ROSE

Sträucher mit mehreren Haupttrieben, manche Ausläufer bildend
1 – 10 m hoch
sommergrün
sonnige Standorte

Der Schnitt von Rosen ist nicht so schwierig, wie oft zu hören ist. Rosen sind robuste, wüchsige Pflanzen, die in freier Natur von Wildtieren verbissen werden und sich auch nach einem starken Schnitt gut erholen.

Erst im Alter von 20 bis 40 Jahren lässt die Wuchskraft der meisten Rosen nach. Eine Rose, die viel totes Holz enthält und zu groß geworden ist oder die nur noch aus einem schwachen Trieb mit einer einzigen kümmerlichen Blüte besteht, kann im Winter mit der Gartenschere oder auch mit der Säge stark eingekürzt werden. Anschließend sollte man reichlich düngen. Wenn die Pflanze sich im folgenden Jahr nicht gut erholt, sollte man sie ersetzen.

Wenn Sie eine alte Rose aus dem Boden nehmen oder ein altes Rosenbeet neu bepflanzen wollen, sollten Sie bedenken, dass Rosen nicht in Boden gepflanzt werden sollten, in dem unmittelbar zuvor bereits Rosen wuchsen (»Bodenmüdigkeit«). Man muss den Boden bis in 75 cm Tiefe austauschen, wenn man in ein Rosenbeet sofort wieder neue Rosen pflanzen will.

Rosa moyesii *'Sealing Wax'*

Rubus biflorus

Rosensorten

Eine Rosensorte auf einer starken, knorrigen Unterlage und mit nur wenigen dünnen oder sehr alten Trieben sollte entfernt werden, es sei denn, man möchte die Sorte bestimmen und die Pflanze durch Stecklinge oder Veredeln vermehren. Ein starker Schnitt und anschließende Düngergabe zeigen bei solchen Exemplaren meist keinerlei Wirkung. Man pflanzt besser eine neue, wüchsige Rose.

Kräftig wachsende Rosen erholen sich dagegen recht gut, wenn man sie düngt und stark zurückschneidet. Achten Sie darauf, dass die Triebe der Unterlage nicht die Oberhand gewinnen und die Triebe des Edelreises verdrängen.

Rosenarten

Viele Rosenarten sind bemerkenswert robust und werden erstaunlich groß. Eine Rose, die in einem Baum 6 m hoch geklettert ist, kann im Winter unten abgeschnitten werden und überlebt, wenngleich dieser starke Schnitt sie schwächt. Oft treibt sie erst nach längerer Zeit wieder aus. Es lohnt immer, eine unansehnlich gewordene Rose stark zu schneiden und abzuwarten, wie sie darauf reagiert.

Rosmarinus (Lamiaceae)

ROSMARIN

Sträucher mit mehreren Haupttrieben
bis 1 m hoch
immergrün
vollsonnige Standorte

An sonnigen Standorten auf durchlässigem Boden in wintermilden Lagen (oder mit gutem Winterschutz) kann Rosmarin über 20 Jahre alt werden. An schattigen Standorten gedeiht er jedoch nicht. Nach einem Schnitt ins alte Holz erholt Rosmarin sich nur schlecht, und die Pflanzen können Lücken im Blätterdach auch dann nicht wieder schließen, wenn sie viel Licht erhalten. Rosmarin lässt sich außerdem nur schlecht verpflanzen. An sonnigen Standorten sehen sparrige Rosmarinsträucher oft sehr interessant aus, und wenn man störende Äste im Spätfrühling entfernt und die Pflanzen in regelmäßigen Abständen überall leicht schneidet, kann man sie problemlos stehen lassen. Man kann Rosmarin gut durch Stecklinge vermehren, die man im Spätsommer schneidet. Alte Pflanzen können durch Stecklinge ersetzt werden.

Rubus (Rosaceae)

BROMBEERE

Ausläufer treibende Sträucher
bis 3 m hoch
halbimmergrün
sonnige oder halbschattige Lagen

Brombeeren regenerieren sich gut, wenn man sie stark zurückschneidet und reichlich düngt. Die Triebe sind ohnehin kurzlebig, und die Pflanzen treiben auch in der freien Natur von unten her immer wieder neu aus. Einige Arten, zum Beispiel *R. fruticosus* und die rosa blühende *R. spectabilis*, können in alten, aufgelassenen Gärten alles überwuchern. Manchmal kann man sie nur in Schach halten, indem man erst möglichst viele kräftige Wurzeln ausgräbt und die Pflanzen anschließend chemisch bekämpft.

Eine Sorte von Salix alba *mit dekorativer Rinde, wegen des schönen winterlichen Bildes als Kopfbaum gehalten*

Salix (Salicaceae)

WEIDE

Zwergsträucher bis große Bäume
10 cm – 25 m hoch
sommergrün
sonnige Standorte

In alten Gärten können Weiden sehr willkommen, aber auch überaus lästig sein. Oft findet man mitten in einem Beet oder in einer Strauchgruppe meterhohe Salweiden *(S. caprea)*, die sich dort selbst angesiedelt haben. Man kann zwar eine Weide gut bis auf einen Stumpf zurückschneiden, doch treibt dieser meistens kräftig wieder aus.

Weil Weiden so bereitwillig wieder austreiben, kann man Exemplare, die sich selbst gesät haben, jedoch verwenden, um Lücken zu füllen. Eine Silberweide *(S. alba)* wächst rasch zu einem großen Baum heran, der in wenigen Jahren schon zu groß für seinen Standort geworden ist. Einige Sorten dieser Weide besitzen eine besonders schöne Rinde und können stark geschnitten werden. Anschließend bilden sie zahlreiche, orangefarbene oder gelbe Triebe. Bis zu 5 cm dicke Weidenruten, die man im Winter schneidet und 60 cm tief in den Boden steckt, wachsen im Laufe des Frühjahrs an und bilden rasch einen hervorragenden provisorischen Sicht- und Windschutz.

Sambucus (Caprifoliaceae)

HOLUNDER

ein- oder mehrtriebige kleine Bäume
bis 6 m hoch
sommergrün
sonnige bis halbschattige Standorte

In wenig gepflegten Gärten nimmt oft der Schwarze Holunder *(S. nigra)* wertvolleren Pflanzen das Licht. Solche Exemplare sollten Sie ohne Bedenken entfernen. Schätzen Sie den Holunder aber nicht deshalb gering, weil er so häufig ist. Er trägt schöne Blüten und hübsche Beeren, und er kann eine Lücke schließen, bis andere Pflanzen herangewachsen sind. Holunder verträgt auch einen starken Rückschnitt. Er blüht dann zwar meist einige Jahre nicht, erholt sich aber gut.

Auch die als Zierpflanzen so beliebten Sorten des Schwarzen Holunders, etwa 'Laciniata' mit tief zerschlitzten Blättern oder 'Guincho Purple' mit purpurfarbenen Blättern, können ebenso stark geschnitten werden. Wollen Sie Ihren Holunder frei stellen, so denken Sie daran, dass die purpurblättrige Sorte die volle Sonne schätzt, während gelbe Sorten etwas Schatten bevorzugen.

Santolina (Compositae)

HEILIGENKRAUT

kleine Sträucher mit mehreren Haupttrieben
bis 1 m hoch
immergrün
vollsonnige Standorte

Sambucus racemosa *'Plumosa Aurea'*

Als kurzlebige, frostempfindliche Art ist *S. chamaecyparissus* in alten Gärten nur selten anzutreffen. Wie die meisten anderen graublättrigen Pflanzen stirbt sie im Schatten ab. Unansehnliche, noch junge Exemplare mit 1–2 cm dicken Trieben können im Frühling stark zurückgeschnitten werden, ältere Pflanzen werden besser durch Stecklinge ersetzt.

Santolina *als Blattschmuckpflanze*

Sarcococca (Buxaceae)

FLEISCHBEERE

dichte, Ausläufer treibende Sträucher
bis 1 m hoch
immergrün
sonnige bis halbschattige Standorte

Fleischbeeren durchwurzeln den Boden so stark, dass auch in vernachlässigten Gärten kaum Unkräuter in ihnen wachsen. An sehr schattigen Orten sterben sie jedoch ab. Häufig muss man sie nur freischneiden und mit viel abgelagertem Kompost mulchen, damit sie sich wieder erholen. Wenn doch einmal mehrjährige, hartnäckige Unkräuter in eine Fleischbeere gewachsen sind, kann man diese am Erdboden abschneiden, um die Unkräuter besser bekämpfen zu können. Ein so starker Schnitt schwächt die Pflanzen zwar sehr, doch sie erholen sich, wenn auch langsam.

Sequoiadendron (Taxodiaceae)

MAMMUTBAUM, BERGMAMMUTBAUM

Nadelbäume mit einem Haupttrieb
über 40 m hoch
immergrün
sonnige Standorte

S. giganteum wächst in seiner Heimat Kalifornien zu riesigen Bäumen heran. Der so genannte »General Sherman« ist das größte Lebewesen der Erde – über 80 m hoch und an der Stammbasis fast 10 m dick! Auch in den Parks in Mitteleuropa gibt es mächtige,

Sequoiadendron giganteum

Skimmia, *blühend und fruchtend*

bis 50 m hohe Bäume. Wer wirklich genug Platz für einen solchen Riesen hat, muss in erster Linie dafür sorgen, dass er genug Licht erhält. Vor allem Jungpflanzen müssen völlig frei stehen, bei Beschattung sterben die betroffenen Astpartien oder sogar der ganze Baum ab. An älteren Bäumen kann man ganz oder teilweise abgestorbene Äste im Winter direkt am Stamm entfernen.

Skimmia (Rutaceae)

SKIMMIE

dichte Sträucher mit mehreren Haupttrieben
bis 1,5 m hoch
immergrün
sonnige bis schattige Standorte

Solange Skimmien nicht von anderen Sträuchern bedrängt werden, muss man sie nicht schneiden. Wurden sie zu sehr beschattet oder haben sie ihre schöne Form durch zu starke Konkurrenz verloren, sollte man ihnen mehr Licht verschaffen und ihnen Zeit lassen, um sich zu erholen. Sehr alte Exemplare können stark zurückgeschnitten werden, am besten allmählich über einen Zeitraum von drei bis vier Jahren.

Sorbaria (Rosaceae)

FIEDERSPIERE

Sträucher mit mehreren Haupttrieben, teilweise Ausläufer bildend
3–4 m hoch
sommergrün
sonnige bis leicht schattige Standorte

Diese pflegeleichten Sträucher säen sich gern selbst aus, wenn sie in feuchten Böden wachsen. Sie blühen am besten an vollsonnigen Standorten. Bei sehr alten Exemplaren kann man die ältesten, bogig überhängenden Triebe herausschneiden, um die jungen Triebe zu fördern. Triebe mittleren Alters können bis zu kräftigen Seitenästen eingekürzt werden, damit die Pflanzen aufrechter wachsen und reicher blühen. Wenn es notwendig ist, kann man Fiederspieren im zeitigen Frühjahr völlig zurückschneiden.

Sorbus (Rosaceae)

EBERESCHE, MEHLBEERE, VOGELBEERE

Bäume und Sträucher, teilweise Ausläufer treibend
1–15 m hoch
sommergrün
sonnige Standorte

Sorbus-Arten sind nicht besonders schnittverträglich. Von großen Wunden ausgehend sterben die Pflanzen oft ab, Äste werden daher besser entfernt als eingekürzt. Lücken im Blätterdach schließen sich meist erst nach langer Zeit. Alte, knorrige Ebereschen *(S. aucuparia)* sehen jedoch oft interessant aus.

Bei strauchigen *Sorbus*-Arten, die selbst von unten her neue Triebe bilden, kann man ältere Triebe im zeitigen Frühjahr ausschneiden. Manche Sorten wie etwa die Lombarts-Hybriden werden auf Unterlagen veredelt, die manchmal austreiben und die Edelreiser unterdrücken können. Eine Düngung wirkt sich eher nachteilig aus. Einige *Sorbus*-Arten wie *S. sargentiana* können unter Feuerbrand leiden. Beim Auftreten dieser Erkrankung ist das Pflanzenschutzamt zu verständigen.

Sorbus aucuparia, *reich fruchtend*

Stachyurus praecox

Spiraea (Rosaceae)

SPIERSTRAUCH

Sträucher mit mehreren Haupttrieben, teilweise Ausläufer bildend
2–3 m hoch
sommergrün
sonnige Standorte

Alte Spiersträucher erholen sich gut, wenn man sie unten abschneidet. Es zahlt sich aus, sie stark zu düngen. Die Ausläufer treibende *S. douglasii* kann im zeitigen Frühjahr einige Zentimeter über dem Erdboden abgeschnitten werden und blüht noch im selben Jahr erneut. Alte Exemplare vieler Arten bewurzeln sich an den jüngeren, außen gelegenen Trieben. Man kann sie vermehren, indem man sie ausgräbt, teilt und die jüngeren Triebe wieder einpflanzt. Die niedrigen, stark verzweigten Sorten, etwa 'Anthony Waterer' und 'Goldflame', können im zeitigen Frühjahr weit unten abgeschnitten und anschließend gut gedüngt und gemulcht werden.

Stachyurus (Stachyuraceae)

SCHWEIFÄHRE

Sträucher mit einem Haupttrieb
bis 3 m hoch
sommergrün
sonnige bis leicht schattige Standorte

Nicht mehr ganz junge Schweifähren dürfen nicht stark oder weit unten geschnitten werden. Man sollte für genug Licht sorgen und störende Äste etwas einkürzen, um die Form der Pflanzen zu verbessern. An zu schattigen Orten erscheinen die hängenden, gelben Blütentrauben nicht.

Staphylea (Staphyleaceae)

PIMPERNUSS

Sträucher mit mehreren Haupttrieben
4–5 m hoch
sommergrün
sonnige bis halbschattige Standorte

Diese pflegeleichten Sträucher müssen kaum geschnitten werden. Sorgen Sie für genügend Licht, damit Ihre Pflanzen reich blühen. Pimpernüsse sind unten oft sehr dicht, doch Auslichten ist zwecklos, allenfalls kann man einige alte Triebe unten abschneiden und vorsichtig aus der Pflanze ziehen. Schneiden Sie stets vorsichtig aus, damit die übrigen Triebe nicht umzufallen drohen und von älteren Trieben gestützt werden müssen.

Stephanandra (Rosaceae)

KRANZSPIERE

Ausläufer treibende Sträucher
1–2 m hoch
sommergrün
sonnige bis halbschattige Standorte

S. incisa und *S. tanakae* sind wüchsige Kranzspieren, die Ausläufer treiben und Ableger bilden. Da diese sommergrünen Blüten- und Decksträucher gern von Unkräutern durchwachsen werden, ist es häufig erforderlich, alte Exemplare im Frühling 3–5 cm über dem Erdboden abzusägen. Eingewachsene Unkräuter können anschließend leichter bekämpft werden. Man kann Kranzspieren in ihre Schranken verweisen, indem man um sie herum gräbt und den umgegrabenen Boden von ihren Wurzeln befreit.

Staphylea pinnata

Rinde einer alten Stewartia pseudocamellia

Stewartia (Theaceae)

SCHEINKAMELIE

kleine Bäume und große Sträucher
bis 5 m hoch
sommergrün
halbschattige Standorte

Diese Pflanzen gehören zu den schönsten und kostbarsten Blütengehölzen, die in unserem Klima gedeihen. Leider sind sie noch viel zu wenig bekannt und werden daher nur selten angepflanzt. Sie verlangen einen kalkarmen, humusreichen Boden, wobei der Wurzelraum in lichtem Schatten liegen sollte. In vernachlässigten Gärten werden sie leicht überwachsen. Nicht mehr schön geformte Pflanzen sollten zunächst freigeschnitten werden, damit sie wieder mehr Licht erhalten. Man sollte außerdem auch dafür sorgen, dass konkurrierende Wurzeln von anderen Gehölzen und Stauden ihnen nicht zu viel Feuchtigkeit vorenthalten (nassen Boden vertragen sie aber auch nicht). Anschließend kann man die Pflanzen vorsichtig neu formieren, indem man Äste bis zu lebenden Seitenästen einkürzt. Nach einiger Zeit haben sich die Pflanzen gut erholt.

Syringa vulgaris *'Souvenir de Louis Spaeth'*

Styrax (Styracaceae)

STORAXBAUM

kleine Bäume mit einem Haupttrieb
bis 6 m hoch
sommergrün
sonnige bis halbschattige Standorte

S. japonica ist ein recht schmaler Baum, dessen unterste Äste absterben, wenn die Konkurrenz um Licht und Wasser zu groß wird. Dieses Gehölz begrünt sich nach einem starken Schnitt auch nicht wieder. Am besten sorgt man für ausreichend Licht und schneidet abgestorbene oder störende kleine Äste im Spätsommer heraus. *S. obassia* hat eine eher runde Krone. Bei unschön geformten Exemplaren kürzt man wüchsige Seitenäste im Spätfrühling leicht ein, damit sich Lücken in der Krone rascher schließen.

Symphoricarpos (Caprifoliaceae)

SCHNEEBEERE

Ausläufer treibende Sträucher
bis 2 m hoch
sommergrün
sonnige bis schattige Standorte

S. albus und *S. orbiculatus* sowie alle Sorten dieser Arten können sich in vernachlässigten Gärten mit ihren Ausläufern sehr stark ausbreiten und undurchdringliche Dickichte bilden. Man kann sie entfernen, indem man den Boden tief umgräbt und danach austreibende Pflanzen mit einem Herbizid bekämpft. Bei einer alten, unschön gewordenen Pflanze kann man die alten Triebe auslichten oder die ganze Pflanze im Winterhalbjahr unten absägen. Gibt man im Frühjahr einen stickstoffreichen Dünger, erholen sich auch zurückgeschnittene Pflanzen, die in trockenem, stark durchwurzeltem Boden wachsen.

Syringa (Oleaceae)

FLIEDER

ein- oder mehrtriebige Sträucher
bis 5 m hoch
sommergrün
sonnige bis halbschattige Standorte

Ebenso wie viele andere Ölbaumgewächse erträgt auch Flieder einen starken Rückschnitt. Damit die Pflanzen anschließend kräftig wachsen, müssen sie gut gedüngt werden.

Alte Exemplare des Gemeinen Flieders *(S. vulgaris)* können sehr groß werden und sind dann nicht mehr besonders schön. Man kann sie verjüngen, indem man alle Ausläufer entfernt und im Winter die Äste etwa 60 cm kürzer schneidet, als die Pflanze später hoch sein soll. Um die Vorderseite der Pflanze zu verschönern, schneidet man vorn einen Ast oder Haupttrieb kürzer, damit er neu austreiben kann. Nahe an den Schnittwunden und weiter unten liegende Knospen an recht altem Holz bilden anschließend neue, kräftige Triebe. Meist blühen die Pflanzen im zweiten Jahr nach dem Schnitt erneut.

Ausläufer sollten regelmäßig entfernt werden. Bei wurzelechten Sorten kann man die kräftigsten Ausläufer belassen und als Ersatz für überalterte, schwache Triebe verwenden (gelegentlich findet man übrigens einen alten Flieder, der auf Liguster veredelt wurde). Wenn nötig, kann man den Gemeinen Flieder und andere starkwüchsige Arten, zum Beispiel *S. reflexa* und *S.* x *persica*, auch weit unten abschneiden und neu austreiben lassen, in diesem Fall treiben die Pflanzen aber noch mehr Ausläufer.

Die kleineren Flieder wie *S. meyeri* 'Palibin' und *S. microphylla* 'Superba' sollten zurückhaltender geschnitten werden, erholen sich aber auch nach einem starken Schnitt.

Tamarix (Tamaricaceae)

TAMARISKE

Sträucher und kleine Bäume mit einem Haupttrieb
bis 5 m hoch
sommergrün
vollsonnige Standorte

T. ramosissima (syn. *T. pentandra*) und *T. tetranda* wachsen in der freien Natur in Meeresnähe, sie lieben daher sonnige und windige Standorte. Wenn sie zu stark gedüngt werden und an einem windstillen Ort wachsen, werden sie sparrig, zu groß und fallen leicht um. Gesunde, aber staksige Pflanzen, die in sonnigen Lagen wachsen, können im Frühjahr bis auf ein Astgerüst zurückgeschnitten werden, aus dem man eine neue Krone aufbaut. Diese wird anschließend regelmäßig geschnitten.

Tamarix ramosissima (*syn.* Tamarix pentandra)

Taxus baccata, *ausgewachsenes Exemplar*

Taxodium (Taxodiaceae)

SUMPFZYPRESSE

siehe **Picea** (Seite 125)

Taxus (Taxaceae)

EIBE

Bäume mit einem Haupttrieb
bis 15 m hoch
immergrün
sonnige bis schattige Standorte

Neben der einheimischen Eibe *(T. baccata)* mit ihren vielen Sorten findet man in Gärten auch die Japanische Eibe *(T. cuspidata)* sowie *T. x media*, eine Kreuzung dieser beiden Arten. Eiben sind sehr langlebig und können zwei- oder dreimal in ihrem Leben sehr stark zurückgeschnitten werden.

Im tiefen Schatten von Laubbäumen wachsen Eiben oft aus Samen heran und entfalten ihre volle Schönheit, wenn die Laubbäume dann absterben. Allerdings fallen Eiben, die plötzlich frei gestellt werden, bei starkem Wind leicht um. Bei großen Eiben kann man die Krone im Spätwinter um mindestens ein Drittel einkürzen, damit die Pflanzen nicht umwehen und weitere Wurzeln bilden, die sie fest im Boden verankern.

Eine große Eibe, die zu ausladend wächst und andere Pflanzen oder das Haus zu sehr beschattet, kann im Winter an der betreffenden Seite bis zum Stamm oder bis zu den vertikalen Ästen zurückgeschnitten werden. Man kann sie an dieser Seite anschließend wie eine Eibenhecke wachsen lassen. In exponierten Lagen sollte man bei diesem Schnitt darauf achten, dass der Baum dadurch nicht an einer Seite zu schwer wird und umzustürzen droht.

Weil Eiben Starkzehrer sind und flache Wurzeln besitzen, ist es schwierig, andere Pflanzen unter ihnen zu halten.

Siehe auch **Hecken** (Seite 140–143)

Thuja (Cupressaceae)

LEBENSBAUM

Schnitt wie bei **Chamaecyparis** (Seite 104)

Tilia (Tiliaceae)

LINDE

Bäume mit einem Haupttrieb
bis 30 m hoch
sommergrün
sonnige Standorte

Linden können sehr alt werden. Auch in Deutschland gibt es einige mehrere hundert Jahre alte Exemplare der Winterlinde *(T. cordata)*. Linden können zwar als Kopfbäume gehalten werden, denn sie ertragen es, wenn man ihre Äste im Winter kappt. Allerdings werden sie durch einen solch starken Schnitt ziemlich verunstaltet, vor allem die elegante Hänge-Silberlinde *(T. petiolaris)*.

Die Holländische Linde (*T.* x *vulgaris*, syn. *T.* x *europaea*, *T. cordata* x *T. platyphyllos*) findet sich in alten Gärten recht häufig. Dieser raschwüchsige, flach wurzelnde Baum gedeiht auch in verschmutzter Luft und gibt tiefen Schatten. Selbst Exemplare mit dicken Ästen können im Winter stark geschnitten werden. Man belässt ein offenes Astgerüst, das anschließend entweder ungestört wachsen kann oder regelmäßig geschnitten wird. So gelangt wieder Licht unter den Baum, und er benötigt weniger Wasser.

Alte Linden bilden oft am Stamm zahlreiche Stockausschläge. Man kann sie weitgehend unterdrücken, indem man sie erst kurz vor dem Erscheinen der Blätter dicht am Stamm abschneidet.

Ulmus (Ulmaceae)

ULME

Bäume mit einem Haupttrieb
bis 30 m hoch
sommergrün
sonnige Standorte

Die Holländische Ulmenkrankheit hat die Ulmen in ganz Europa stark dezimiert, doch in vielen Gärten wachsen noch Ulmen. Sie sind zum Teil aus Ausläufern und Stockausschlägen hervorgegangen und werden durch den Ulmensplintkäfer erneut mit dem pilzlichen Erreger der Ulmenkrankheit infiziert, wenn sie 4–6 m hoch geworden sind. Auch wenn Ihre Ulme gesund aussieht, sollten Sie den Garten in deren Nähe nicht aufwendig bepflanzen, weil der Baum plötzlich erkranken, seine Blätter verlieren und absterben kann. Befallene Pflanzen müssen gefällt und beseitigt werden.

Viburnum (Caprifoliaceae)

SCHNEEBALL

ein- oder mehrtriebige Sträucher
1–4 m hoch
sommer- oder immergrün
sonnige bis halbschattige Standorte

Die sommergrünen Schneeballarten können im zeitigen Frühjahr stark zurückgeschnitten werden, wenn dies nötig ist. Sie erholen sich anschließend rasch. Bei Schneebällen mit besonders hübschen Zweigen wie etwa *V. farreri* und *V.* x *bodnantense* kürzt man große Exemplare besser ein und lichtet sie aus. Auf einen starken Schnitt sollte man verzichten, weil die Pflanzen sonst zahlreiche dünne, schwache Triebe bilden, die man sorgsam auslichten muss. *V. plicatum* besitzt sehr elegante Äste, die bei einigen Sorten fast horizontal wachsen. Wenn man diese Sorten stark zurückschneidet, geht ihre Schönheit dauerhaft verloren. Die hübschen winterlichen Konturen bleiben am besten erhalten, wenn man die ganze Pflanze unten abschneidet und neu austreiben lässt.

Die immergrünen Arten wie zum Beispiel *V. rhytidophyllum* treiben wieder recht gut aus, wenn man im Frühjahr in 2–3 cm dicke Äste schneidet. Ein stärkerer Schnitt wird nicht mehr gut vertragen, und es ist besser, sie über mehrere Jahre hinweg einzukürzen, als sie unten abzuschneiden.

Viburnum *x* bodnantense

Vitis (Vitaceae)

REBE

Kletterpflanzen mit einem Haupttrieb
bis 10 m hoch
sommergrün
sonnige Standorte

Neben der Weinrebe *(V. vinifera)* und ihren hübschen Sorten, wie der purpurblättrigen 'Purpurea' und der graugrün beblätterten 'Incana', gibt es noch mehrere andere dekorative, wüchsige Arten, zum Beispiel *V. amurensis* und *V. coignetiae*. Sie behaupten sich in vernachlässigten Gärten recht gut und können zu Beginn des Winters stark zurückgeschnitten werden; wenn man sie später schneidet, riskiert man, dass die Wunden stark bluten. Die Pflanzen erholen sich besonders gut, wenn man sie düngt und mulcht.

Weigela (Caprifoliaceae)

WEIGELIE

Sträucher mit mehreren Haupttrieben
2–3 m hoch
sommergrün
sonnige bis halbschattige Standorte

Da Weigelien viel Trockenheit und Schatten vertragen, können sie auch in vernachlässigten Gärten recht gut überleben. Erhalten sie mehr Wasser und Sonnenlicht, werden sie jedoch schöner. Wenn man sie im zeitigen Frühjahr stark zurückschneidet, gut düngt, mulcht und für ausreichend Licht sorgt, sind sie nach einigen Jahren wieder sehr hübsch. Stattdessen kann man sie aber auch im Winter auslichten. Dabei entfernt man tote und einander überkreuzende Äste, sodass

Vitis coignetiae

Wisteria

mehr Licht und Luft an das junge Holz gelangen. Auch in diesem Fall sollte man gut düngen und mulchen.

An Weigelien, die wieder zu schönen Sträuchern herangewachsen sind, beschränken sich Schnittmaßnahmen auf ein gelegentliches Auslichten einzelner älterer Triebe. Ein weiter gehender Rückschnitt würde nur die erneute Bildung von zahlreichen Jungtrieben fördern, wodurch der Strauch zu dicht würde und leicht auseinander fiele.

Wisteria (Leguminosae)

BLAUREGEN, GLYZINE

Kletterpflanzen mit einem Haupttrieb
bis 25 m hoch
sommergrün
vollsonnige Standorte

Alte Glyzinen, die in einem Laubbaum emporgewachsen sind, können meist darin belassen werden. Wenn man sie unterhalb der Baumkrone schneidet, blühen sie in der Folge schlechter.

Bei alten, an einer Mauer wachsenden Exemplaren kann man einen Teil der dicken Äste im Spätwinter entfernen, falls dies nötig ist. Die jüngeren Triebe werden danach so erzogen, dass sie die Lücken schließen. Dabei sollte man darauf hinarbeiten, dass die Pflanzen nahe an der Mauer wachsen. Sie werden anschließend jedes Jahr geschnitten.

Gelegentlich ist der Haupttrieb nahe am Boden von der Mauer fortgewachsen und hat eine mächtige Schleife gebildet, die Ihnen im Weg ist. Diesen Trieb kann man im Winter abschneiden. Meist treibt danach eine am Erdboden oder dicht darunter befindliche Knospe aus und bildet einen neuen Haupttrieb. Schneiden Sie möglichst nicht tiefer als 30 cm über dem Erdboden, damit mehr schlafende Augen verbleiben. Werden die Pflanzen im ersten Sommer nach dem Schnitt gut gewässert, erholen sie sich besser.

Yucca (Agavaceae)

PALMLILIE

Sträucher mit mehreren Haupttrieben
bis 3 m hoch
immergrün
vollsonnige Standorte

Die häufigsten Palmlilien in unseren Gärten, *Y. filamentosa* und *Y. flaccida*, sind praktisch stammlos. Von den wenigen winterharten Palmlilien, die einen oberirdischen Stamm bilden, wird *Y. gloriosa* am meisten gepflanzt. Am Grund jeder Rosette bildet sich nach der Blüte ein Kreis kleinerer Rosetten, die heranwachsen, blühen und ebenfalls junge Rosetten bilden. So werden die Pflanzen mit der Zeit sehr dicht. Um sie zu verschönern, kann man die ältesten abgeblühten Triebe im Spätfrühling herausschneiden und den übrigen dadurch mehr Licht und Platz verschaffen. So kommt die attraktive Gestalt der Pflanzen wieder zur Geltung, und die Rosetten erhalten genug Sonnenlicht, um ausreifen und blühen zu können. Stämme, die man bis zu einem Ast einkürzt, sind anschließend viel weniger hübsch, als wenn man sie weit unten abschneidet. Die abgesägten Stämme können bei Bedarf in Stücke von mindestens 10 cm Länge geteilt und bewurzelt werden.

Yucca

Heide

Die gemeinhin als Heide bezeichneten Zwergsträucher aus der Familie Ericaceae (Heidekrautgewächse), die in unseren Gärten kultiviert werden, gehören zur Gattung *Calluna* (Besenheide) und *Erica* (Heide, Glockenheide), nur gelegentlich findet man noch andere Vertreter wie *Daboecia cantabrica* (Irische Heide, nur in milden Lagen oder unter Reisigschutz winterhart) und *Bruckenthalia spiculifolia* (Ährenheide).

Aufgelassene Heidegärten werden rasch von Unkräutern und Gräsern überwachsen. Am besten legt man sie dann ganz neu an oder gestaltet die Flächen auf andere Weise. Im Garten ist Heide ohnehin meist kurzlebig. Auf nährstoffreichem Boden wächst sie üppig, lebt aber nur wenige Jahre. Schatten verträgt sie gar nicht. Die meisten Heidepflanzen sehen nicht mehr schön aus, wenn sie mehr als zehn Jahre alt geworden sind, es sei denn, man schneidet sie regelmäßig und sie wachsen auf nährstoffarmem Boden. Ohne Pflege sind sie jedoch nach kurzer Zeit so unansehnlich, dass man sie ersetzen muss.

Hier beginnt Erica vagans *in eine Blaufichte zu wachsen. Die Pflanzen dürfen einander aber nicht zu sehr bedrängen.*

Die in Gärten so beliebte Besenheide *(Calluna vulgaris)* schmückt im Spätsommer weite Flächen der Lüneburger Heide mit ihren Blüten. Ein-, allenfalls zweijähriges Holz treibt nach einem Schnitt wieder aus, älteres Holz nicht. Pflanzen, die zu hoch – je nach Sorte 30–60 cm – und in der Mitte kahl geworden sind, sollten ersetzt werden.

Besenheide ist langlebiger, wenn man die Pflanzen regelmäßig stutzt, um den buschigen Wuchs zu erhalten – in der Heide übernehmen die Heidschnucken diese Aufgabe. Man schneidet im Frühjahr die jungen Spitzen der Triebe ab, wenn sie zu wachsen beginnen, und nach der Blüte im Herbst noch einmal ganz leicht nach. Versäumt man den Schnitt in den ersten Jahren, werden die Pflanzen in der Mitte bald kahl. Die goldblättrigen Sorten brauchen mehr Licht als die grünen, und die graublättrigen benötigen noch hellere Standorte.

Von den Vertretern der Gattung *Erica* findet man in Gärten zumeist die im Winter blühende, kalktolerante Schneeheide *(E. carnea)*, selten

Heide und Koniferen wirken durch ihre frischen Farben. Kahle, sparrige Pflanzen werden am besten entfernt.

andere, sauren Boden liebende Arten wie die Glockenheide *(E. tetralix)*, die Graue Heide *(E. cinerea)*, die kniehoch werdende Cornwallheide *(E. vagans)* und eine einigermaßen winterharte, bis 1 m hohe Varietät der Baumheide *(E. arborea var. alpina)*.

Wie *Calluna* werden auch *Erica* (mit Ausnahme der Baumheide) und *Daboecia* ohne jährlichen Schnitt schnell unansehnlich. Sparrige, in der Mitte kahle oder von Unkräutern durchwachsene Pflanzen werden am besten ersetzt. Häufig haben sich bewurzelte Ableger gebildet, die im Frühjahr oder im Herbst abgetrennt werden können.

Erica arborea *var.* alpina – *ausgewachsene Pflanzen werden etwa 1 m hoch und regenerieren sich nach einem starken Schnitt gut.*

Hecken

Alte Hecken

Aus verschiedenen Gründen kann es nötig sein, eine alte Hecke stark zu schneiden, etwa, weil sie lückig oder oben so breit geworden ist, dass die untere Hälfte kaum noch Licht erhält und zunehmend kahl wird, oder weil sie stark von Brombeeren durchwachsen ist.

Die meisten Hecken werden regelmäßig leicht geschnitten und erholen sich auch nach einem starken Schnitt gut. In architektonischen Gärten ist es notwendig, klare Linien und rechte Winkel wiederherzustellen, in Cottage-Gärten muss man oft nur für ein gleichmäßiges Profil und einen durchgehenden Sichtschutz sorgen.

Auch sorgsam gepflegte Hecken werden mit den Jahren zu hoch oder zu breit, was den regelmäßigen Pflegeschnitt sehr erschweren kann. Überlegen Sie aber gut, bevor Sie eine Hecke nur deshalb stark schneiden, weil sie sehr groß geworden ist. Wenn etwa nur eine große Hecke an einer bestimmten Stelle schön aussieht oder für ausreichend Windschutz sorgt, sollten Sie sie nach Möglichkeit verschonen. Dies gilt zum Beispiel für wundervolle, dicke, wellenförmig geschnittene Eiben- und Stechpalmenhecken. Versuchen Sie, ihre Größe zur Geltung zu bringen, damit sie Ihrem Garten eine unvergleichliche Atmosphäre verleihen. Manchmal lohnt es sogar, den Verlauf eines Weges zu ändern, damit die angrenzende Hecke nicht stört.

Hecken schneiden

Bevor wir uns dem Schnitt verschiedener Hecken zuwenden, sollten wir uns die wichtigsten Grundsätze vor Augen führen, die beim Verjüngungsschnitt von Hecken zu beachten sind:

1. Hecken sind nur dicht und schön, wenn sie viel Licht erhalten. Oft müssen daher andere Gehölze zurückgeschnitten werden, damit die Hecke gedeihen kann. Unter Bäumen benötigen Hecken besonders viel Wasser und Dünger, um ihre schöne Form wiederzuerlangen.

2. Hecken, denen es an Nährstoffen mangelt, erholen sich nach einem starken Schnitt schlechter als gut mit Nährstoffen versorgte Hecken. Die einzelnen Pflanzen in einer Hecke müssen ohnehin einen harten Konkurrenzkampf bestehen, und um plötzlich stark wachsen zu können, brauchen sie große Mengen Nährstoffe.

3. Vor dem Schnitt sollten Sie an das zukünftige Profil Ihrer Hecke denken. Im Idealfall verjüngt sich eine Hecke nach oben, damit sie auch unten ausreichend Licht erhält. Man kann sich natürlich für ein anderes Profil entscheiden, doch Kahlstellen unten in der Hecke schließen sich nur wieder, wenn ausreichend Licht von oben eintritt. Meist ist es besser, die ganze Hecke stark zu schneiden, als hier und da zu schnippeln, um einer Kahlstelle mehr Licht zu verschaffen.

Wenn die Hecke später niedriger sein soll als zuvor, muss der Schnitt mindestens 30 cm unterhalb der zukünftigen Oberseite verlaufen, damit genug Platz für ein neues, dichtes Blätterdach bleibt.

4. Es kann sinnvoll sein, zunächst nur eine Seite einer Hecke stark zu schneiden, so bleibt ihre Sichtschutzwirkung erhalten. Andere Hecken schneidet man besser im Ganzen bis zum Erdboden zurück. In jedem Fall sollten die jungen Triebe vor dem nächsten Winter möglichst viel Zeit haben, um wachsen und ausreifen zu können, sonst fallen sie leicht den ersten Frösten zum Opfer. Besonders raschwüchsige Hecken können im Spätwinter geschnitten werden, Eiben- und Buchsbaumhecken schneidet man im Frühjahr kurz vor Beginn der Vegetationsperiode, wenn keine strengen Fröste mehr zu erwarten sind.

5. Ein starker Schnitt alter Hecken birgt stets ein gewisses Risiko. Einzelne Pflanzen erholen sich manchmal nicht und müssen ersetzt werden. Vermutlich waren sie ohnehin bereits geschwächt und hätten nicht mehr lange gelebt. In einer alten Hecke stößt man oft auf Pflanzen, die schon vor Jahren abstarben und langsam überwachsen wurden, ohne dass man etwas davon sah.

6. Lücken in alten Hecken können Sie durch neue Pflanzen schließen. Heben Sie stets ein großes Pflanzloch aus, damit die junge Pflanze genügend Platz hat. Am besten wachsen junge Pflanzen in stark zurückgeschnittenen Hecken an, denn dann erhalten sie viel Licht. Junge Stechpalmen, Eiben und Weißdorne können sich in einer Hecke besser behaupten als Buchen und Liguster.

Abgestorbene Heckengehölze sollten entfernt werden.

Düngen Sie den Boden, bevor Sie neue Pflanzen setzen!

Eine alte Hecke, ein Jahr nach einem starken Schnitt.

Eibenhecken

Eiben *(Taxus baccata)* sind erstaunlich robuste Gehölze. Sie können über 1000 Jahre alt werden, wachsen an sonnigen Standorten ebenso wie in tiefem Schatten, sind widerstandsfähig gegen Hallimasch und überaus schnittverträglich. Selbst wenn man bei einer Eibe die Hälfte der Krone entfernt – also einen ausgewachsenen Baum in eine Art Totempfahl verwandelt –, erholt sie sich anschließend gut. Ihre Regenerationsfähigkeit ist bewundernswert! Besonders dicht werden Eibenhecken in sonnigen Lagen.

Eine alte Regel besagt, dass eine Eibenhecke alle 70 Jahre zurückgeschnitten werden sollte, damit sie immer schön dicht wächst. Wenn Sie meinen, dass diese 70 Jahre nun vorüber sind, sollten Sie nach dem Zustand Ihrer Hecke schauen. Erscheint sie überaltert, ist sie lückig geworden, wächst sie kräftig, ist sie bereits zu groß oder ist sie unten nur ein wenig kahl geworden?

Wenn die Hecke Ihnen zu schwachwüchsig erscheint, sollten Sie sie möglichst ein Jahr vor dem Schnitt mit einem Mehrnährstoffdünger düngen, mit Kompost mulchen und bei Trockenheit außerdem gelegentlich wässern. Die Hecke sollte wieder kräftig sein, bevor sie den Schnitt verkraften muss.

Schneiden Sie möglichst zuerst an der Seite, die am meisten Licht erhält. Im Frühling, wenn keine starken Fröste mehr anstehen und die Pflanzen zu wachsen beginnen, sägen Sie alle Äste an einer Seite der Hecke am Stamm ab. Lassen Sie keine horizontalen, verzweigten Aststummel stehen, sondern schneiden Sie bis zu den vertikalen Trieben zurück. Diese Arbeit ist mühsam und beschert Ihnen große Mengen Zweige und Äste, die in trockenem Zustand hervorragend brennen. Bei dieser Gelegenheit sollten Sie auch die Wasser abweisenden alten Nadeln unter der Hecke entfernen, bis der Boden wieder zutage tritt. Nun düngen Sie mit einem Stickstoffdünger, mulchen und wässern reichlich. Ein Jahr später sollten die Stämme auf ganzer Länge wieder grüne Triebe tragen.

Nun ist die Oberseite der Hecke an der Reihe. Ich schneide sie am liebsten im zweiten Jahr nach dem Schnitt der ersten Seite. Wenn die Hecke sich nach dem ersten Schnitt gut erholt hat, können Sie diese Arbeit aber auch schon im ersten Jahr ausführen. Im Frühling kürzen Sie die ganze Hecke oben ein. Schneiden Sie sie 30 cm niedriger, als sie später hoch sein soll, damit noch Platz für neue Zweige bleibt. Bei Hecken, die noch nie stark geschnitten wurden, muss man oft sehr starke Triebe durchtrennen. Düngen, mulchen und wässern Sie gut und geben Sie der Hecke Zeit, sich zu erholen.

Bei jeder Pflanze werden die oberen und die seitlichen Äste zu starkem Wachstum angeregt, wenn man den Haupttrieb oben abschneidet. Eiben reagieren recht rasch. Ein weiteres Jahr später können Sie die letzte Seite zurückschneiden. Auch hier kürzt man die Pflanzen bis zu den Haupttrieben ein. Fünf bis sechs Jahre nach dem ersten Schnitt schmückt eine rundum verjüngte, dichte und gesunde Hecke passender Größe Ihren Garten.

Wenn man beginnt, die erste Seite zu schneiden, stellt man oft fest, dass nicht jede Heckenpflanze in der Mitte einen kräftigen Stamm besitzt. Manche haben stattdessen mehrere dünne Haupttriebe gebildet. Solche Pflanzen schneide ich 20 cm über dem Erdboden ab, damit sie neu austreiben. Dann wähle ich einen der jungen Triebe als zukünftigen Haupttrieb aus. Nach fünf bis sechs Jahren haben Sie auch in diesem Fall eine dichte Hecke der gewünschten Größe, doch müssen Sie natürlich bis dahin auf ihre Sicht- und Windschutzwirkung verzichten.

Wenn Sie eine neue Eibenhecke anlegen, sollten Sie aus diesem Grund darauf achten, dass jede Pflanze nur einen Haupttrieb bildet, bis die Hecke hoch genug ist.

Diese Hecke wurde bereits an einer Seite geschnitten. In ihrem Inneren kann man noch sehen, wo der letzte Schnitt erfolgte.

Buchsbaumhecken

Im Unterschied zur Eibe kann der Buchsbaum *(Buxus sempervirens)* auch noch an kahlen Stümpfen seiner Seitenäste, die oft einen beträchtlichen Durchmesser aufweisen, junge Triebe bilden. Hecken und Formschnittgehölze aus Buchsbaum sind überaus schnittverträglich und begrünen sich stets erneut. Man schneidet Buchsbaum am besten vollständig zurück. Wenn man nur eine Hälfte schneidet, dann wächst die andere nämlich umso stärker, und die geschnittenen Seiten bleiben kahl.

Buchsbaum, der dicht über der Erde abgeschnitten wird, treibt anschließend gut aus. Er regeneriert sich besonders rasch, wenn er gut gedüngt und regelmäßig gemulcht wird.

Große und kleine Buchsbaumhecken können auch weit unten abgeschnitten werden, falls dies nötig ist. Die zwergwüchsige Sorte 'Suffruticosa' erholt sich aber nur sehr langsam, und auch gut angewachsene Hecken brauchen viele Jahre, um wieder 30–40 cm hoch zu werden. Deshalb schneidet man besser wie bei der Eibe jede Seite einzeln. Auf diese Weise können Sie auch Unkräuter besser bekämpfen.

Unansehnlich gewordene Buchsbaumhecken profitieren sehr davon, wenn man sie reichlich düngt und sich außerdem die Mühe macht, die äußeren 10 cm des Blätterdachs im Frühling auszulichten, indem man gut ein Viertel der jungen Triebe mit Daumen und Zeigefinger herausknipst. Dadurch erhalten die übrigen Triebe wieder mehr Licht und Luft.

Ohne diese schöne alte Buchsbaumhecke würde die Mauer sicher trostlos aussehen.

Buchen- und Hainbuchenhecken

Buchen *(Fagus sylvatica)* und Hainbuchen *(Carpinus betulus)* bilden dichte Hecken, die sehr breit werden können und nicht leicht zu pflegen sind. Man kann sie wie Eibenhecken auf mehrere Jahre verteilt im Spätwinter stark schneiden, wobei man auch hier erst eine Seite, dann oben und schließlich die andere Seite schneidet. Am besten entfernt man die Äste jedoch nicht am Stamm, sondern kürzt sie bis zum letzten beblätterten Seitenzweig ein. Bei Buchen und in geringerem Maß auch Hainbuchen treibt das alte Holz nicht so bereitwillig aus wie bei der Eibe, und ein verbliebener lebender Zweig trägt viel zur Erholung bei. Manchmal begrünt sich die geschnittene Seite auch durch Zweige, die aus Ästen an der anderen Seite der Hecke wachsen. Dies ist zwar nicht ideal, aber immer noch besser, als wenn die Hecke an dieser Stelle auf Dauer kahl bleibt.

Ligusterhecken

Die meisten Ligusterhecken (*Ligustrum vulgare*, seltener *L. ovalifolium*) bestehen aus mehrtriebigen Pflanzen. Man kann ihre Seiten im zeitigen Frühjahr auf mehrere Jahre verteilt stark schneiden. Dabei werden die Triebe, die eine Seite der Hecke bilden, weit unten abgeschnitten. Liguster erholt sich rasch, kleine Hecken sind manchmal bereits nach einem Jahr wieder zur ursprünglichen Größe herangewachsen. Wenn sich die erste Seite erholt hat, folgt die andere im nächsten Frühjahr. Reichliches Düngen zahlt sich stets aus.

Wer bereit ist, für ein oder zwei Jahre auf die Sichtschutzwirkung der Hecke zu verzichten, kann sie auch vollständig unten abschneiden. (Gleiches gilt für die immergrüne *Lonicera nitida*.) Stark zurückgeschnittener Liguster ist nach einem Jahr schon wieder hüfthoch, und damit die neue Hecke schön dicht wird, sollte man die jungen Triebe einige Male leicht schneiden, bevor sie die endgültige Höhe erreichen.

Koniferenhecken

Koniferenhecken sind raschwüchsig und pflegeleicht. Am häufigsten trifft man neben Eiben (siehe vorherige Seite) Lebensbäume (*Thuja orientalis* oder *T. plicata*) als Heckenpflanzen an, daneben Scheinzypressen *(Chamaecyparis lawsoniana)* und gelegentlich auch Bastardzypressen (x *Cupressocyparis leylandii*).

Leider werden Koniferenhecken oft zu hoch. Bastardzypressen wachsen besonders rasch, was Ihnen in den ersten Jahren sicher gelegen kommt, später aber eher stört. Man muss sie von Anfang an mindestens einmal im Jahr leicht schneiden, damit sie dicht bleiben.

Hecken aus Nadelhölzern kann man oben schneiden, indem man die dicken Äste absägt, wenn sie 10–15 cm stark sind. Fast keine Hecke sieht anschließend jedoch wieder elegant aus. Von oben betrachtet ist sie meist sogar ausgesprochen hässlich. Manchmal erholen sich die Äste wieder, häufiger übernehmen jedoch andere Seitenäste ihre Rolle. Diese wachsen leider aber stärker nach außen. Oft sind sie so raschwüchsig wie zuvor die geschnittenen Äste. Stirbt das Holz bis zum Haupttrieb ab, werden auch die Seitenäste oft geschwächt.

Eine Nadelholzhecke, die durch dichte, nach außen wachsende obere Äste unten kahl und braun geworden ist, wird dort nicht wieder grün, wenn man die Pflanzen zurückschneidet. Im Unterschied zur Eibe darf man an den Seiten auch nicht bis zum Stamm einkürzen. Am besten lichtet man das dichte Innere der Pflanzen aus und kürzt ein, wobei man stets nur ins junge Holz schneidet. Anschließend sorgt man für ausreichend Licht, damit die Pflanzen sich mit der Zeit wieder erholen können.

Eine völlig aus der Form geratene Hecke bietet wenig Anlass zu Optimismus. Es lohnt nicht, sie zu schneiden. Man entfernt sie am besten frühzeitig, wenn der Garten ohnehin umgestaltet wird. Der Boden unter der Hecke ist ausgelaugt und muss mit reichlich Kompost oder Stallmist gedüngt werden, bevor man hier neue Pflanzen setzt.

Bevor Sie eine unansehnliche oder zu groß gewordene Koniferenhecke vollständig entfernen, sollten Sie aber überlegen, ob sie als lockerer Windschutz einen guten Zweck erfüllt. Man kann sie oben schneiden, damit sie nicht zu hoch wird, und die Seiten dicker werden lassen, um auch eine Sichtschutzwirkung zu erreichen. Auch Hemlocktannen *(Tsuga heterophylla)* und andere Nadelgehölze können auf diese Weise wirksam eingesetzt werden. Man schneidet sie alle paar Jahre leicht (alte Buchen- und Stechpalmenhecken können auf gleiche Weise verwendet und gepflegt werden). Die Pflege solcher Hecken muss man von der Leiter aus erledigen, aber man kommt schnell voran, weil man nicht besonders sorgfältig vorgehen muss. Wenn man mit der Astschere arbeitet, muss man anschließend einige Jahre gar nicht mehr schneiden.

Grüne und Gelbe Bastardzypressen bilden raschwüchsige Hecken.

Diese schön geschnittenen Buchen und Hemlocktannen halten den Wind aus einem schottischen Garten fern.

Stechpalmenhecken

Die Stechpalme *(Ilex aquifolium)* bildet schöne, schattentolerante Hecken. In eine Stechpalmenhecke, die unten lückig geworden ist, kann man sehr junge Stechpalmen nachpflanzen. Stechpalmenhecken, in denen viele Äste abgestorben sind, werden am besten nicht eingekürzt, sondern bis zum Erdboden zurückgeschnitten. Ebenso verfährt man mit ausgewachsenen, frei stehenden Pflanzen, die an der Basis 30 – 60 cm dick sind. Stechpalmen treiben auch im Schatten von unten her wieder aus. Werden große Äste eingekürzt, sterben die Stummel oft ab, und die Pflanzen erholen sich nicht so schnell wie nach einem Rückschnitt bis zum Erdboden.

Hecken aus verschiedenen Gehölzen

Auf dem Land sieht man oft Hecken, die aus einer größeren Zahl unterschiedlicher Gehölze wie Weißdorn, Schlehe, Hasel, Holunder und Wildrose bestehen und zumindest früher die Aufgabe hatten, das Vieh fern zu halten. Wenn man so eine Hecke stark zurückschneidet, auf den Stock setzt oder entstandene Lücken in ihr neu bepflanzt, sollte man einige Jahre das Vieh durch einem Drahtzaun fern halten. Dieser sollte so weit vor der Hecke stehen, dass die Tiere die Jungtriebe nicht erreichen können, wenn sie sich über den Zaun recken.

Man kann solche Hecken aber auch auf traditionelle Weise verjüngen. Dazu trennt man die meisten Äste ab und kürzt die vertikalen Haupttriebe stark ein. Diese werden nun in der Linie der Hecke zur Seite gebogen und dort mit Hilfe anderer Triebe befestigt, die man auch mit Pfählen stützen kann. Anschließend treiben die Pflanzen neu aus, und die Hecke ist nach kurzer Zeit wieder dicht. Wenn man diese Arbeit geschickt ausführt, kann man sich nach einiger Zeit an einer wunderschönen Hecke erfreuen.

Stauden

Stauden schmücken den Garten und sorgen für liebenswerte Details. Sie gehören zwar streng genommen nicht zum Thema dieses Buchs, aber Sie sollten wissen, welche Stauden in vernachlässigten Gärten gute Überlebenschancen haben.

In einem nicht zu stark zugewucherten Garten kann man die meisten Stauden zu neuem Leben erwecken, indem man sie im Frühjahr teilt und in tief umgegrabenen, gedüngten Boden pflanzt. Ohne Düngung an ihren alten Standort gesetzt, erholen sie sich nur langsam. Konkurrenzkräftige Stauden haben sich oft so sehr im Garten ausgebreitet, dass man viele Pflanzen wegwerfen oder verschenken muss. Nur die kräftigsten Stücke sollten wieder verwendet werden!

Widerstehen Sie der Versuchung, den ganzen Garten mit Ihren mehrfach geteilten Stauden zu bepflanzen, sodass er überall gleich aussieht. Setzen Sie die Stauden aber ruhig großzügig ein, füllen Sie zum Beispiel ein Beet mit ihnen oder gestalten Sie einen langen Saum mit nur einer Art, bis Sie Zeit und Geld haben, um für mehr Abwechslung zu sorgen.

Giersch oder andere hartnäckige mehrjährige Unkräuter, die in eine Staude hineingewachsen sind, kann man auf zweierlei Weise bekämpfen. Man kann die Staude im Frühjahr aus dem Boden nehmen und in kleine Stücke teilen, die man darauf kontrolliert, dass sie frei von Unkräutern sind. Dabei kann es hilfreich sein, sie unter fließendem Wasser zu säubern. Diese Stücke werden an einer anderen Stelle des Gartens in unkrautfreien Boden gesetzt, wo sie heranwachsen, bis Sie die Unkräuter an ihrem ursprünglichen Standort beseitigt haben.

Alternativ dazu können Sie die Unkräuter in der Staude mit einem Herbizid bekämpfen, das nur auf ihre Blätter gebracht wird (sofern dort, wo Sie wohnen, der Einsatz von Herbiziden in Gärten erlaubt ist). Bei Zaunwinden und anderen hartnäckigen Unkräutern lässt sich manchmal nur so ein nachhaltiger Bekämpfungserfolg sichern.

In lange vernachlässigten Gärten sind die meisten Stauden infolge von Schatten, Trockenheit und Wurzelkonkurrenz abgestorben, und Sie finden nur noch Gräser und Gehölze vor. Einige Stauden überleben jedoch immer, vor allem Zwiebel- und Knollenpflanzen, die im Wald beheimatet sind, sowie Päonien und Salomonssiegel, die jahrelang zwischen hohem Gras oder in tiefem Schatten aushalten. Päonien lieben es zwar nicht, umgepflanzt zu werden, doch alte, ungepflegte Exemplare profitieren davon, wenn man sie im Frühjahr in recht große Stücke teilt und an einen anderen Ort mit nährstoffreichem Boden pflanzt.

Paeonia officinalis *'Rubra Plena'*

Viele Liliengewächse *(Liliaceae)* und Vertreter nahe verwandter Familien sind wahre Überlebenskünstler in vernachlässigten Gärten: Narzissen, Funkien, verschiedene Lilienarten und Taglilien, Maiglöckchen, Germer, Blausterne, Hasenglöckchen, Hundszahn und Schneeglöckchen. Hinzu kommen aus anderen Pflanzenfamilien Goldruten, Türkischer Mohn und einige andere Knollenpflanzen.

Wenn diese Pflanzen in einem alten Garten wachsen, erfahren Sie dadurch, wie dieser früher gestaltet war. Päoniensorten zeigen meist an, dass sich an dieser Stelle einst eine Staudenrabatte befand und der Boden reich an Nährstoffen war. Salomonssiegel, Maiglöckchen und fremdländische Farne sind die Überreste schattiger Waldgärten.

Pflanzen, die ohne Pflege so lange überleben können, müssen robust sein. Manche sind stark geschwächt und drohen abzusterben, aber die meisten weisen auf einen verborgenen Schatz hin, der im Boden schlummert. Derzeit kümmern vielleicht drei oder vier Türkenbundlilien im Garten, doch bei genauerem Hinsehen stoßen Sie auf zahlreiche ausgezehrte Zwiebeln, die nur darauf zu warten scheinen, im zeitigen Frühjahr aus dem Boden genommen, geteilt und in nährstoffreiche Erde gesetzt zu werden. Wenige Jahre später können Sie sich wieder an einem hübschen Bestand erfreuen.

Maiglöckchen bilden in nährstoffarmen Böden dichte Wurzelgeflechte, die nur wenige Blätter und Blüten tragen. Wenn Sie sie mit reichlich Kompost oder Stallmist düngen, haben Sie nach wenigen Jahren einen dichten Bestand, den Sie teilen können.

Auch Salomonssiegel bildet mit seinen dicken Rhizomen dichte Geflechte unter der Erde. Diese Pflanzen leiden unter Trockenheit noch stärker als unter Nährstoffmangel. Man kann alte Bestände aus dem Boden nehmen und teilen. Jedes Teilstück wächst in nährstoffreichem Boden rasch an. Die äußeren Rhizome tragen dickere Knospen und etablieren sich schneller, doch auch die älteren, inneren Teile der Pflanzen bringen nach einiger Zeit wieder schöne Blätter und Blüten hervor.

Polygonatum biflorum

Der Schatten liebende, etwas frostempfindliche Mäusedorn *(Ruscus aculeatus)* ist ein Halbstrauch aus der Familie der *Liliaceae*. In alten Gärten kann er große Bestände bilden, die sogar an trockenen, schattigen Standorten unter Eiben oder Buchen einen Durchmesser von einem Meter erreichen können. Wenn Sie möchten, können Sie diese Bestände im Frühjahr teilen und die Pflanzen an eine andere Stelle des Gartens setzen. Mäusedorn verträgt es übrigens nicht, in sehr kleine Stücke geteilt zu werden.

Ruscus aculeatus

In kühleren, feuchteren Gärten können Farne sehr alt werden. Der Königsfarn *(Osmunda regalis)* erreicht oft ein Alter von 100 und mehr Jahren. Farne säen sich bei zusagenden Bedingungen auch gern selbst aus. Wenn im Garten Tüpfelfarn oder Engelsüß *(Polypodium vulgare)*, Wurmfarn *(Dryopteris spec.)*, Frauenfarn *(Athyrium filix-femina)*, Schildfarn *(Polystichum spec.)*, Mauerraute *(Asplenium ruta-muraria)* und andere bei uns heimische Farne wachsen, zeigt dies also nicht an, dass sie hierhin gepflanzt wurden. Verschiedene fremdländische Farne, von denen einige wunderschön gekräuselte oder eingeschnittene Wedel aufweisen, deuten dagegen darauf hin, dass hier zuvor gärtnerisch gestaltet wurde. Große alte Farne bilden oft besonders schöne, majestätische Wedel, wenn man ihren Wurzelstock mit Knochenmehl oder einem anderen langsam wirkenden Dünger versorgt und zusätzlich noch mit reichlich verrottetem Kompost mulcht.

Kleine Farne lassen sich gut verpflanzen. Damit ihre Form optimal zur Geltung kommt, muss man den Bestand oft auslichten und die kleinen Nachkommen entfernen. Auch alte Farne mit ihrem großen, flachen Wurzelwerk können im Frühjahr umgesetzt werden, wenn die jungen Wedel gerade beginnen, sich zu entrollen.

Formschnittgehölze

Als Formschnittgehölze sind vor allem Buchsbaum und Eibe beliebt, denn sie sind dicht, immergrün und relativ langsamwüchsig. Gelegentlich verwendet man auch Liguster, Stechpalmen und einige andere Arten. Prinzipiell eignet sich jedes immergrüne Gehölz, das dicht verzweigt ist und einen starken Schnitt verträgt, für den Formschnitt.

Wie man die verschiedenen Pflanzen schneidet, wurde bereits in der alphabetisch geordneten Pflanzenliste (Seite 97–138) sowie im Kapitel über Hecken (Seite 140–143) beschrieben. An dieser Stelle wollen wir einige allgemeine Grundsätze des Verjüngungsschnitts von Formschnittgehölzen betrachten.

Es wurde bereits erwähnt, dass Hecken, die sich nach oben verjüngen, unten lange dicht bleiben, weil sie dort viel Licht erhalten. Wie verhält sich dies bei Formschnittgehölzen mit ihren verschiedenen dreidimensionalen Formen, die unten oft kaum Licht erhalten? Die

Charakter oder Chaos? Wie gefallen Ihnen diese Formschnittgehölze?

Antwort ist, dass manche Arten, vor allem Buchsbaum und Eibe, nach einem Schnitt sogar an schattigen Stellen dicht werden! Je weniger Schatten sie aber ertragen müssen, desto schöner sind sie. Der Formschnitt macht viel Arbeit, und man sollte frühzeitig berücksichtigen, dass die Pflanzen optimales Licht erhalten müssen, um schön auszusehen. In jedem Fall profitieren alte Formschnittgehölze sehr davon, wenn man für ausreichend Licht sorgt, reichlich düngt und mulcht. Nach einem starken Schnitt erholen sie sich besonders rasch, wenn man im Spätfrühling einen stickstoffreichen Dünger gibt.

Bei einem alten Formschnittgehölz in Ihrem Garten sollten Sie sich folgende Fragen stellen. Gefällt Ihnen die Form, können Sie sie erhalten? Wenn die Pflanze groß und aus der Form geraten ist, stört Sie das, oder verleiht es ihr einen gewissen Charme und erzählt von ihrer Geschichte? Ist die Pflanze für Sie ein Zeugnis lange währender, liebevoller Gartenpflege? In diesem Fall brauchen Sie sie nicht zu schneiden. Wenn sie aber sehr unsymmetrisch geworden ist und zu brechen droht, müssen Sie schnell zur Gartenschere greifen. Auch dann, wenn Ihr Formschnittgehölz noch sehr schön ist, aber nicht in den neu gestalteten Garten passt, kommt die Schere zum Einsatz.

Am besten lassen sich Formschnittgehölze verjüngen, die einen kräftigen Stamm und mehrere dicke Äste besitzen. Buchsbaum und Eibe können notfalls bis auf dieses Grundgerüst zurückgeschnitten

Formschnittgehölze beeindrucken durch ihre Konturen, das Spiel von Licht und Schatten sowie durch die geometrische Anordnung. Wer die Pflanzen nicht symmetrisch genug findet, kann stattdessen Skulpturen aufstellen.

werden. Später schneidet man sie mit Hilfe einer Metallschablone wieder in Form. Dabei ist es immer einfacher, ein Formschnittgehölz etwas größer werden zu lassen, als es zu verkleinern.

Manchmal hat hohes Gras oder Efeu das Gehölz unten kahl werden lassen. Nach einem Schnitt dauert es sehr lange, bis es sich dort wieder begrünt hat. Setzen Sie Prioritäten! Es lohnt, mit dem Entfernen des Efeus eine Stunde zu verbringen, wenn die Alternative darin besteht, Jahre zu warten, um wieder ein schön geformtes Gehölz zu bekommen.

Bei Formschnittgehölzen, deren Formen kaum noch erkennbar sind, kann man die Form wiederherstellen, die Pflanzen ohne Schnitt weiter wachsen lassen oder neue Formen aus ihnen schneiden, die gut in den Garten passen. Das alte Profil tritt übrigens immer zutage, wenn man die Pflanze an einer Seite zurückschneidet.

Fast jedes immergrüne Gehölz eignet sich für einen Formschnitt – diese blaue Atlaszeder wurde spalierartig geschnitten.

Nützliche Anschriften

Bundesrepublik Deutschland, Österreich und Schweiz

Deutsche Dendrologische Gesellschaft e.V.
Geschäftsführer: Andreas Bärtels
Hünstollenstraße 32
37136 Waake
Tel. 0 55 05/9 13 89
Fax 0 55 07/9 13 88
http://www.gwdg.de/~rcallau/ddg/ddgimpressum.htm

Dieser Verein befasst sich mit der Verwendung von Gehölzen in Garten, Landschaft, Park und Wald sowie dem Schutz und Erhalt von alten, wertvollen Baumbeständen. Er verfügt über Fachreferenten u. a. in den Bereichen Gartenbau, Landschaftspflege und Parkgestaltung und führt auch auf regionaler Ebene Veranstaltungen und Exkursionen durch.

Österreichische Gartenbaugesellschaft
Parkring 12
A-1010 Wien
Tel. 01/5 12 84 16
Fax 01/5 12 84 17
http://www.oegg.or.at/pr/oegg

Die Österreichische Gartenbau-Gesellschaft (ÖGG) ist ein Interessensforum für Pflanzen- und Gartenfreunde. Die ÖGG veranstaltet regelmäßig Kurse, Vorträge, Exkursionen und Ausstellungen.

Schweizerische Dendrologische Gesellschaft
Christoph Wicki
Riehenring 32
CH-4058 Basel
Tel. 061/2 67 67 30
Fax 061/2 67 67 42

Bund deutscher Baumschulen e.V.
Bismarckstraße 49
25421 Pinneberg
Tel. 0 41 01/20 59-0
Fax 0 41 01/20 59-31
E-Mail: bdb-pinneberg@t-online.de

Der Bund deutscher Baumschulen (BdB) informiert über alle mit dem Bereich Baumschulpflanzen zusammenhängenden Fragen. In den Bundesländern gibt es jeweils dem BdB angeschlossene Landes- und Regionalverbände.

Bund deutscher Staudengärtner
Gießener Straße 47
35305 Grünberg
Tel. 0 64 01/91 01 55

Bund Deutscher Landschaftsarchitekten e.V.
Bundesgeschäftsstelle
Köpenicker Straße 48/49
10179 Berlin
Tel. 030/27 87 15-0
Fax 030/27 87 15-55
E-Mail: BDLA-bgst@t-online.de

Der Bund Deutscher Landschaftsarchitekten (BDLA) mit seinen Landes- und Regionalverbänden führt im Rahmen seiner Öffentlichkeitsarbeit auch Veranstaltungen zum Thema Gartenbau und -planung durch.

Bundesverband Garten-, Landschafts- und Sportplatzbau e.V.
Bundesgeschäftsstelle
Alexander-von-Humboldt-Straße 4
53604 Bad Honnef
Tel. 0 22 24/77 07-0
Fax 0 22 24/77 07-77
http://www.galabau.de
E-Mail: bgl@galabau.de

Vom Bundesverband und den Landesverbänden der Gartenbaufirmen können Sie auf Anfrage nähere Informationen über verschiedene Bereiche der Gartenplanung und -gestaltung (z. B. zur Umgestaltung von Gärten und zu Baumpflege-, Fäll- und Rodungsarbeiten) sowie eine Liste von Fachbetrieben in Ihrer Nähe erhalten.

European Boxwood and Topiary Society
Sekretariat in Deutschland:
Dr. Daniela Rietchel
Klopstockstraße 12
40237 Düsseldorf
Fax 0211/91 52 90 25

Eine erst vor wenigen Jahren in Großbritannien gegründete europäische Gesellschaft für Buchsbaum und Formschnitt, die u. a. Besichtigungen von Gärten und Kurse organisiert.

Großbritannien

The Garden History Society
77 Cowcross Street
London ECI 6BP
Tel. 00 44 1 71/6 08 24 09

Diese Expertenvereinigung besitzt 2.000 Mitglieder, sie organisiert u. a. Reisen durch Großbritannien und das Ausland sowie Vortragsveranstaltungen und Tagungen, gibt Hilfen und Ratschläge für Besitzer größerer Gärten und alle, deren Garten im Stil einer bestimmten Epoche gestaltet werden soll.

The Cottage Garden Society
Clive Lane
Hurstfield House (CGS)
244 Edleston Road
Crewe
Cheshire CW2 7EJ
http://www.alfresco.demon.co.uk/cgs/index.html
E-Mail: cgs@alfresco.demon.co.uk

Diese Gesellschaft, der weltweit etwa 6 000 Mitglieder angehören, hat sich der Erhaltung und der Förderung von Cottage-Gärten verschrieben. Sie organisiert Veranstaltungen und Gartenbesichtigungen und gibt vierteljährlich ihre Zeitschrift »The Cottage Gardener« heraus. Durch den Austausch von Saatgut haben Mitglieder die Möglichkeit, auch an alte oder seltene Gartenpflanzen zu kommmen.

Association of Garden Trusts
8 Glasshouse Lane
Kenilworth
Warwickshire CV8 2AJ
Tel. 00 44 1 92/6 85 29 76

Verband, der sich für die Erhaltung besonders schöner Gärten einsetzt und sich vor allem für historische Gärten interessiert. Hier treffen Sie Experten, die alte Gärten anhand ihrer Überreste rekonstruieren können.

Royal Horticultural Society
80 Vincent Square
London SW10 2PE
00 44 1 71/8 34 43 33
http://www.rhs.org.uk

Großbritanniens führende Gartenbaugesellschaft, die im ganzen Land Ausstellungen veranstaltet. Die 250.000 Mitglieder erhalten praktische Hilfe und Ratschläge, die sie per Post, am Telefon oder persönlich in einem der regionalen Gärten der Gesellschaft einholen können. Die hervorragende Verbandszeitschrift »The Garden« erscheint monatlich.

NCCPG
(National Council for the Conservation of Plants and Gardens)
The Pines
RHS Society Garden
Wisley Woking
Surrey GU23 6QP
Tel. 00 44 1 48/21 14 65

Diese Organisation befasst sich intensiver mit Pflanzen als mit Gärten. Sie bestimmt die britischen Nationalen Sammlungen der Pflanzengattungen, -arten und -sorten. In den regional organisierten Gruppen kann man interessante Pflanzen und Gartenfreunde mit großem Wissensschatz kennen lernen.

Society of Garden Designers
6 Borough Road
Kingston upon Thames
Surrey KT26BD
Tel. 00 44 1 81/9 74 94 83

Weiterführende Literatur

Gärten 1998/99
Der Reiseführer zu privaten und öffentlichen Parks und Gärten in Deutschand
Ronald Clark
Callwey Verlag, 1998

Dieses Buch enthält Angaben über Geschichte und Charakter von 850 öffentlichen und privaten Garten- und Parkanlagen in Deutschland.

Gartengehölze
Andreas Bärtels
Verlag Eugen Ulmer, 1991

Dieses Standardwerk bietet praxisnahe Informationen über Kultur und Pflege von Ziergehölzen in Parks und Gärten, die für Gartenbesitzer und Gehölzliebhaber wichtig sind.

Das große Buch der Garten- und Landschaftsgehölze
H.-D. Warda
zu beziehen bei: Bruns Pflanzen-GmbH
Postfach 165, 26146 Bad Zwischenahn

Dieses Buch liefert vielfältige, praxisnahe Angaben zu Verbreitung, Eigenschaften, Verwendungsmöglichkeiten und Ökologie für eine umfangreiche, über das gängige Baumschulsortiment hinausgehende Auswahl an Gehölzen.

Gartenpraxis
Verlag Eugen Ulmer

Monatlich erscheinende Zeitschrift für Pflanzenexperten und Gartenfreunde, in der vor allem vertiefte Informationen zur Pflanzenkunde und Gartengestaltung gegeben werden.

Bezaubernde Gärten mit Stauden
750 Stauden für die Gestaltung pflegeleichter Pflanzenparadiese
Graham Rice
Christian Verlag, 1996

750 Stauden im Porträt. Wertvolle Informationen über Pflanzengesellschaften, die sich für verschiedene Lebensräume eignen.

Grün ist Leben – BdB Handbuch Stauden
Verlagsgesellschaft Grün ist Leben mbH, 1998

Dieses Buch enthält ein vom Bund deutscher Staudengärtner empfohlenes modernes Sortiment an Stauden, Gräsern, Farnen und Wasserpflanzen.

Der Bio-Garten
Marie-Luise Kreuter
BLV, 1997

Standardwerk für den Anbau von Obst und Gemüse sowie die Verwendung von Blumen und Ziergehölzen im naturgemäßen Garten.

Gehölzschnitt
Franz Boerner/Harro Koch
Verlag Eugen Ulmer, 1987

Dieses Buch vermittelt, wie sich durch sachgemäßes Schneiden Ziergehölze zu schönen Exemplaren entwickeln.

Farbatlas Krankheiten und Schädlinge an Zierpflanzen, Obst und Gemüse
B. Böhmer/W. Wohanka
Verlag Eugen Ulmer, 1998

Dieser Farbatlas ermöglicht dem Pflanzenliebhaber eine rasche Diagnose bei den unterschiedlichsten Pflanzenkrankheiten und gibt Empfehlungen für die Bekämpfung.

Pflanzenschutz im Bio-Garten
Marie-Luise Kreuter
BLV, 1995

Die perfekte Ergänzung zum Standardwerk »Der Bio-Garten«.

Krankheiten der Wald- und Parkbäume
Heinz Butin
Georg Thieme Verlag, 1996

Ein kurz gefasster Leitfaden und Ratgeber für eine praxisorientierte Einführung in Baumkrankheiten, der sich an Fachleute und Gartenbesitzer mit guten Vorkenntnissen wendet.

PPP-Index
Pflanzeneinkaufsführer Europa, mit CD-ROM
Anne und Walter Erhardt
Verlag Eugen Ulmer, 3. Auflage, 1997
http://www.flora.de/daten/ppp/ppp.html

Umfangreiche alphabetische Liste, die ca. 80.000 verschiedene Pflanzenarten und -sorten von über 1200 Anbietern aus Europa umfasst, zusätzlich die Anschriften von über 200 europäischen Pflanzenliebhabergesellschaften.

Plants in Garden History
Penelope Hobhouse
Pavilion, 1992

Eine fundierte Reise durch die Gartengeschichte, mit zahlreichen Bildern von Gärten früherer Epochen und den in ihnen wachsenden Pflanzen.

The Lost Gardens of Heligan
Tim Smit
Victor Gollancz, ein Imprint der Cassell Group, 1997

Die Geschichte der Wiederentdeckung und Restaurierung einer der reichhaltigsten Gärten in Cornwall nach einer jahrzehntelangen Phase, in der dieser Garten nahezu bis zur Unkenntlichkeit verwilderte – in Großbritannien als »Gartenrestaurierung des Jahrhunderts« bezeichnet.

Register

Kursiv gesetzte Seitenzahlen beziehen sich auf Abbildungen

A

B

C

D

E

F

G

H

I

J

K

L

M

N

O

P

Q

R

S

T

U

V

W

Y/Z

Bildnachweis

1: GPL/Tim Griffiths; 2–3: GPL/John Bouchier; 8 GPL/Brigitte Thomas; 12: GPL/Lamontagne; 13: oben links: GPL/Jane Legate; oben rechts: GPL/JS Sira; unten links & rechts: Nic Barlow; 14: GPL/Brigitte Thomas; 15: oben links: GPL/Anne Kelley; unten rechts: GPL/Brigitte Thomas; 18: GPL/Nigel Francis; 19: GPL/Howard Rice; kleines Bild: GPL/Jane Legate; 16–17: GPL/Brigitte Thomas; 20: Hugh Palmer; 21: unten links: Stephen Anderton; oben rechts: GPL/JS Sira; 22: oben links und unten rechts: GPL/Lamontagne; 23: oben: GPL/Ron Evans; unten: GPL/John Glover; 24: GPL/Ron Sutherland; 25: oben links und Mitte: GPL/John Glover; oben rechts: GPL/Sunniva Harte; unten links: Nic Barlow; 26: oben links und rechts: Nic Barlow; unten rechts: Stephen Anderton; 27: GPL/RobertEstall; 28: GPL/Kate Zari Roberts; 29: unten links: Stephen Anderton; oben rechts: GPL/Dennis Davis; 30: unten links (vorher und nachher): Stephen Anderton; oben rechts: GPL/Ron Sutherland; 31: GPL/Kate Zari Roberts; 32: GPL/Kate Zari Roberts; 33: unten links: GPL/Kate Zari Roberts; oben rechts: GPL/Ron Sutherland; 34: GPL/Clay Perry; 35: Stephen Anderton; 36: GPL/Bob Challoner; 37: oben links: GPL/Juliette Wade; unten rechts: GPL/Ron Evans; 38: GPL/Mel Watson; 39: unten links und oben rechts: GPL/Ron Evans; 40: oben: GPL/Lamontagne; unten: GPL/Marijke Heuff; 41: oben: GPL/Clive Boursnell; unten: GPL/ Brigitte Thomas; 42–43: Stephen Anderton; 46: GPL/JS Sira; 47: oben links: GPL/Brigitte Thomas; unten rechts: GPL/Mayer/Le Scanff; 48: GPL/Janet Sorrell; 49: oben links: GPL/Howard Rice; unten rechts: GPL/David England; 50: links: Hugh Palmer; rechts: GPL/David Askham; 51: oben: GPL/Lamontagne; unten links und rechts: GPL/Lynne Brotchie; 52: links und rechts: GPL/Steven Wooster; 53: GPL/Ron Sutherland; 54: GPL/Henk Dijkman; 55: GPL/Jane Legate; 56: unten links: GPL/Brian Carter; oben rechts: Stephen Anderton; 57: unten links und oben rechts: Stephen Anderton; 58: GPL/Mayer/Le Scanff; 59: oben: GPL/Neil Holmes; unten links: GPL/Ann Kelley; unten rechts: GPL/John Glover; 60: GPL/Lamontagne; 61: unten links: GPL/Lamontagne; oben rechts: GPL/Jacqui Hurst; 62–63: GPL/John Miller; 64: GPL/Ann Kelley: 65: oben links: GPL/Mel Watson; unten rechts: GPL/Brigitte Thomas; 66: Stephen Anderton; 67: Nic Barlow; 68: Mitte links: GPL/David England; oben rechts: Nic Barlow; 69: Nic Barlow; 70: GPL/Geoff Dann; 71: GPL/David England; 72: unten links: GPL/Brian Carter; oben rechts: GPL/Lynne Brotchie; 73: GPL/Steven Wooster; 74: Forest Research Photo Library; 75: oben links: GPL/Lamontagne; unten rechts: GPL/Erika Craddock; 76–77: Marijke Heuff; kleines Bild: GPL/Howard Rice; 78: Stephen Anderton; 79: oben: GPL/Zara McCalmont; unten links und rechts: Howard Rice; 80: unten links: GPL/Robert Estall; oben rechts: GPL/Lamontagne; 81: GPL/Marijke Heuff; 82: unten links: GPL/Andrea Jones; oben rechts: GPL/ Steven Wooster; 83: oben links: Nic Barlow; oben rechts: GPL/John Glover; unten: GPL/Michael Howes; 84: GPL/John Glover; 85: unten links: GPL/Jon Bouchier; oben rechts: GPL/Howard Rice; 86: unten links: GPL/Jane Legate; oben rechts: GPL/John Glover; 87: oben: GPL/Bob Challinor; unten: GPL/Lamontagne; 88: oben: GPL/John Glover; unten: GPL/Neil Holmes; 89: links: GPL/David England; rechts: GPL/Michael Howes; 91: GPL/Christopher Gallagher; 92–96: Michelle Garrett; 97: links: GPL/John Glover; Mitte: GPL/Marie O'Hara; 98: links: GPL/JS Sira; Mitte: GPL/John Glover; rechts: GPL/Michel Viard; 99: links: GPL/Neil Holmes; Mitte: GPL/Jerry Pavia; 100: links: GPL/Linda Burgess; rechts: GPL/Ron Evans; 101: links: GPL/John Glover; Mitte: GPL/Brian Carter; rechts: GPL/David Askham; 102: links: GPL/Nick Meers; kleines Bild: Stephen Anderton; rechts: GPL/Jacqui Hurst; 103: links: GPL/Brigitte Thomas; Mitte: GPL/JS Sira; 104: links: GPL/Brigitte Thomas; Mitte: GPL/ Christopher Fairweather; rechts: GPL/John Glover; 105: links: Zara McCalmont; rechts: GPL/JS Sira; 106: links: GPL/ Christopher Fairweather; Mitte: GPL/Sunniva Harte; rechts: GPL/Howard Rice; 107: links: GPL/Steven Wooster; Mitte und rechts: GPL/JS Sira; 108: links: GPL/John Glover; Mitte: GPL/Juliette Wade; rechts: GPL/Didier Willey; 109: links: GPL/John Glover; rechts: GPL/Lamontagne; 110: links: GPL/John Glover; Mitte: GPL/Christopher Gallagher; rechts: GPL/JS Sira; 111: links: GPL/JS Sira; rechts: GPL/Kathy Charlton; 112: links: GPL/Howard Rice; Mitte: GPL/Clive Nichols; rechts: GPL/Steven Wooster; 113: links: GPL/Zara McCalmont; Mitte: GPL/Brian Carter; rechts: GPL/JS Sira; 114: links: GPL/Brigitte Thomas; Mitte: GPL/JS Sira; rechts: GPL/John Glover; 115: links: GPL/Nigel Temple; rechts: GPL/Neil Holmes; 116: links: GPL/ Lamontagne; Mitte: GPL/Ron Evans; rechts: GPL/Howard Rice; 117: links: GPL/John Glover; Mitte; GPL/Neil Holmes; rechts: GPL/Brian Carter; 118: Mitte: GPL/JS Sira; rechts: GPL/John Glover; 119: links und rechts: GPL/JS Sira; 120: Mitte oben: GPL/Sunniva Harte; Mitte unten: GPL/ Lamontagne; 121: links: GPL/John Glover; Mitte oben: GPL/JS Sira; Mitte unten: GPL/Didier Willery; 122: links: GPL/Vaughan Fleming; rechts: Stephen Anderton; 123: links und Mitte: GPL/Brian Carter; rechts: GPL/Didier Willery; 124: links: GPL/Steven Wooster; Mitte: GPL/Linda Burgess; 125: links: GPL/Howard Rice; Mitte: GPL/Sunniva Harte; rechts: GPL/John Glover; 126: oben: GPL/Neil Holmes; von unten links nach rechts: GPL/John Glover; GPL/John Glover; GPL/Christopher Gallagher; GPL/Brian Carter; 127: links: GPL/Brian Carter; Mitte: GPL/Phillipe Bonduel; rechts: GPL/Vivian Russel; 128: links: GPL/JS Sira; kleines Bild: GPL/John Glover; rechts: GPL/Densey Cline; 129: links: GPL/Christopher Gallagher; Mitte: GPL/Mayer/Le Scanff; 130: links: GPL/Bob Challinor; rechts: GPL/Christopher Fairweather; 131: links: GPL/Howard Rice; Mitte; GPL/Brian Carter; rechts: GPL/Christopher Fairweather; 132: links: GPL/JS Sira; Mitte: GPL/Howard Rice; 133: links: GPL/John Glover; Mitte: GPL/Clive Boursnell; rechts: GPL/Neil Holmes; 134: links: GPL/Brian Carter; Mitte: GPL/John Glover; links: GPL/Christopher Gallagher; 135: links: GPL/Howard Rice; Mitte und rechts: GPL/John Glover; 136: links: GPL/Lynne Brotchie; Mitte: GPL/JS Sira; 137: GPL/Linda Burgess; rechts: GPL/John Glover; 138: links: GPL/Brigitte Thomas; Mitte: GPL/Gary Roberts; links: GPL/Henk Dijkman; 139: links: GPL/Joanne Pavia; oben rechts: GPL/Dennis Davis; unten rechts: GPL/John Glover; 140: GPL/John Glover; 141: oben links und unten: Stephen Anderton; oben rechts: GPL/Lamontagne; 142: oben links: Stephen Anderton; unten links: GPL/John McCarthy; 143: links: GPL/David Askham; rechts: GPL/G. Dalton; 144: links: GPL/Brian Carter; oben rechts: GPL/John Glover; unten rechts: GPL/Jacqui Hurst; 145: links: GPL/Brigitte Thomas; oben rechts: GPL/JS Sira; unten rechts: GPL/Lamontagne; 146–147: GPL

Gartenratgeber aus dem CHRISTIAN VERLAG:

ROBIN WILLIAMS
DAS HANDBUCH DER GARTENGESTALTUNG

Dieses Buch vermittelt die Erfahrung und das Wissen eines erfolgreichen Gartendesigners und zeigt allen Gartenliebhabern, wie sie die Planung und Anlage ihres Gartens selbst in die Hand nehmen können.

208 Seiten mit über 500 Farbfotos und farbigen Abbildungen.

JILL BILLINGTON
GANZ KLEINE GÄRTEN OPTIMAL GESTALTET

Gute Designkonzepte, Tipps für eine durchdachte Ausstattung und das für die Gartenpraxis wichtige Fachwissen sowie ein ausführlicher Pflanzkatalog helfen jedem Hobbygärtner, auch auf kleinstem Raum seinen Traumgarten zu schaffen.

160 Seiten mit 265 Farbfotos, 19 Skizzen und 6 gemalten Bildern.

JANE TAYLOR
SCHATTIGE GÄRTEN SCHÖN GESTALTET

Hier finden Sie Informationen über Pflanzen, die an den verschiedensten schattigen Standorten gedeihen. Einige wachsen sogar an schattigen Orten mit stark durchwurzeltem Boden.

128 Seiten mit 90 Farbfotos und 40 farbigen und s/w-Illustrationen.

GRAHAM RICE
BEZAUBERNDE GÄRTEN MIT STAUDEN
750 STAUDEN FÜR DIE GESTALTUNG PFLEGELEICHTER PFLANZENPARADIESE

Das aktuelle umfassende Nachschlagewerk für die erfolgreiche Staudenkultur: Der Autor gibt Anregungen und Auswahlkriterien für die besten Stauden in beinahe jeder Situation und für jeden Gartenstil. Mit einem alphabetischen Pflanzenkatalog, der 750 Arten und Sorten umfasst.

240 Seiten mit über 380 Farbfotos, 104 farbigen Illustrationen und 1 Klimazonen-Karte.

DAVID STUART
IDEALE PFLANZPARTNER
GÄRTNERN MIT 75 KLASSISCHEN PFLANZENKOMBINATIONEN BERÜHMTER GARTENGESTALTER

Dieses Buch beschreibt faszinierende Pflanzenpartnerschaften, die zu klassischen Kombinationen wurden. David Stuart gibt die wichtigsten Kultur- und Pflegehinweise und schlägt weitere Pflanzpartner vor. Darüber hinaus porträtiert er in jedem Kapitel je eine Gärtnerin bzw. einen Gartendesigner, die eine bestimme Richtung in der Gartengestaltung entwickelten und die wegen ihres Geschicks, Pflanzen besonders ansprechend zu kombinieren, berühmt wurden.

160 Seiten mit 161 Farbfotos und 14 farbigen Abbildungen von Gemälden.

JOHN BROOKES
NATURNAHE GARTENGESTALTUNG

»Der Titel zeigt, wie Elemente aus der Natur und aus der Umgebung für originelle Effekte im eigenen Garten sorgen können. Eine Gestaltungsanalyse der 20 Fallbeispiele, skizzierte Gartenpläne und detailgenaue Pflanzenlisten machen das jeweilige Design für jeden nachvollziehbar.« (Deutsche Baumschule)

192 Seiten mit ca. 600 Farbfotos, 30 Zeichnungen und 31 Plänen.

JOHN SCARMAN, TERESA SCARMAN
GÄRTNERN MIT ALTEN ROSEN

Für jeden, der die Leidenschaft des Autors für historische Rosen teilt und eine Anregung sucht, wie man sie auswählt, pflanzt und pflegt, ist dieses Buch ein inspirierender und verlässlicher Begleiter. Mit Bezugsquellen aller im Text erwähnten Alten Rosen.

144 Seiten mit ca. 300 Farbfotos, 8 Aquarellen und weiteren farbigen Abbildungen.

DAVID STUART
GÄRTNERN MIT ALTEN PFLANZENSORTEN

Alte Pflanzensorten sind oft von einer Schönheit und Ausstrahlung, wie wir sie bei modernen Züchtungen nicht finden. Dieses Buch bietet neben Anekdoten aus vergangenen Tagen viele Anregungen sowie das nötige Sachwissen, damit alte Pflanzensorten auch im eigenen Garten erfolgreich gezogen werden können. Mit Bezugsquellenverzeichnis.

160 Seiten mit über 200 Farbfotos und 29 Reproduktionen alter Stiche.

ROSEMARY VEREY
MEIN TRAUMGARTEN ENTSTEHT

Rosemary Verey nimmt den Leser mit auf einen Rundgang durch den von ihr geschaffenen berühmten Garten in Barnsley House und bietet dabei hilfreiche Informationen und eine Fülle von Anregungen für die Gartenpraxis.

192 Seiten mit 193 Farbfotos, 4 Schwarzweißfotos und 16 aquarellierten Pflanzplänen.

CHRISTOPHER GREY-WILSON, VICTORIA MATTHEWS
GÄRTNERN MIT KLETTERPFLANZEN

Dieses Buch lässt keine Fragen offen zum Thema Gestalten und Gärtnern mit Kletterpflanzen. Mit praktischen Tipps zu Kletterhilfen und -gerüsten, zu Bodenbereitung, zu Pflanzung, Pflege und Rückschnitt. Detaillierte Porträts von insgesamt über 1000 Arten und Sorten von Kletterpflanzen.

160 Seiten mit 200 Farbfotos und 7 Zeichnungen.

NIGEL COLBORN
GÄRTEN GESTALTEN WIE EIN PROFI
DIE SCHÖNSTEN PFLANZREZEPTE

Erfolgsrezepte für die Gartenpraxis: Wer den eigenen Garten selbst gestalten und reizvoll bepflanzen will, sich aber gleichzeitig die Frustrationen und Kosten einer nicht immer von Erfolg gekrönten Lehrzeit ersparen möchte, findet in diesem Buch, dessen Kernstück aus 20 leicht nachvollziehbaren Pflanzrezepten besteht, einen fachmännischen Ratgeber.

160 Seiten mit 278 Farbfotos und 20 aquarellierten Pflanzplänen.